JN409998

태초부터 계신 말씀

"시와 찬송과 영적인 노래들로 너희에게 말하고
너희 마음으로 주께 노래하며 곡조를 만들고"
(에베소서 5:19)

초록숲시인선 16

태초부터 계신 말씀

초판인쇄 2019년 10월 20일
초판발행 2019년 10월 25일

지은이 | 조동화
펴낸이 | 박숙희
펴낸곳 | 도서출판 초록숲
등록번호 | 505-2010-000003
등록일자 | 2010.10.27.

주소 | 38176 경북 경주시 형산마을안길 26(도지동)
전화 | (054) 748-2788
팩스 | (054) 748-2788
E-mail | jodonghwa@naver.com

값 15,000원
ISBN 978-89-98932-12-1

초록숲시인선 16

태초부터 계신 말씀

조동화 찬송 시집

Jo Donghwa's Collection of Psalms and Prose

도서출판 초록숲

□ 시인의 말

영적인 노래로 빚어주소서

이 나라 기독교 최고의 월간지 《성경대로믿는사람들》에 찬송시 연재를 시작하던 무렵에는 10회 정도라도 쓸 수 있으면 다행이다 싶었는데, 연재를 끝마치고 나서 보니 총 54회나 되었다. 그러니까 매월 찬송시 한 편씩과 그와 관련된 17매 안팎의 산문 한 편씩을 한 번도 거르지 않고 4년 6개월이나 계속해 온 것이었다. 그동안 여의치 않은 건강을 지켜 주시고, 때마다 건전한 생각을 공급해 주신 하나님께 감사를 드린다. 또한 부족한 글들을 두고 수련회나 선교주간에 만날 때마다 성원을 보내준 이 땅의 성경대로 믿는 사람들에게도 아울러 고마움을 전한다.

부활하신 주님께서 하늘로 가신 것이 A.D.30년경이므로 이미 1989년이나 되었고, 일곱으로 일하시는 하나님의 경륜으로 볼 때도 6천 년이 흘러가고 안식의 7천 년째로 접어든 지도 어언 열아홉 해째를 맞이했다. 더욱이 급변하고 있는 국제정세로 미루어 볼 때 대변혁이 올 조짐들이 역력하고, 또 만약 그것들이 그대로 멀지 않은 날 대환란으로 연결된다면, 그 전에 살아 있는 그리스도인들은 마지막 나팔 소리와 함께 모두 이 지상을 떠나야 한다. 그분께서 초자연적 능력으로 눈 깜짝하는 순간에 우리를 구름 속으로 끌어올리신 후면, 그때에야 찬송시집이 다 무슨 소용이겠는가. 기왕 책을 낼 것이라면 하루라도 서둘러 내놓아 읽을 만한 사람들에게 읽혀야 한다는 강박관념이 이 근래 자주 나를 엄습하곤 했다. 그런 의미에서 찬송시집의 간행은 내가 세상에서 가장 신속히 갚아야 빚임을 믿어 의심치 않는다.

사실 이 책은 1년쯤 전에 출간될 수도 있었다. 그런데 그 무렵 작곡을 전공한 한 분이 찬송시들을 작곡해 보겠다는 제의를 해와, 찬송시집에 악보까지 곁들인다면 금상첨화겠다 싶어 이제나저제나 하고 그 악보가 완성되기를 간절히 기다리던 참이었다. 그런데 얼마 전 하나님께서는 이 일에 대하여 악보를 싣지 않는 쪽으로 가닥을 잡아주셨다.

골로새서를 보면, 『그리스도의 말씀이 모든 지혜로 너희 안에 풍성히 거하게 하되 시와 찬송과 영적인 노래로 서로 가르치고 권면하며 너희 마음속에서 은혜로 주께 노래하고』(골 3:16)라는 말씀이 나온다. 우리는 여기에 나오는 『영적인 노래』라는 대목에서 찬송시와 거기 붙는 곡이 혼적이어서는 안 되고, 영적이어야 한다는 시사를 받는다. 미국이 낳은 위대한 찬송시 작가인 화니 크로스비는 평생 8,000여 편의 찬송시를 작사했다고 전해진다. 성경대로 믿는 사람들이 사용하는 찬송가집 《영광을 주께》에는 총 28편의 크로스비 작사 찬송가가 수록되어 있다. 8000편을 28로 나누면 285라는 숫자가 나온다. 이 사실에서 우리는 매우 소중한 교훈을 확인하게 된다. 그것은 크로스비 찬송시 285편 당 겨우 한 편이 성도들이 즐겨 부르는 영적인 노래의 반열에 들었다는 사실이다. 그렇다면 52편이라는 숫자는 285편의 5분의 1에도 채 못 미치는 숫자이니, 부속한 찬송시집 한 권으로 언감생심 무슨 바람을 가지거나 말거나 하겠는가.

그러나 그렇더라도 용기를 내어 오늘 마침내 52편의 찬송시와 각각의 찬송시에 곁들인 52편의 산문들을 책이라는 상자에 담아 세상으로 보낸다. 찬송시는 말 그대로 하나님을 찬양하는 시이니만큼 좋은 곡으로 작곡되어 성도들의 입으로 불렸으면 하는 것들이고, 곁들인 산문들은 찬송시에 대한 소회, 또는 진리에 굶주린 사람들에게 주는 소박한 조언이라 할 만한 것들이다. 나를 통해 이 글들을 쓰시고 모으신 분이 하나님이시라면, 『그것은 내게 헛되이 돌아오지 아니하고 내가 기뻐하는 것을 이루며, 내가 보내어 이루려 하는 일에서 번성』(사 55:11)하리라는 말씀 그대로 그분의 목적을 이루실 것을 믿는다. 아무쪼록 작곡의 달란트를 받은 전국의 그리스도인들이 살펴보고, 한 편이라도 마음에 와닿는 가사가 있다면, 빛나는 날개를 달아 영적인 노래로 빚어 하나님께 영광을 돌려주기를 기도해 마지않는다.

2019년 10월

조 동 화

■찬송시 차례■

제1부 Psalms

제2부 Psalms

제3부 Psalms

제4부 Psalms

■산문 차례■

제1부 Prose

제2부 Prose

제3부 Prose

제4부 Prose

■ 부록 ■

제1부
유일한 길이신 주 예수 그리스도

찬송시 1

흑암 깊이 잠긴

골 1:13

1
흑암 깊이 잠긴 이 죄인 구하려
독생자 땅에 보내셨네
마귀 권세 잡은 우주 길을 열어
그 귀한 아들 보내셨네

<후렴>
귀하고 놀라워라
사랑의 주 하나님
나의 혼과 마음 온 힘 다하여
내 주 하나님 사랑하리

2
흑암 깊이 잠긴 이 죄인 보시고
내 주님 참 빛 비추셨네
해보다 밝은 빛 예수 그리스도
캄캄한 내 혼 밝히셨네

3
흑암 깊이 잠긴 이 죄인 구하려
주님 어린 양 보내셨네
십자가 위에서 흘리신 보혈로
영 죽을 생명 구하셨네

4
흑암 깊이 잠긴 이 죄인 건지사
내 주님 영생 베푸셨네
어린 양 피로써 지옥 면케 하사
영원한 나라 옮기셨네

찬송의 드넓은 바다 가운데로

필자가 킹제임스성경신학교에 입학하여 신학공부를 시작한 것은 2006년 4월 말경이었다. 원래 학기 시작은 3월 초부터였지만 킹제임스성경신학교가 있다는 사실을 알게 된 것이 4월 중순경이었고, 그달 하순경에야 신학공부에 대한 결심을 굳혀, 59세의 만학도로서 첫 강의를 듣기 시작했는데, 돌이켜보면 이 일은 나의 인생에 있어서 실로 획기적 전환점이었다. 왜 그런가 하면 그 해 1년간의 신학공부만으로도 그때까지 가슴에 품어왔던 인생에 대한 의문, 곧 인생은 어디로부터 와서 어디로 가는가 하는 문제와 우주에 대한 의문을 시원스레 풀어 버렸기 때문이다.

2007년 봄 어느 날이었다고 기억된다. 서울교회를 방문하여 킹제임스성경신학교 학장이신 이송오 목사님을 뵈었는데, 그때 목사님께서 두 가지를 말씀하셨다. 첫째는 조 형제가 귀한 진리를 알게 되었으니 혼자만 간직하지 말고 경주지역에 성경대로 믿는 지역교회를 시작해 주었으면 하는 것이었고, 둘째는 시를 쓰는 재능을 가졌으니 좋은 찬송가 가사를 작사해 주었으면 좋겠다는 것이었다. 나는 그 말씀에 따라 곧 경주에서 지역교회를 시작할 준비를 했고, 신학 공부 3년째인 2008년 봄 성경핵심강연회 때에는 뜻밖에도 하나님의 말씀을 전파하라는 인증서까지 받아 오늘에 이르고 있다.

그러나 찬송가 가사 작사하는 일만은 어쩐 일인지 선뜻 실천에 옮겨지지 않았다. 그래서 궁여지책으로 찬송가 해설집을 한 권 구입하여 한 곡 한 곡 작사 작곡한 내력들을 읽는 한편, 성경침례교회 찬송가 『영광을 주께』를 펴놓고 제목 밑 관련 성구를 성경에서 찾아 옮긴 다음, 그 가사를 한 편 한 편 컴퓨터에 한글 문서로 입력하곤 했는데, 이 일련의 일들이 내게는 예상외로 많은 은혜로운 시간들을 가져다주었다. 영어 원문이 아니라 우리말로 번역이 된 가사였지만, 열린 문 시대인 필라델피아 교회시대 믿음의 선구자들의 믿음과 감동이 비록 100% 전달은 되지 않는다 해도 80% 정도는 고스란히 가슴에 와 닿았던 것이다. 그리고 그 일과 병행하여 성경을 읽을 때면 때때로 이것은 찬송시로 써야겠다는 느낌이 와 내 마음을 자극하기 시작한 것이다. 마침내 때가 이르렀음을 직감하지 않을 수 없었다.

또한 스스로 가진 역량으로 보아 극히 무리한 일인 줄 잘 알면서도 굳이 이 일을 강행하는 데는 한 가지 이유가 더 있다. 그것은 사람이란 지극히 유한한 존재로 비록 그가 가진 재능이 비범하다 해도 생명의 소진과 더불어 이 지상에서 더 이상은 그것을 펼칠 수 없게 된다는 점에서다. 그동안 필자가 낸 12권의 시집, 8백여 편의 시들 중에서 주님을 위해 헌신한 시는 후하게 보아 30편이 채 되지 않는다. 이것은 그리스도인으로서 부끄러운 일이 아닐 수 없다. 때가 더 늦기 전에 내가 가진 것을 그분 앞에 내어드리는 것이 온당하다고 본 것이다. 성경은 분명히 『이는 우리 모두가 반드시 그리스도의 심판석 앞에 나아가서 선이든지 악이든지 각자 자기가 행한 것에 따라, 자기 몸으로 행한 것들을 받을 것이기 때문이라.』(고후 5:10)고 말씀하고 있기 때문이다.

나 자신이 오래도록 시를 써온 사람이다 보니 편의상 하나님을 찬양하는 시라는 의미에서 이달부터 연재하는 글의 큰 제목을 '찬송시'라고 붙여보았다. 주지하는 바대로 자유시는 음수율에 구애받지 않는다. 그러나 찬송시는 언젠가는 작곡이 되어 찬송가로 불려야 한다는 점에서 각 절의 글자 수가 일치해야 하는 제약이 따른다. 그런 점에서 찬송시는 자유시와는 달리 작시 과정이 얼마간은 까다로움이 따르는 시인 셈이다.

성경에서 보면 최초의 음악은 전능하신 주 하나님께 영광을 돌리는 것이 주된 목적이었다(시 95:1). 우주 최초의 찬양대는 하나님의 아들들(천사들)로 조직되었으며(욥 38:7), 그 지휘자는 기름 부음 받은 그룹 루시퍼로 그는 모든 음악적 재능과 악기들을 만들 수 있는 능력을 타고난 존재였다(겔 28:13), 그리하여 창조의 경위를 노래한 태초의 아침 찬양은 우주 가득 장엄하게 울려 퍼졌었다.

홍수 전 인간 최초의 음악가는 카인의 후손인 유발로 그는 하프와 오르간을 다루는 자들의 조상이 되었다(창 4:21)는 기록이 보인다. 그러나 이 음악은 카인족의 성격상 하나님을 찬양하는 것이 아니라 자신들의 육체를 즐겁게 하는 데 주로 사용되었을 것으로 추정된다. 홍수 후 땅은 노아 가족 여덟 명의 차지가 되었으므로 음악은 어느 시점 다시 시작되었겠지만, 이에 관한 기록은 성경에 보이지 않는다. 다만 출애굽기 15장에는 모세와 이스라엘이 불렀다는 노래가 나오는데 이것은 어떤 형태로든 그 당시에 불렸을 것이나, 가사만 성경에 전할 뿐 그 악보가 전하지는 않는다. 역대기상 25장 6, 7절을 보면 다윗 왕 때에 심벌즈와 솔터리와 하프가 주의 전에서 사용되었고, 주의 노래를 배워 익숙하게 된 사람들의 수가 이백팔십 명이나 되었다고 기록되어 있다. 이로 미루어 볼 때 시편의 시들이 어떤 행태로든 찬송으로 불렸으리라는 추정을 해볼 수 있다. 예수님의 지상 사역 당시에도 만찬 후에 제자들과 함께 올리브 산으로 가시며 찬송을 불렀다고 기록되어 있으며(마 26:30, 막 14:26), 바울과 실라가 빌립보에서 감옥에 갇혔을 때도 그들은 한밤중에 찬송을 불렀다고 사도행전에 전한다(행 16:25). 그러나 이 경우는 오늘날 아쉽게도 그 가사나 악보가 전해지는 것은 없다. 다만 현재 우리 손에 들려 있는 찬송가를 기준으로 살펴보면 1529년 마틴 루터가 작사하고 작곡한 "내 주는 강한 성이요"가 가장 고전에 해당하는 찬송가(카톨릭 쪽은 논외로 한다.) 임을 알 수 있다.

19세기 미국이 낳은 가장 위대한 찬송시 작가인 화니 크로스비는 생후 6주째에 감기를 치료하다가 실명하여 95년간을 암흑 속에 살면서도 수많은 찬송시를 쓴 것으로 유명하다. "내가 육체적으로 어둠 속에서 살아야 하는 것은 하나님을 찬양하기 위함이요, 다른 사람들로 하여금 찬양하도록 하기 위한 하나님의 뜻이라고 나는 믿는다. 만약 내 육신의 눈이 떠져서 세상의 것들로부터 방해를 받았다면 내 어찌 그토록 많은 찬송시를 쓸 수 있었겠는가!" 이것이 평생 소경으로 살았지만, 누구보다도 밝게 뜬 마음의 눈으로 주옥같은 찬송시들을 남긴 그녀의 생생한 간증이다.

크로스비의 찬송시에 윌리엄 돈, 윌리엄 커크패트릭, 존 스웨니, 피브 냅, 로버트 로우리, 실라스 베일, 존 다이크스, 조지 스테빈스 등의 작곡의 거장들이 잘 어울리는 곡들을 붙여 찬송가가 되었고, 그 찬송가들이 태평양을 건너 멀고 먼 한반도까지 들어와 악보와 함께 가사까지 번역되어 불리게 되었으니 실로 위대한 찬송의 힘이라 하지 않을 수 없다. 우리나라에서도 작사 작곡이 되어 찬송가에 수록된 몇몇 찬송가들이 있다. 석진영 작사, 박재훈 작곡 "믿는 자여 어이 할꼬", 이호운 작사, 이우선 작곡 "부름 받아 나선 이 몸" 등이 그들이다.

이제 막 첫걸음을 떼는 나의 찬송시가 혹시 그중에 다문 몇 편이라도 어떤 계기를 통해 곡이 붙여지고, 외롭고 힘겨운 믿음의 길을 가는 이 땅의 형제자매들의 입으로 불리어, 조금이나마 소망과 위로와 용기를 불어넣어 줄 수 있다면 더 이상 무엇을 바라겠는가. 아무쪼록 나의 마지막 시집 한두 권은 창조주이시자 구속주이신 그분을 위해 온전히 헌신하는 찬송시집으로 빚어주시기를 간구하며, 이제 내 생각의 작은 거룻배를 띄워 찬송의 드넓은 바다 가운데로 저어가 보고자 한다. 부디 순조로운 바람과 물결을 두시어 나의 뱃길을 순탄케 하시기를!

찬송시 2

나 비록 넓은 세상 먼 동방에

엡 3:18

1
나 비록 넓은 세상 먼 동방에 살아도
주 예수 그리스도 영접한 바로 그날
날 때부터 소경된 내 눈 띄워 주셨네
드넓은 우주의 너비 훤히 알게 하셨네

<후렴>
바르고 순결한 말씀 가는 길 늘 비추사
영원한 저 천성으로 나를 인도하시네

2
나 비록 한 마리의 벌레처럼 살아도
진리의 말씀들을 믿음으로 받는 순간
캄캄한 내 마음속 어둠 다 밝히셨네
큰 깊음 길이와 깊이 죄다 알게 하셨네

3
나 비록 잠시 잠깐 이 세상에 살아도
그 어떤 천문학자 물리학자 부럽잖네
드높은 유리 바다 그 보좌 보이시고
오로지 진북을 향해 걸어가게 하셨네

당신은 우주 지도를 가졌는가

예수 그리스도를 믿는다는 사람 가운데 자신의 우주 속 위치를 아는 사람은 극히 드물다. 자신의 우주 속 위치를 알자면 무엇보다 바른 우주 지도를 가지고 있어야 하는데, 세상에는 좌표가 바르게 찍힌 지도가 그만큼 드물기 때문이다. '지도'라는 용어를 사용하니까 지도 가운데 우주를 그린 지도도 있는가, 아니면 혹시 별자리 그림인가 하겠지만, 여기서 말하는 지도란 다름 아닌 성경을 가리키는 다른 이름이다.

성경은 문자로 기록된 책으로 대개 말미에 카나안 땅의 시대별 지도, 출애굽 여정을 표시한 지도, 세상을 지배한 제국들의 위치를 나타낸 지도, 바울의 1,2차 선교여행 지도 등을 부록으로 수록하고 있다. 그러나 이것들은 필자가 말하고자 하는 우주 지도는 아니다. 그것은 어디까지나 성경 전편에 문자로 암시된 지도로, 성경을 어느 정도 전문적으로 공부하지 않고는 소유할 수 없는, 어떤 큰 그림이다. 그런데 미리 알 것은 군데군데 삭제되고 변개된 성경이 아닌, 하나님께서 보존하신 바른 성경을 알아야 그 암시된 지도를 소유할 수 있다는 사실이다.

클라렌스 라킨이 지은 『세대적 진리』라는 책을 보면 대 피라미드의 모습으로 우주를 설명하고 있다. 즉 대 피라미드는 꼭지 쪽에서 보면 사각형이고, 한 면의 정면에서 보면 삼각형으로, 전체적으로 우주의 모습이 사각뿔의 모습을 하고 있음을 말한다. 그렇다면 이 대 피라미드를 쌓은 사람들은 어떻게 우주의 모습을 알아내고 그 모형인 대 피라미드를 쌓았을까? 그러나 필자는 이 글에서 클라렌스 라킨의 글을 장황하게 인용할 여유는 없다(이 점에 대해 의문을 해소하고 싶다면 『세대적 진리』(1997. 말씀보존학회 간)를 참고할 것.).

『태초에 하나님께서 하늘과 땅을 창조하셨느니라.』(창 1:1) 보는 것처럼 여기에서 태초의 세상이 창조되었다. 그런데 그 다음의 기록은 우리를 어리둥절하게 한다. 『땅은 형체가 없고 공허하며 어두움이 깊음의 표면에 있으며 하나님의 영은 물들의 표면에서 거니시더라.』(창 1:2) 보는 것처럼 이 기록은 하늘과 땅의 조화롭고 아름다운 모습이 아니라, 한바탕 큰 소용돌이가 휩쓸고 간 자리처럼 일그러진 모습을 암시한다. 따라서 이 대목은 창세기 1:28의『땅을 다시 채우고』라는 말씀과 연관 지을 때, 최초의 세상에 어떤 존재들이 살았고, 그들이 반역을 저지르는 바람에 하나님의 심판을 받았으며, 그들 대신 인간이 새로 지구의 주인공이 되었음을 추리해 볼 수 있다. 그러나 창세기가 전해주는 정보는 여기까지다. 대변혁의 원인에 대한 궁금증은 엉뚱하게도 에스겔서 28장에서 그 해결의 단초(端初)가 발견된다.『너는 기름부음을 받은 덮는 그룹이라. 내가 너를 그렇게 세웠더니 네가 하나님의 거룩한 산 위에 있었고 네가 불의 돌들 가운데를 위아래로 걸었도다.… 네 상품이 풍부함으로 그들이 폭력으로 네 가운데를 채워서 네가 죄를 지었느니라. 그러므로 내가 너를 더럽게 여겨 하나님의 산에서 쫓아내리라.』(겔 28:14,16) 여기를 보면 반역의 우두머리의 정체는『기름부음을 받은 덮는 그룹』이다. 이 인물에 대한 정보는 이사야 14장에서 보다 구체화된다.『오 아침의 아들 루시퍼야, 네가 어찌 하늘에서 떨어졌느냐! 민족들을 연약하게 하였던 네가 어찌 땅으로 끊어져 내렸느냐!… 내가 구름들의 높은 곳들 위로 올라가, 내가 지극히 높으신 분같이 되리라." 하였음이라. 그러나 너는 지옥까지 끌어내려질 것이요, 구렁의 사면에까지 끌어내려지리라.』(사 14:12,14,15) 여기에서 우리는 비로소 덮는 그룹의 이름이 아침의 아들이라고도 불리는『루시퍼』이며, 그가 범한 죄의 원천이『내가 지극히 높으신 분같이 되리라.』는 교만이었음을 알게 된다.

우주 지도 형성에 가장 요긴한 사물 가운데 하나가『깊음』이다. 이 깊음에 대한 이해가 깊으면 깊을수록 성경의 적지 않은 난해 구절들이 쉽게 풀린다는 사실은 놀랍다. 단도직입적으로 말해 깊음은 물들이다.『하나님께서 말씀하시기를 "물들 가운데 창공이 있으라. 창공으로 물들에서 물들을 나누게 하라." 하시니라. 하나님께서 창공을 만드시고 창공 위에 있는 물들에서 창공 아래 있는 물들을 나누시니 그대로 되니라.』(창 1:6,7) 여기에 나타난 "물들"이 바로 깊음이다. 그러니까 깊음 속에 거대한 우주 공간이 하나님의 명령에 의해 만들어지고, 그 공간의 중심에 물들 속에 침몰해 있던 지구를 띄우셨음을 이 구절은 전해준다. 따라서 현재 우주를 담은 용기(容器)는 다름 아닌 처음의 세상을 심판했던 깊음임을 알게 된다.

우주 지도에서 또 하나 빼놓을 수 없는 요소는 세 개의 하늘에 대한 정의이다.『내가 십사 년 전에 그리스도 안에서 한 사람을 알았는데 (그가 몸 안에 있었는지 나는 말할 수 없고 몸 밖에 있었는지 나는 말할 수 없지만 하나님께서는 아시느니라.) 그 사람이 셋째 하늘로 끌려 올라갔느니라.』(고후 12:2) 여기에 셋째 하늘이 등장한다. 셋째 하늘이라는 용어를 사용했다는 것은 첫째 하늘과 둘째 하늘이 존재함을 알려주는 증거이다. 우리가 익히 아는 바대로 첫째 하늘은 새가 날고 비행기가 날아다니는 대기권을 말하고, 둘째 하늘은 해 달 별들이 떠 있는, 소위 우주라고 일컫는 공간이며, 셋째 하늘은 우주를 담고 있는 피라미드 모양의 거대한 항아리의 바깥 꼭지 부분인데, 환언하면 진북 방향 거룩하신 하나님의 보좌가 있는 곳이다.

이쯤에서 한 가지 확인할 것은 둘째 하늘과 셋째 하늘의 경계가 바로 깊음이라는 사실이다. 여기 깊음의 상태는 욥기의 말씀이 잘 묘사해준다. 『물이 돌로 된 것처럼 감추어졌고 깊음의 표면은 얼어 있도다.』(욥 38:30) 보는 것처럼 이 구절은 깊음의 바깥 표면이 절대온도(-273.16도)로 얼어 있음을 전해준다. 사도 요한은 이러한 깊음의 상태를 유리 바다라고 일컫고 있다. 『보좌 앞에는 수정과 같은 유리 바다가 있고, 그 보좌 가운데와 그 보좌 주위에는 앞뒤로 눈이 가득한 네 짐승이 있더라.』(계 4:6) 바로 여기에 나온 이 유리 바다가 곧 우주를 둘러싸고 있는 깊음의 북쪽 바깥이다. 그뿐이 아니다. 그는 또 다른 곳에서 이 유리 바다의 빛깔을 생생히 묘사한다. 『내가 보니, 불로 뒤섞인 유리 바다 같은 것이 있고 그 짐승과 그의 형상과 그의 표와 그의 이름의 숫자에 대하여 이긴 자들이 하나님의 하프들을 가지고 유리 바다 위에 섰더라.』(계 15:2) 여기에 나온 『불로 뒤섞인 유리 바다』는 예수 그리스도께서 골고다에서 흘리신 보혈로 하여 한 변이 1억 마일인 유리 바다 전체가 붉게 물들었음을 의미한다.

믿음의 선진들 가운데서 가장 정확한 우주 지도를 간직했던 사람은 살아서 셋째 하늘을 다녀온 사도 바울이었다. 베드로, 요한, 디모데, 에파프라 디도 등도 모두 우주 지도를 가지고 영원세계를 향하여 갔다. 성경대로 믿는 사람들 역시 이 우주 지도 한 장씩을 가지고 진북을 향해 가고 있다. 이 글을 읽는 당신은 이런 우주 지도를 가졌는가? 만약 아직도 그렇지 못하다면 더 늦기 전에 구원을 받고 바른 성경을 공부하여, 부디 우주 지도부터 구비하기 바란다.

찬송시 3

세상에 길이 많아도

창 28:12

1
세상에 길이 많아도 다 길이 아니라오
저 하늘 꼭대기에 가닿은 사다리는
사람의 몸을 입고 죄인을 찾아오신
주 예수 성자 하나님 오직 한 분뿐이라오

2
부모와 형제를 두고 먼 길 떠난 야곱이
깊은 밤 벧엘에서 꿈에 본 그 사다리
그 미처 무엇인 줄 짐작도 못했지만
중보자 참 사람이신 바로 그분이셨다오

3
의로운 성부 하나님 독생자 보내시사
갈보리 십자가에 못 박아 죽이신 날
옆구리 창에 찔려 흘리신 그 보배 피
온 세상 죄 값 다 치러 우리들을 사셨다오

4
겨자씨만한 믿음이 금보다 귀하다오
뉘든지 그 아들을 구주로 영접하고
높으신 하나님의 아들로 거듭나면
영생과 복된 시온성 모두 그대 차지라오

하늘에 가닿은 사다리

인간은 노아의 홍수 후 창세기 11장에서 시날 평지에 이르러 자신들의 힘으로 바벨탑을 쌓으려 했다. 『우리를 위하여 도성과 탑을 세우되 탑 꼭대기가 하늘에 닿도록 하여 우리의 이름을 내자.』(창 11:4)는 것이 그들의 공동 목표였다. 그들은 벽돌로 하나님께서 만드신 돌을 대신하고 역청으로 회반죽을 대신하여 자신들의 뜻을 이루고자 했다. 그러나 그들의 시도는 출발부터가 잘못되었다. 벽돌과 역청은 잘못된 건축 재료였으며, 살인자 카인이 최초로 건설했던 도시를 건설하려 했을 뿐만 아니라, 하나님의 이름을 높이는 대신 자신들의 이름을 내려 했기 때문이다.

이러한 인간들의 무모한 시도를 도저히 그대로 방관할 수 없으셨던 하나님께서는 진상을 조사하러 땅으로 내려오셨다. 그분께서는 한눈에 사태를 파악하셨다. 『보라, 백성이 하나요 그들 모두가 한 언어를 가졌기에 이런 일을 시작』(창 11:6)했다는 것이 그것이다. "백성이 하나"라는 말은 오늘날의 정치가, 교육자, 종교지도자들이 한 목소리로 부르짖고 있는 인류의 통합과 그 맥락을 같이한다. 즉 하나가 되고자 하는 사상은 로마제국이 나타나기 아주 훨씬 전에 그 시도가 이미 이루어졌음을 보여준다.

하나님께서 인간의 탑 쌓기에 개입하신 것은 궁극적으로 그분의 인간을 향한 사랑이셨다. 『이런 일을 시작하였으니, 이제는 그들이 하기로 구상한 일은 아무것도 막을 수 없을 것이라.』(창 11:6)는 구절이 그 사실을 잘 보여준다. 만약 하나님께서 그들의 도시건설과 탑 쌓기를 그냥 수수방관하셨더라면 인간은 사탄을 힘입어 인종, 정치, 경제, 문화의 통일을 이룩함은 물론 과학의 눈부신 발전과 함께 지구 바깥 우주 속으로 신속히 확산되어 급기야는 별들의 전쟁을 일으키고 말았으리라. 하나님께서는 그러한 통제 불능의 상태를 미리 내다보시고 『그들의 언어를 혼란시켜 그들이 서로의 말을 알아듣지 못하게 하자.』(창11:7)는 비상수단을 강구하여 걷잡을 수 없는 파국을 막으셨던 것이다. 왜냐하면 하나님께서는 사탄의 여하한 방해에도 불구하고 그분의 아들을 통한 인간의 구원 계획을 세우시고 그것을 실천에 옮기심으로써 하나님과 인간이 함께하는 영원세계를 세우셔야 했기 때문이다. 따라서 『주께서 그들을 그곳에서 온 지면에다 흩으시니, 그들이 도성을 짓는 것을 그쳤더라.』(창 11:8)는 말씀은 결국 인간세상을 사탄의 일방적인 통제로부터 하나님께서 필요에 따라 언제든 개입하실 수 있는 상태로 돌려놓으셨음을 의미한다.

바벨탑 사건(B.C.2247)이 일어난 때로부터 487년 후에 아브라함의 손자이자 이삭의 아들인 야곱이 형 에서와의 불화로 인해 외삼촌 라반의 집으로 피신하는 사건(B.C. 1760)이 일어난다. 야곱이 어떤 곳에 도달하여 날이 저물자 그곳(벧엘)에서 노숙을 하게 되는데 그날 밤 그는 꿈을 꾸었다. 그것은 사다리가 땅에 섰는데 그 꼭대기가 하늘에 닿았고, 하나님의 천사들이 그 위에서 오르락내리락하는 꿈이었다(창 28:12). 야곱은 그 당시에 자신이 꿈에 본 사다리가 무엇을 의미하는지 몰랐다. 그리고 그로부터 1786년 후인 A.D. 26년에 와서야 예수 그리스도의 말씀을 통해 그 의미가 밝혀졌다. 『진실로 진실로 내가 너희에게 말하노니, 너희가 이후로는 하늘이 열리고 하나님의 천사들이 인자 위에 오르내리는 것을 보리라.』(요 1:51)는 말씀이 해석해주는 그대로, 야곱이 보았던 사다리는 바로 주 예수 그리스도의 예표였던 것이다.

창세기의 말씀은 『꼭대기가 하늘에 닿았고』(창 28:12) 라고 말씀한다. 땅에 놓인 사다리의 꼭대기가 하늘에 닿았다면 이것은 인간이 만든 사다리가 아니다. 왜냐하면 인간이 만든 그 어떤 사다리도 꼭대기가 셋째 하늘에 닿을 수는 없기 때문이다. 따라서 모든 종교, 사상, 철학, 과학은 인간이 만든 사다리에 불과하다. 예컨대 첨단과학의 산물인 우주선 역시도 예외일 수가 없다. 그동안 인간은 우주개발에 실로 많은 자본과 시간과 노력을 쏟아 부었지만 지구에서 가장 가까운 달에 겨우 다녀왔을 뿐이다. 설사 앞으로 인간이 빛만큼 빠른 로켓을 만든다 해도 3조 광년 저편에 있는 셋째 하늘에 닿는다는 것은 무망한 일이다. 겨우 7,80년에 불과한 인간의 수명으로는 3조 광년은 너무나 아득한 시간이며 거리이기 때문이다.

애초에 하나님께서 야곱에게 보여주신 꼭대기가 하늘에 닿은 사다리는 전능하신 하나님의 사다리였다. 아니, 바로 하나님 자신이셨다. 이 사실을 예수님께서는 『나는 길이요 진리요 생명이라. 나로 말미암지 않고는 아버지께로 올 사람이 아무도 없느니라.』(요 14:6)고 분명히 밝히고 계신다. 그러나 전지하신 하나님께서는 훗날 어떤 무리가 딴소리를 할 것을 미리 다 아셨다. 그래서 이번에는 바울 서신을 통해 『하나님은 한 분이시요, 하나님과 사람 사이에 중보자도 한 분이시니, 곧 사람이신 그리스도 예수시라.』(딤전 2:5)고 한 번 더 말씀으로 기록하기를 잊지 않으셨다. 여기에 와서 진리는 절로 명백해진다. 완전한 사람이시고 완전한 하나님이신 분은 주 예수 그리스도 한 분 외에는 없다. 오직 그분만이 흙으로 만들어진 인간의 손을 잡고 다른 한 손으로는 우주의 주권자이신 아버지 하나님의 손을 잡아 양자를 화해시킬 수가 있는 것이다.

중보자에 관한 말씀이 이렇듯 명백한데도 아니나 다를까, 지구상에는 중보자가 아닌 존재를 중보자로 떠받들고 있는 집단이 생겨났다. 그들은 마리아를 또 다른 중보자로 숭배하고 있지만, 그녀는 결코 중보자가 될 수 없다. 그녀 역시 정결례를 행해야 하는 죄인(눅 2:24)이었다. 그러나 그들은 성경에 엄연히 중보자가 명시되어 있음에도 불구하고 마리아가 예수님의 어머니이니 그녀에게 부탁하면 예수님도 어쩌지 못할 것이라는 인간적 미혹에 젖어 있다. 몇백 명, 몇천 명이 아니라 자그마치 10억 명이 그 미혹에 눈이 가려진 채 지옥을 향해 가고 있다.

사람은 저마다 하나씩의 사다리를 가지고 있다. 외경이 포함된 성서를 사용하는 가톨릭 신자는 가톨릭이라는 사다리를, 불교 신자는 불교라는 사다리를, 유교 신자는 유교라는 사다리를, 무신론자는 무신론이라는 사다리를 가지고 있다. 그리고 그 사다리의 끝이 제각각 천국, 극락, 저승, 무(無)에 연결되어 있다고 믿는다. 그러나 이 우주의 주인인 분이 기록하고 보존하지 않은 말씀에 근거하지 않는 믿음은 헛된 망상에 불과하다. 아무리 그럴듯하게 포장되어 땅에 세워졌더라도 하늘에 가닿지 않은 사다리는 그 끝이 모두 멸망으로 연결되어 있기 때문이다.

찬송시 4

흙 도가니 세상에서 일곱 번 정화되어

시12;6,7

1
흙 도가니 세상에서 일곱 번 정화되어
영원토록 저 하늘에 세워진 주의 말씀
서쪽으로 서쪽으로 둥근 땅 돌고 돌아
산 넘고 바다를 건너 내게까지 닿았네

2
옛날 옛적 선지자들 성령에 감화되어
두루마리 한자한자 기록한 주의 말씀
무릎 꿇고 두 눈으로 손가락 짚어 읽어
천지를 지으신 한 분 처음으로 알았네

3
내가 아직 먼 조상의 허리에 있었을 때
낮고 천한 몸을 입고 세상에 오신 말씀
십자가에 높이 달려 흘리신 그 보혈로
날 친구 삼아주신 분 큰 사랑도 알았네

4
하늘 지구 해달별들 마침내 사라져도
육십육 권 구구절절 지키실 주의 말씀
영원부터 영원까지 미리 쓴 그 역사를
신실하신 주 하나님 모두 다 이루시리

영원부터 영원까지 미리 쓴 역사

"와디(wadi)"라는 말이 있다. 이것은 건조지역에서 호우 시에만 발달하는 일시적인 하천을 가리키는 말인데, 와디는 북아프리카나 아라비아에서 사용되는 용어이며, 남아프리카에서는 동가(donga), 아메리카에서는 아로요(arroyo)라고 부른다. 와디는 건기에는 말 그대로 마른강에 불과하지만, 우기가 닥쳐 자주 비가 내리면 두세 달 동안 물이 흐르고, 그 짧은 동안 골짜기에는 온갖 풀꽃들이 장관을 이룬다고 한다. 사람이 맨발로 걸어서 바다를 건널 수 없듯이 와디 역시 아득한 지평선이 보이는 곳에서 더 이상 사막을 건너지 못하고 점점 잦아들어 마침내 자취도 없이 사라지고 만다.

하나님께서는 우주를 창조하시고 그 우주라는 공간 속에 애초의 영원에다 잇대어 시간의 길고 긴 실타래를 풀어놓으셨다. 인간의 머리로는 상상조차 불가능한 거대한 우주 공간, 1천억 개의 은하와, 각각의 은하에 다시 1천억 개씩의 크고 작은 원구들을 띄워놓고 그것들 하나하나에게 자전과 공전을 부여하시면서 일제히 흐르기 시작한 시간…. 그래서인지 모르지만 과학자들은 우주를 시간과 공간과 물질이 존재하는 곳이라고 정의한다. 그러나 그들은 시간이 흐르고 있는 우주 공간의 크기에 대해, 또 시간의 실체에 대해 입도 뻥긋할 수 없다. 그들은 우주와 인간을 창조하신 하나님께서 진리로 기록하신 성경을 그리스 신화나 로마 신화 정도의 책으로만 생각하기 때문이다.

성경은 믿음으로 열리는 책이다. 세상에서 연마한 학문이나 철학을 최종권위로 두고 접근하는 사람들에게 성경은 절대로 그 품을 열어 보이지 않는다. 아무려면 우주 만물을 창조하신 분이 자신의 피조물보다 무지하고 어리석겠는가. 이에 대해 하나님께서는 2,700여 년 전에 『주가 말하노라. 내 생각은 너희 생각과 다르며 내 길은 너희 길과 다르니』(사 55:8)라고 말씀하셨다. 인간이 자신의 나약함과 무지함을 깨닫고 전지전능하신 하나님 앞에 자신의 무릎을 온전히 꿇을 때, 아울러 자신의 감긴 눈을 띄워 달라고 겸손히 간구할 때 성경은 비로소 드넓은 그 품을 열어젖히신다

『하나님께서 말씀하시기를 "물들 가운데 창공이 있으라. 창공으로 물들에서 물들을 나누게 하

라.” 하시니라. 하나님께서 창공을 만드시고 창공 위에 있는 물들에서 창공 아래 있는 물들을 나누시니 그대로 되니라.』(창 1:6,7) 창세기의 이 말씀을 보면 현재의 우주가 어떻게 만들어졌는가를 잘 보여준다. 즉 창세기 1장 2절에서 심판을 받은 지구가 깊음(물들) 속에 잠겨 있다가, 그 깊음 속에 창공(하늘, 우주)이 생기면서 지구는 현재의 우주 공간에 위치하게 된 것이다. 그러니까 우주는 현재 물로 된 거대한 용기(容器) 속에 담겨 있으며, 시간도 그 용기 속에 함께 담겨 흐르고 있다. 이 사실을 욥기 26장 10절은 『그가 그 물들을 경계로 두르시니 낮과 밤이 끝나는 곳까지라.』고 말씀한다. 우주의 경계는 물들(깊음)이며, 낮과 밤(시간) 역시 그 속에서 흐르고 있는 것이다. 그러나 시간이 제 행로를 다 달려가 더 이상 달려갈 곳이 없어지면 영원 속으로 사라질 것이다. 와디가 거대한 지평선이 보이는 사막에서 잦아들듯이 시간도 그렇게 영원의 바다 가운데로 자취를 감출 것이다.

『영원에 거하시는 높고 우뚝 솟은 분, 그의 이름이 거룩이신 분이 이같이 말하노라. 나는 높고 거룩한 곳에 거하며 또한 통회하고 겸손한 영을 지닌 자와 함께 거하여 겸손한 자의 영을 소생케 하고 통회하는 자의 마음을 소생케 하는도다.』(사 57:15) 이 말씀은 성경에서 영원(eternity)이라는 단어가 나오는 유일한 곳이다. 하나님은 바로 그 영원에 거하시며 그 이름은 거룩이신 분이다. 그런데 놀랍게도 우리는 이 말씀을 통해 그분이 거하시는 곳이 높고 거룩한 곳인 영원 외에 또 한 장소가 더 있음을 알게 된다. 『통회하고 겸손한 영을 지닌 자』가 바로 그곳이다. 그분께서는 그 가장 낮은 곳에도 거하시면서 그의 곤비한 영과 마음을 소생케 하신다는 것이다. 메마르고 삭막한 와디(wadi)에 비가 내려 물이 흐르면 온갖 씨앗들이 싹이 터서 고운 꽃들이 피어나듯이 말이다.

성경의 첫머리를 펼치는 순간 우리는 『태초에 하나님께서 하늘과 땅을 창조하셨느니라.』(창 1:1)라는 장엄한 서술을 만나게 된다. 여기서 『태초에』는 시간이고, 『하나님』은 에너지이며, 『하늘』은 우주 공간이다. 그리고 『땅』은 물질이며, 『창조하셨느니라』는 운동이다. 이 한 줄의 문장은 우리가 스스로는 도무지 깨칠 수 없었던 문제들의 해답을 한꺼번에 시사해준다. 하늘과 땅은 언제 어떻게 생겨났는가? 시간의 베틀이 쉴 새 없이 짜내는 역사라는 피륙은 대체 누구의 작품인가? 그리고 그 아득한 피륙에 작디작은 무늬 하나를 수놓다 가는 인간은 대체 어디서 와서 어디로 가고 있는가…. 성경의 첫 문장은 이 의문들의 실마리를 포착하기에 부족함이 없다.

그런데 하나님께서 하신 일 가운데 창조도 더없이 중요하지만, 또 한 가지 놀라운 사실은 인간에게 언어와 문자를 주시고, 한 권의 책을 수천 년에 걸쳐 집대성하셔서, 그것을 통해 자신을 계시하신 일이다. 『태초에 말씀이 계셨고, 그 말씀이 하나님과 함께 계셨으니, 그 말씀은 하나님이셨느니라. 그 말씀이 태초에 하나님과 함께 계셨느니라. 만물은 그에 의하여 지은 바 되었으며, 이미 지음받은 것 가운데 그가 없이 지어진 것은 아무것도 없더라.』(요 1:1-3) 여기에 나오는 『태초』는 창세기 첫머리에 나오는 그것보다 한결 더 오랜 시점이다. 이 우주의 시간이 시작되기 전, 그 영원한 처음인 태초, 그 오래디오랜 시점에 아버지 하나님과 아들 하나님이 함께 계셨고, 그 아들 하나님은 성육신 이전에 말씀이셨으며, 그 말씀에 의해 만물이 지은 바 되었음을 이 일련의 말씀은 전해주고 있다. 요한복음의 저자인 요한은 요한일서에서도 『태초부터 계셨고, 우리가 들었으며, 우리 눈으로 보았고, 주목하여 살폈으며, 우리 손으로 직접 만졌던 생명의 말씀에 관해서라.』(요일 1:1)라고 성육신하신 말씀 하나님에 대해 다시 한번 감동적인 서술을 아끼지 않고 있다. 만일 하나님께서 선지자들을 통해 기록하시고 간수하신 말씀이 없었다면 우리는 대체 무슨 수로 창조주이신 그분을 인지할 것인가. 또한 그분의 거룩한 말씀이 우리 손에 들려 있지 않았다면 거짓말하실 수 없는 그분께서 영원부터 영원까지 미리 기록해 두신 역사와 우리를 위한 구원계획과 장차 영원한 왕국의 일원으로 택하신 일을 무슨 수로 알 수 있었을 것인가. 바로 그래서 베드로는 베드로전서에서 『너희가 거듭난 것은 썩어질 씨로 된 것이 아니라 썩지 아니할 씨로 된 것이니 살아 있고 영원히 거하는 하나님의 말씀으로 되었느니라.』(벧전 1:23)라고 기록한 바 있다.

하나님께서는 멀지 않은 장래 『나는 높고 거룩한 곳에 거하며 또한 통회하고 겸손한 영을 지닌 자와 함께 거하여 겸손한 자의 영을 소생케 하고 통회하는 자의 마음을 소생케 하는도다.』(사 57:15)라는 말씀 그대로 높고 거룩한 그곳까지 우리를 높이시고 영원을 우리와 함께 하실 것이다.

찬송시 5

이 세상 장막에서 아직 살아 숨쉴 때

사 55:6,7

1

이 세상 장막에서 아직 살아 숨 쉴 때
피는 꽃 가는 구름 바라볼 수 있을 때
하늘과 땅과 만물 창조하신 주 하나님
그분이 어디 계신지 그대 어서 찾으라

<후렴>

주께서 아낌없이 구원을 베푸시리
영생과 모든 좋은 것 넘치도록 주시리

2

오래 전 어리석고 분별력이 없을 때
모두가 어두움과 죄의 길에 있을 때
세상 죄 제거하고 다시 사신 주 예수님
참으로 복되신 그분 그대 영접했는가

3

지금은 하늘 보좌 오른편에 앉으셔
날마다 죄인들을 중보하고 계신 주
홀연히 때가 되어 심판주로 오시기 전
단 하나 문이신 그분 열고 들어갔는가

유일한 길이신 주 예수 그리스도

우리가 믿는 주 예수 그리스도께서는 길이시다. 세상에 존재하는 수많은 길 가운데 하나의 길이 아니라 우리를 사망과 지옥에서 구원하실 수 있는 유일무이한 길이시다. 그러기에 주님께서는 『나는 길이요 진리요 생명이라. 나로 말마암지 않고는 아버지께로 올 사람이 아무도 없느니라.』(요 14:6)고 말씀하신다.

사람들에게 복음을 전해보면 각양각색의 반응을 보인다. 자신이 불교를 믿는다는 반응도 그 중의 하나다. 그런데 여기에도 두 부류가 있다. 자신이 가는 길이 절대 진리의 길이라 믿고 남의 이야기를 한 마디도 들으려 하지 않는 부류와 조금은 이쪽의 말을 경청해주는 부류가 그들이다. 이들 가운데 설득의 대상은 바로 후자의 경우다. 인류의 선각자 가운데 고타마 싯다르타가 중요한 한 사람인 것은 맞지만 그가 하늘과 땅을 창조하신 분은 아니지 않느냐, 우리나라가 도지사나 군수가 아닌 대통령의 뜻대로 다스려지듯이 땅과 우주도 창조하신 절대자의 뜻대로 다스려지지 않겠느냐고 넌지시 타진해 본다. 그러나 이 설득의 성공률은 매우 낮다. 절대 진리인 성경은 이미 『그들 가운데 이 세상의 신이 믿지 않는 자들의 마음을 어둡게 하여 하나님의 형상이신 그리스도의 영광스러운 복음의 광채가 그들에게 비치지 못하게 하느니라.』(고후 4;4)고 말씀해 놓고 있기 때문이다.

다른 하나의 반응은 언젠가는 구원을 받기는 받아야겠지만 지금은 그 때가 아니라는 대답이다. 자신은 아직 해야 할 일이 많고 즐겨야 할 일도 많은데 벌써부터 구원을 받으면 자신의 사생활이 부자유스럽다는 것이다. 인간의 운명은 절대자의 손 안에 있는데 하루살이 같은 인생이 언제 죽을지 모르는 판에 당신의 생각은 너무 위험천만한 발상이 아니냐고 물어본다. 그래도 그는 막무가내로 좀 더 해볼 것 해보고 즐길 것 즐기고 난 다음에 보자고 한다. 이에 대하여 성경은 벌써 답을 마련해 놓고 있다. 『이제 오라, "오늘이나 내일 우리가 어느 성읍으로 가서 거기서 일 년쯤 지내며, 사고팔아 수익을 올리리라." 하는 자들이여 너희가 내일 일어날 일을 알지 못하나니 너희 생명이 무엇이냐? 잠깐 보이다가 사라지는 안개니라.』(약 4:13,14) 이 얼마나 신랄하고 빈틈없는 추궁인가.

또 하나의 반응은 사람이 죽으면 그것으로 그만이지 지옥이니 하늘나라니 그런 것이 어디 있겠느냐는 것이다. 이러한 생각은 그 근본이 무신론에 닿아 있다. 즉 저절로 세상이 생겨났고 생명도 우연히 생겨났으므로 죽으면 무로 돌아가는 것이 당연하지 않느냐는 것이다. 우리나라의 자살률은 OECD 국가 중에 가장 높은 것으로 알려져 있는데, 이들 자살자들의 사고 근저에는 바로 죽고 나면 모든 게 끝이라는 무신론적인 생각들이 도사리고 있다. 예컨대 아미노산, 당, 효소 등의 "폴리펩타이드" 사슬로부터 우연히 생존 가능한 단백질들이 형성될 가능성은 10의 3만4천 승 분의 1이라고 한다. 이 말은 생명체가 절대자의 창조 없이 저절로 생겨날 확률은 불가능하다는 의미이다. 우연을 믿는 사람들에 대한 성경의 답은 매우 직설적이다. 『어리석은 자는 자기 마음에 말하기를 "하나님은 없다." 하였도다.』(시 14:1, 53:1) 그들은 실로 진화론 내지 무신론에 심취한 구제불능의 사람들이다.

사람들에게 복음을 전해보면 소위 거듭나지 못한 기독교인들의 반응 역시 각양각색이다. 그 하나는 말씀보다도 자신의 체험을 믿는 경우이다. 이를테면 과거에 어느 부흥회에 참석하여 방언을 받았을 경우, 그것을 성령께서 자신을 인 치신 사건으로 철석같이 믿는다. 그래서 이쪽에서 방언은 뜻이 분명한 외국어(행 2:8)이므로, 자신이나 남이 들어도 무슨 뜻인지도 모르는 소리는 악령이 주는 방언이라고 일깨워줘도 방언의 체험을 고집스럽게 자신이 거듭난 체험으로 굳게 붙들려고 한다. 이런 자들에게 주님께서는 단호히 말씀하신다. 『그 날에 많은 사람들이 나에게 '주여, 주여, 우리가 주의 이름으로 예언하지 아니하였으며, 주의 이름으로 마귀들을 쫓아내지 아니하였으며, 주의 이름으로 많은 경이로운 일들을 행하지 아니하였나이까?'라고 말하리니, 그때 내가 그들에게 분명히 말하되 '나는 너희를 전혀 알지 못하니, 너희 불법을 행하는 자들아, 내게서 떠나가라.'고 하리라.』

다른 하나는 기독교인이면서도 말씀을 나눌 줄 모르는 사람들이다. 이들에게 오직 믿음으로 구원을 받는다고 하면 이들은 주저 없이 『이제 너희가 알거니와 사람이 행함으로써 의롭게 되는 것이요, 믿음으로만 되는 것이 아니니라.』(약 2:24)는 말씀을 들고나온다. 믿음으로 구원받은 사람은 행함은 저절로 따라오게 되어 있으며, 이 경우 행위는 구원을 받거나 유지하기 위한 것이 아니라 천년왕국의 유업과 관련된다고 일러주어도 도무지 이해를 못 한다. 만일 야고보서의 말씀에 따라

의로워지기 위해 자신의 행위를 의지하며 자신이 진짜 그리스도인임을 증명하기 위해 자신의 행위를 의지하는 사람이 있다면 그는 지옥에 가 있는 것과 다를 바가 없다. 왜냐하면 그는 예수 그리스도의 거룩한 보혈에 자신의 걸레 같은 행위를 물타기 하는 불경을 저질렀기 때문이다. 이런 믿음을 가진 사람들은『그러나 끝까지 견디는 자는 구원을 받으리라.』(마 24:13)라는 말씀이 교회시대의 경륜에 해당되지 않는 말씀이라는 사실을 도무지 깨달을 도리가 없는 것이다.

그 외에도 사랑의 하나님이시라면 모든 사람이 다 하늘나라에 가도록 하실 일이지, 끔찍한 지옥을 마련해 놓고 적은 수를 제외한 다수를 지옥으로 보내시는 하나님은 너무 잔인하셔서 믿고 싶지 않다는 사람들도 있다. 그런데 가만히 생각해보면 이 말은 피조물이 창조주를 향해 삿대질을 해대는 꼴이다. 인간은 처음에 에덴동산을 다스리는 왕으로 부름을 받았다. 그러나 하나님께서 따먹지 말라는 선과 악의 지식의 나무의 열매를 따 먹음으로써 에덴동산에서 쫓겨나고 말았다. 하나님께서는 이 배은망덕한 인간을 구원하시기 위해 자신의 독생자를 사람의 모습으로 보내어 십자가에 피 흘려 죽게 하시고, 누구나 그분을 믿고 구세주로 영접하기만 하면 구원을 얻도록 하셨다. 자신의 의지로써 겨자씨만한 믿음을 발휘하기만 하면 가장 귀한 선물인 영생을 얻도록 하신 하나님이 뭐가 잘못됐느냐고, 창조주이신 그분이 피조물에 대해 그만한 권리도 없겠느냐고 물으면 정직한 사람은 대개 입이 닫히고 만다.

하나님께서는 인간에게 자유의지를 주시고 복과 저주를 마음대로 택하게 하셨다. 그리고 혹시라도 복을 두고 저주를 택할까 봐,『너희는 좁은 문으로 들어가라. 이는 멸망으로 인도하는 문은 넓고 그 길이 광대하여 그리로 들어가는 사람이 많으나 생명으로 인도하는 문은 좁고 그 길이 협소하여 그것을 찾는 자가 적음이니라.』(마 7:13,14)고 길을 택하는 기준도 자상하게 일러주셨다. 이 말씀에 따르면 멸망으로 인도하는 문은 넓고 그 길이 광대하여 찾는 이가 많으나 생명으로 인도하는 문은 좁고 그 길이 협소하여 찾는 이가 적다고 말씀하신다. 이 말씀이 참으로 하나님의 말씀일진대 이 배교의 라오디케아 시대 교단교회 내지 대형교회들은 결코 하나님께서 세우신 교회가 아니다. 그러나 사람들은 너나없이 기를 쓰고 좁은 문 대신 넓은 문을 선호한다. 그들 대다수가 말씀에 눈이 멀어 있는 탓이다.

찬송시 6

우리가 주 예수를 구주로 영접할 때

벧전 2:9

1
우리가 주 예수를 구주로 영접할 때
주님은 선택받은 세대라 부르시네
진리의 말씀으로 죽은 영 살리시어
영원히 쇠하지 않는 새 생명을 주시네

<후렴>
어둠에서 빛으로 우리를 불러내신
주 하나님 크신 은혜 소리 높여 찬양하세

2
우리가 주 예수를 구주로 영접할 때
주님은 왕과 같은 제사장 삼으시네
멜키세덱 계열의 대제사장 주 예수
드높은 화해의 직분 우리에게 맡기네

3
우리가 주 예수를 구주로 영접할 때
거룩한 민족이라 주님은 이르시네
우리의 시민권이 하늘로 옮겨지니
더 이상 이 세상에는 우리 국적 없도다

4
우리가 주 예수를 구주로 영접할 때
독특한 백성이라 주님은 높이시네
주님의 몸과 같이 우리 몸도 변하여
영원한 새 예루살렘 주와 함께 살겠네

그리스도인의 놀라운 지위

간혹 나 자신의 지난 삶을 돌이켜볼 때면 당시에는 미처 감지하지 못했으나 어떤 분의 보이지 않는 손길이 요소요소마다 지켜 주셨음을 어렴풋이 느끼곤 한다. 위험천만한 행로에서 도처에 지뢰가 매설되어 있거나 모퉁이마다 일격필살의 총구가 나를 겨누고 있었는데도 불구하고, 그때마다 용케도 위험한 상황들을 지나 현시점까지 무사히 도착했음을 볼 때 그렇다.

지지리도 자손이 귀한 집의 4대 독자로 태어나 폐렴이 겹친 홍역, 장티푸스 등의 병마로 인한 초죽음에서 살아남았고, 물에 빠져 죽게 된 상황에서 세 번이나 극적으로 구조되었을 뿐만 아니라, 최근 15년 동안 운전부주의로 인한 몇 번의 결정적 위험상황에서도 얼마간의 물질적 피해를 보았을 뿐 정작 몸은 멀쩡했다. 물론 그 고비들 가운데 어느 하나라도 자애로운 분의 도움을 입지 못했다면 나는 오늘토록 존재하기는커녕 성경대로 믿는 사람이 될 기회마저 영영 놓치고 말았을지도 모른다. 그런데 이런 일련의 일들보다도 더더욱 기이하고 놀라운 일은 무려 50년이 넘는 세월을 바른 믿음의 길에서 그리 멀지 않은 곳에 나 자신이 항상 위치하고 있었다는 점이다. 실로 『사람들이 하나님을 감지하려 하면 만나리니 그분은 우리 각 사람에게서 멀리 떨어져 계시지 아니하도다.』(행 17:27)라고 한 말씀 바로 그대로다.

세상에는 내세가 있다는 생각도 못한 채 평생 땀 흘려 농사만 짓다가 늙고 허리 꼬부라져 죽는 사람이 어디 한둘인가. 한평생 돈 버는 일에 골몰하다 벌어놓은 돈을 쓰지도 못하고 덜컥 불치의 병에 걸려 죽는 사람은 또 어디 한둘인가. 대학 졸업 후 학문연구에 매진한다며 석사 박사 과정 다 거치고 대학교수가 되어 머리 아프도록 학문연구만 하다가 제 할 일 다 했다며 죽는 학자들, 일찍이 정계에 입문하여 국회의원에 여러 번 당선하고 보다 높은 지위를 꿈꾸다 어느 날 느닷없이 선거에서 낙마하여 사라진 정치가들은 얼마인가. 한평생 온갖 악행만 저지르다 더는 어떻게 해볼 도리가 없자 자살로 생을 마감하는 사람은 또 얼마인가.

그러나 그 어느 멸망의 길에도 기웃거릴 틈을 주지 않으시고 어딘가 진리의 길이 있을 것이라는 소망을 가슴 속에 심어주셔서 종내 놀라운 빛 가운데로 인도해 주신 분, 불과 얼마 안 되는 이 땅의 성경대로 믿는 사람들의 대열에 서고 나서야 나는, 그분이 이 우주를 창조하시고 십자가 위에서 날 위해 보혈까지 흘려주신 예수 그리스도, 바로 그분이심을 알았다. 그리고 무엇보다도 감사한 일은 날 때부터 줄곧 감겨 있었던 나의 눈을 띄워주신 일이다. 엄연히 성경에 명시된 이야기이지만 세상 사람들은 하나같이 낌새조차 못 채는 일들에 대하여 그분은 나로 하여금 샅샅이 실상을 보게 하신 것이다.

아담이 범죄한 이래 세상은 이 세상 신(고후 4:4)인 다섯 번째 그룹 루시퍼(사 14:12)의 지배 아래 있어 왔으며, 그는 너무도 그럴싸하게 예수 그리스도의 흉내를 내어 세상 사람 대다수를 감쪽같이 속여 왔다. 『그러한 자들은 거짓 사도들이요, 기만하는 일꾼들이요, 자신들을 그리스도의 사도들로 가장하는 자들이라. 이것은 놀랄 일이 아니니 이는 사탄도 자신을 빛의 천사로 가장하기 때문이라. 그러므로 사탄의 종들이 의의 종으로 가장한다 하더라도 큰 일이 아니니라. 그들의 종말은 그들의 행위대로 될 것이니라.』(고후 11:13-15) 보는 것처럼 세상은 바야흐로 거짓사도들, 기만하는 일꾼들, 그리스도의 사도들로 가장하는 자들로 넘쳐나고 있는데, 이 현상은 놀랄 일이 아니라는 것이다. 왜 그러냐 하면 이 세상 신인 사탄도 자신을 빛의 천사(예수 그리스도)로 가장하기 때문이라는 것이다. 아울러 하나님의 종이 아닌 성직자들, 곧 사탄의 종들도 의의 종으로 가장하는데, 이 일은 너무도 광범위하게 일반화되어 있어서 결코 대수로운 일이 못 된다는 것이다. 그렇다면 하나님을 믿는다는 사람들은 시급히 점검해 볼 일이 두 가지가 있는 셈이다. 하나는 내가 믿는 하나님은 혹시 하나님으로 가장한 다섯 번째 그룹(마귀)은 아닌가 하는 것이고, 다른 하나는 내가 섬기는 교회의 목사님은 의의 종으로 가장한 사탄의 종은 아닌가 하는 것이다.

그런데 더욱 놀라운 사실이 있다. 이 모방의 귀재에다 하나님 다음으로 막강한 다섯 번째 그룹(사탄)은 로마카톨릭, 안식교, 여호와의 증인, 각종 타락한 개신교 등 모든 기독교 종파들은 물론이려니와, 불교, 이슬람교, 힌두교, 도교, 신도교, 부두교, 잡다한 토속종교 등에 이르기까지 세상의 모든 종교들 역시 자신의 계열사들로 거느리고 있다는 사실이다. 그리하여 그는 지난 6천 년 동안 사사건건 하나님의 일에 일관되게 반역을 꾀하여 사람의 혼들을 자신의 교묘한 미혹에 걸려드는 족족 지옥으로 쓸어 넣어 온 것이다.

얼마 전 대구에 사는 P 시인이 갑작스레 작고했다. 그는 총각 시절에 경주 Y중학교에서 교편을 잡았는데 기회가 주어져 대구로 가서 거기에서 평생 교직에 종사했다. 인터넷상에 떠도는 그의 동영상을 잠시 보았더니, 그는 “프란치스코”라는 영세명을 가지고 있었고, 강연 시작 전에 다짜고짜 시청자들과 함께 주기도문을 능숙하게 왼 다음 예정된 강연을 시작하는 장면도 있었다. 무신론자였던 그가 대구로 간 뒤 카톨릭 신자가 되었음을 비로소 알았다. 반 카톨릭 신학 공부를 한 나로서는 사사건건 성경말씀을 깔아뭉개는 그들 집단의 행태를 손바닥 들여다보듯 훤히 알고 있지만, 성체성사가 사탄의 미혹인 줄 짐작도 못했을 그는 매주 미사에 참석하여 빵과 포도주를 받아먹으면서 그 길이야말로 영생의 길이라고 굳게 믿었을 것이다.

세상에 길은 많지만 생명의 길은 단 하나뿐이다. 주님께서는 진작부터 『나는 길이요 진리요 생명이라. 나로 말미암지 않고는 아버지께로 올 사람이 아무도 없느니라.』(요 14:6)라고 말씀하셨다. 그렇지만 그분이 어떻게 인간의 길과 진리와 생명이 되는가. 빵과 포도주로 인해서인가? 결코 그렇지 않다. 그것은 오직 개개인이 주님을 구주로 선택하고, 주님께서는 개개인을 자녀로 선택함에서 말미암는다. 그리고 그와 동시에 우리는 순식간에 대한민국 국적을 가진 사람에서 하늘의 시민권을 가진 사람으로 변모한다(빌 3:20). 바로 그런 우리를 두고 주님께서는 『너희는 선택받은 세대요 왕 같은 제사장이며, 거룩한 민족이요, 독특한 백성』(벧전 2:9)이라는 놀라운 지위를 부여하시는 것이다. 인간을 구원하신 하나님의 덕을 선포하게 하기 위해서이다. 때가 얼마 남지 않았다. 그대 지금 이 영광스런 대열의 주인공이 되지 않으려는가.

찬송시 7

우리가 전파하는 어리석은 십자가로

고전 1:21

1
우리가 전파하는 어리석은 십자가로
하나님은 멸망하는 혼들을 구하시네
지옥불의 멸망에서 하늘나라 낙원으로
그 피를 믿는 자들을 남김없이 옮기시네

2
세상이 그 지혜로 알 수 없는 그리스도
우리에게 믿음으로 알게 하신 하나님
슬기로운 모든 눈을 어둠으로 가리시고
마음이 어린 아기들 손을 잡아 이끄시네

3
하나님 어리석음 사람보다 지혜로워
세상 모든 지혜자들 비웃고 지나쳐도
날아오는 은의 말씀 가슴 깊이 새겨듣고
누구나 영접하는 자 하늘백성 삼으시네

수치를 개의치 아니하신 주님

43년째 살고 있는 경주에서 거리설교를 시작한 지도 어언 12년째로 접어들었다. 거리설교를 처음으로 시작하기 그 전해, 선교주간에 참석하여 보고를 하면서 꽃 피는 봄이 오면 경주에서도 거리설교를 시작하겠다고 약속을 했었는데, 이듬해(2009년) 정말로 서울교회에서 연락이 왔다. 첫 거리설교에 지원사격을 해 주겠다는 것이다. 24년간 경주에서 교직에 몸담았던 내가 제자들 보는 앞에 백주대로에서 거리설교를 한다고 생각하니, 순간적으로 두려움이 엄습해 오며 '공연히 약속을 했었구나.'하는 생각이 머릿속을 얼핏 스쳐갔다. 그러나 남자가 일단 약속을 한 것이니 목에 칼이 들어와도 그대로 해야 한다고 속으로 스스로를 다그쳤다. 그날로 즉시 일정이 잡히고 서울교회 성인회에서 몇 분이 내려오기로 약속이 되었다.

나는 집에서 미리 사 둔 스피커를 켜놓고 몇 번이나 연습을 했다. 그러는 사이 어느덧 약속한 날이 다가왔다. 만나기로 한 경주역에 나가니 서울교회에서 모두 네 분의 형제들이 내려왔다. 경주교회에서는 나와 우리 집 자매와 큰아이, 이렇게 셋이 나갔다. 역 근처 쌈밥을 잘하는 음식점으로 직행하여 점심 요기부터 한 후 거리설교에 나섰다.

먼저 역 광장에서부터 거리설교가 시작되었다. 서울교회 한 형제가 선두주자로 나서서 설교를 한 뒤 나에게 마이크를 넘겼다. 서울에서 선발 차출된 용사들에 비하면 난생처음인 나는 전투 요령을 옳게 숙지하지도 못한 채 칼을 다루는 솜씨마저 서투르기 짝이 없었으나 그런대로 성공적으로 첫 거리설교를 했다. 역에서 아래 시장까지 경주시의 중심부를 온통 관통하여 우체국 앞, 경찰서 네거리를 거쳐 아래 시장까지 이동하면서 서울에서 온 네 분의 형제들이 차례로 기관총을 쏘고, 또 각각 소지한 M16 소총을 발사했다. 나 역시도 크게 고무되어 화약 냄새와 포연 속에 쉴 새 없이 소총을 발사하며 전선을 따라 시가전에 참여했다. 겉으로 보아서는 모두 곱상하고 조용하게만 생긴 분들인데 정작 전투가 시작되고 나니 하나같이 능숙하고 강인하며 용감무쌍한 보병들이었다. 나는 그날 너무도 크게 감명을 받았다.

그날 이후 날씨가 궂은 날을 제외하고는 나와 우리 집 자매와 큰아이 이렇게 셋은 그리스도의 대사직을 기꺼이 맡아 거리설교에 임하며 죄인들을 속속 주님께로 화해시켜 이겨오고 있다. 이 모두가 서울교회 네 분의 용사들이 불원천리 먼 길을 달려와서 어려운 첫걸음을 떼어놓게 해준 덕분이다.

개신교회에서는 성도들은 물론 그들의 목사까지도 거리설교에 대해 대체로 부정적이다. 거리에서 시끄럽게 설교를 하고 전도지를 돌리고 구령활동을 하는 것은 예수 그리스도의 복음을 천박하게 만든다는 것이다. 그러나 이런 견해는 성경말씀을 너무도 알지 못하는 무지의 소치에 불과하다. 성경은 우리에게 엄연히 『너는 말씀을 전파하라. 때를 얻든지 못 얻든지 항상 대비하라.』(딤후 4:2) 말씀하고 있기 때문이다. 이 명령은 목사나 복음전도지 및 성도들에게 공히 주어신 가장 기본적이면서도 근본적인 하나님의 명령이다. 눈에 보이는 결과가 있을 때거나 그렇지 못할 때거나, 혹은 몸에 힘이 넘칠 때거나 파김치처럼 처져 손끝 하나 움직일 수 없을 때거나, 그야말로 말 그대로 『때를 얻든지 못 얻든지』 전파하라는 명령인 것이다. 그뿐이 아니다. 『하나님의 지혜에 있어서는 세상이 그 지혜로 하나님을 알지 못하였기에 하나님께서 복음 전파의 어리석음으로 믿는 자들을 구원하시기를 기뻐하셨느니라.』(고전 1:21)고까지 말씀하신다. 왜 세상은 그 지혜로 하나님을 알지 못하는가? 세상 사람들은 교육을 통해서 배운 세상의 지혜로 하나님을 알려고 한다. 그러나 그들은 하나님을 알려고 할수록 언제나 핵심을 비껴가고 만다. 세상의 지혜란 언뜻 보기에는 그럴듯하지만 교묘하게도 진리를 피해가는 길만 닦아 열어 놓았기 때문이다.

목사들은 하나같이 자신들은 항상 점잖고 품위를 유지해야 한다고 생각한다. 복음을 전파한다는 것은 어디까지나 예배당 안 강단에서 할 일이며, 거리에서 사람들에게 혐오감을 주면서 외치는 것은 복음의 격을 떨어뜨리는 일이라 생각한다. 그래서 그들은 교회 건물 안에서 성스럽게 보이는 가운을 입고 진리도 없는 엉터리 설교로 거드름을 피우는 것이 곧 자신들이 할 일이라 여기는 것이다. 솔로몬은 이미 3000여 년 전에 『어리석은 자의 음성도 말이 많음으로 알려지느니라.』(전 5:3)고 설파했다. 복음은 입을 다물고 있으면 전파될 수가 없다. 오히려 말이 많음으로 널리 알려지게 된다. 그리스도인들은 말이 없는 사람들이 아니라 어디에서나 말이 많은 사람들인 것이다.

우리 주 예수 그리스도께서는 공생애 동안 어쩌다 회당에 서셨을 뿐, 거의 대부분을 산이나 들이나 거리에서 설교하셨다. 『내가 그리스도를 따르는 것처럼, 너희는 나를 따르는 자들이 되라.』(고

전 11:1)고 한 사도 바울도 거리에서 설교했다. 『그리하여 그가 회당에서는 유대인과 경건한 사람들과, 시장터에서는 날마다 그가 만나는 사람들과 토론하니라.』(행 17:17) 보는 것처럼 사도 바울은 시장터에서 날마다 거리설교에 임했다.

앞에서 잠시 언급했지만, 나는 처음 얼마 동안은 거리설교에 임할 때마다 학교 제자들이나 아는 사람들과 맞닥뜨려야 한다는 사실이 무척이나 두려웠다. 그러나 그때마다 발가벗겨 남자로서의 수치를 고스란히 다 드러낸 채 내 모든 죄를 제거하기 위해 십자가에 못 박히신 주님을 생각하곤 했다. 그럴 때면 놀랍게도 부끄러움과 두려움이 일순에 사라지는 것이었다. 창조주 하나님이시면서 낮고 천한 피조물인 인간들 앞에 발가벗긴 모습으로 못 박히시다니, 고통도 고통이려니와 무엇으로도 비교할 수 없는 수치를 어찌 견뎌 내셨을꼬? 성경은 이에 대해 우리에게 그날의 참상을 생생히 전해준다. 『우리 믿음의 창시자요 완성자이신 예수를 바라보자. 그는 자기 앞에 놓인 즐거움을 위하여 십자가를 견디시고 수치를 개의치 아니하시더니 하나님의 보좌 오른편에 앉으셨느니라.』(히 12:2) 나는 이 말씀 앞에 감전이라도 된 듯 기도하지 않을 수 없었다. "오, 주님! 주님께선 모든 수치를 견디시고 그 하나도 개의치 않으셨군요. 벌레만도 못한 미천한 제가 감히 외람되게도 자랑의 면류관(살전 2:19)이 따르는 영광스러운 일을 부끄러워하다니요! 부디 이 죄인을 너그러이 용서해 주소서."라고.

찬송시 8

성령 하나님

고전 6:19

1
구주이신 예수님 영접했던 날
내 안에 들어오신 성령 하나님
기쁘나 슬프거나 함께 계시네
이 세상 끝날까지 함께 계시네

2
구주이신 예수님 영접했던 날
내 몸의 주인 되신 성령 하나님
육신을 따라 살면 근심하시네
몸의 행실 죽이면 기뻐하시네

3
구주이신 예수님 영접했던 날
나를 성전 삼으신 성령 하나님
내 몸은 그날부터 내 것 아닐세
내 안에 거하시는 그분 것일세

성령 하나님과 영적 침례

성령님께서는 삼위일체 가운데 한 분으로 하나님이시며 인격체이시다. 그러나 성령님을 믿는다고 고백하는 사람들 가운데 실제로는 아버지 하나님과 아들 하나님만을 믿을 뿐 성령 하나님을 믿지 않는 사람들이 부지기수다. 즉 그들은 성령님을 아버지 하나님과 아들 하나님과 결코 동등하지 않으며, 열등한 어떤 존재라고 생각한다. 그뿐이 아니다. 성령님을 하나님의 심부름꾼으로 여기거나, 전기처럼 생명이 없는, 어떤 물리적인 힘 정도로 치부하는 사람들도 적지 않다. 『이는 하늘에서 증거하시는 이가 세 분이시니, 아버지와 말씀과 성령이시요, 이 세 분은 하나이심이라.』(요일 5:7) 이 구절은 삼위일체를 가장 확실하게 설명해 주는 말씀이다. 여기에서 우리는 성령님이 하나님 가운데 제3위의 위격이시며, 아버지 하나님과 동등한 분이심을 알게 된다. 『이와 같이 성령께서도 우리의 연약함을 도우시나니 이는 우리가 마땅히 기도해야 할 것을 알지 못하나 성령께서 친히 말할 수 없는 신음으로 우리를 위하여 중보하시기 때문이라.』(롬 8:26) 이 말씀에서 우리는 또한 성령님께서 인격체이심도 확인하게 된다.

성령님에 대한 무지는 특히 가짜 성경을 사용하는 사람들에게서 전형적으로 나타나는 병폐다. 그들이 가진 성경은 구절들이 완전히 삭제되기도 하고 많은 부분이 변개되기도 해서 바른 교리를 확립하려야 할 수가 없다. 성경해석의 대원칙은 성경을 성경으로 해석해야 하는데 삭제되거나 변개된 경우는 말씀 상호간에 아귀가 맞지 않아 그것이 불가능하다. 따라서 목사들은 저마다 은유적 풍유적 해석을 일삼음으로 해서 같은 구절을 두고도 백이면 백 사람의 해석이 다르기가 일쑤다. 이런 상황에서 진리에 목마른 사람들이 열심히 경청해 보지만 갈피를 잡을 수가 없다.

방언 문제만 해도 그렇다. 절대다수가 말씀에 비추어 판단하지 않고 방언이라면 무조건 성령님의 역사라 생각한다. 그래서 어디 부흥회라도 참석해서 저도 모르는 방언이라도 하게 되면 그것이야말로 자신에게 거룩한 성령님이 임한 줄로 알고 기뻐하면서 틈이 날 때마다 방언하기에 열중하곤 한다. 그러나 이것은 큰 착각이다. 사도행전 2장에서 보듯 방언은 외국어가 분명하다. 따라서 누가 알아들을 수 없는 방언을 하고 있다면 이것은 마귀가 준 가짜 방언임을 스스로 깨달아야 하는데, 이 일이 결코 쉽지가 않다. 필자의 죽마고우 가운데 한 친구는 열아홉 살 때 이웃 마을 부흥회에 참석했다가 방언체험을 했다. 그런데 그는 불행하게도 나이 일흔이 넘도록 그것을 자신이 거듭난 체험으로 굳게 믿고 아직도 미망(迷妄)에서 헤어나지 못하고 있다. 자신의 방언체험이 과연 구원이 맞는가 하는 문제는 성경 말씀에 비추어 판단해야 하는데, 그의 결정적 병폐는 자기 교회 목사의 말만을 맹목적으로 추종한다는 그 점이다. 『소경이 소경을 인도하면, 둘 다 구덩이에 빠지리라.』(마 15:14)라는 말씀에서 앞의 소경이 그의 목사고 뒤의 소경이 그 자신인 줄 모를 뿐만 아니라, 구덩이가 바로 지옥 구덩이인 줄도 까맣게 모르고 있다는 사실은 딱하기 그지없다.

성령님에 대한 그릇된 지식은 우리나라 개신교들에서 공통적으로 나타나는데, 이 사실은 그들이 사용하는 찬송가에서 쉽게 확인이 된다. 짐작건대 미국의 은사주의자들이 작사 작곡한 찬송가가 우리나라 은사주의 교회를 통해 유입되고, 소위 우리나라 정통교단들에서 성령님에 대한 제대로 된 지식이 없는 가운데 자신들이 공통으로 사용하는 찬송가에 버젓이 수록함으로 말미암아 빚어진 현상이라 생각된다. 그런데 이 일의 폐단은 우리의 상상 이상으로 심각하다. 그들이 사용하는 새 찬송가 184장(통일 173장) "불길 같은 주 성령"이라는 제목의 찬송가가 있는데 1절과 후렴의 가사가 이렇다. "불길 같은 주 성령 간구하는 우리게/ 지금 강림하셔서 영광 보여주소서/ (후렴)성령이여 임하사 우리 영의 소원을 만족하게 하소서/ 기다리는 우리게 불로 불로 충만하게 하소서" 이 가사를 보면 "불 침례"를 말하고 있음을 알기에 어렵지 않다. "불길 같은 주 성령"이란 말도 그렇고, "불로 불로 충만하게 하소서"라는 끝 부분도 역시 그렇다. 이 가사는 사도행전 2장 3절의 『거기에 불 같은 모양으로 갈라진 혀들이 나타나 그들 각 사람 위에 머물더니』라는 말씀을 곡해(曲解)한 데서 비롯된 가사임이 분명하다. 그러나 이 말씀이 의미하고 있는 것은 "갈라진 혀들"을 직유법으로 표현한 것일 뿐 실제 불이 아니다. 실제 불은 마태복음 3장에 나온다. 『그분은 성령으로 또 불로 너희에게 침례를 주시리라. 그분은 손에 키를 들고 자기의 타작마당을 철저히 정결케 하시며, 자기의 알곡은 모아서 창고에 들이실 것이나, 쭉정이는 꺼지지 않는 불로 태우시리라."고 하더라.』(마 3:11,12) 여기에 나타난 불은 지옥 불을 의미한다. "불길 같은 주 성령"의 작사자는 심판의 지옥 불을 성령 침례(영적 침례)로 잘못 알고 이 가사를 쓴 것이다. 일찍이 이 나라의 부흥강사들 가운데도 무지한 자들이 적지 않았다. 그들은 강단을 요란하게 치면서 "불 받아라."라는 말을 외치곤 했는데, 성령이 아닌 지옥 불을 받으라고 외친 격이었으니 실로 끔찍한 무지가 아닐 수 없다.

사도행전 2장의 성령 침례는 유대인의 명절인 오순절에 거기 모여 있는 유대인들에게 성령님께서 임한 사건이었다. 그러나 이러한 사건은 교회시대 2천 년 동안 다시 반복되지 않았다. 다만 교회시대 그리스도인들은 예수 그리스도를 구주로 영접함으로써 하나님의 아들들로 태어난다. 『그러나 누구든지 그를 영접한 사람들에게는 하나님의 아들들이 되는 권세를 주셨으니, 즉 그의 이름을 믿는 사람들에게니라.』(요 1;12)라는 말씀 그대로다. 자연인이 예수 그리스도를 구주로 영접하는 순간 성령님이 그의 몸 안으로 들어가게 되는데, 이때 그의 안에서는 놀랍게도 영적 수술이 행해진다. 『또한 너희가 그의 안에서 손으로 하지 아니한 할례를 받았으니 곧 그리스도의 할례로 육신의 죄들의 몸을 벗어 버린 것이라.』(골 2:11)라는 이 말씀은 몸속으로 들어오신 성령님에 의해 죽어 있던 영이 살아남과 동시에 밀착되어 붙어 있던 혼과 몸이 각각 분리된다는 의미이다. 더도 덜도 말고 이것이 성령 침례, 곧 영적 침례다. 그리고 분명히 알 것은 이렇게 성도들의 몸 안으로 들어오신 성령님은 다시는 몸 밖으로 나가시지 않고 길이 내주하신다는 사실이다.

성령님이 부흥회 때 잠시 몸 안에 와서 머물다가 떠난다고 생각하는 사람이라면 그는 아직 그리스도인의 자격이 없다. 『또한, 너희 몸은 너희가 하나님으로부터 받은 바 너희 안에 계신 성령의 전인 것을 알지 못하느냐? 너희는 너희 자신의 것이 아니니라.』(고전 6:19) 성령님의 내주와 우리 몸이 곧 하나님의 성전이 된다는 것은 놀라운 신비다. 그래서 성경은 『이 신비는 너희 안에 계신 그리스도시요, 곧 영광의 소망이라.』(골 1:27)고 말씀한다. 이 말씀의 의미는 분명하다. 성령님이 내주하시는 그리스도인들에게만 영원한 생명과 천년왕국은 물론, 영원세계의 복과 영광이 두루 예약되어 있는 것이다. 당신은 아직도 만금보다 더 소중한 이 신비의 주인공이 되지 못했는가? 그렇다면 부디 구주를 영접하는 일을 서두를 일이다. 하염없이 미루기만 하다가 기회를 놓치는 사람이야말로 가장 어리석은 사람의 표본이기 때문이다.

찬송시 9

입으로 시인하고 주 예수 영접한 날

딤후 1:5

1
입으로 시인하고 주 예수 영접한 날
주님은 그때부터 내 안에 거하시네
단 한 점 가식 없는 그 믿음 내게 주사
저 높은 천성을 향해 걸어가게 하셨네

2
일찍이 사도들이 걸어간 믿음의 길
수많은 선진들도 따라간 그 선한 길
동일한 믿음 하나 내게도 심어주사
크고도 밝은 옛길을 걸어가게 하셨네

3
일곱 번 흙 도가니 단련된 은의 말씀
옛 성도 목숨 바쳐 지켜낸 육십육 권
순수한 그 말씀을 내게도 전해주사
주 예수 다시 오실 날 기다리게 하셨네

가식 없는 믿음을 가지라

『나는 네 안에 있는 가식 없는 믿음을 기억하노니, 이는 먼저 네 할머니 로이스와 네 어머니 유니케 안에 있었고 네 안에도 있음을 확신하노라.』(딤후 1:5) 이 말씀은 말 그대로 할머니 로이스, 어머니 유니케, 손자인 디모데가 사도 바울을 통해 동일한 믿음의 전수를 받았음을 보여준다. 나열된 순서대로 할머니 로이스가 가장 먼저 구원을 받았고, 이어서 어머니 유니케가, 끝으로 손자인 디모데가 얼마간의 시차를 두고 구원받았을 가능성이 있다. 아니면 할머니와 어머니가 먼저 동시에 구원을 받고 손자인 디모데는 철이 들면서 구원을 받았을 가능성도 있다. 혹은 이들 가족이 사도 바울을 만났을 때 디모데가 이미 철이 든 후여서 할머니, 어머니, 손자가 다 함께 한 날 한 시에 구원받았을 가능성도 배제할 수는 없다. 다만 성경이 말씀하는 분명한 내용은 이 말씀에 거론된 삼대(三代)가 사도 바울을 통해 이른바 '가식 없는 믿음'을 전수받아 그리스도인이 되었다는 사실이다.

제도교회 신자들을 만나 이야기를 나눌 때면 어렵지 않게 들을 수 있는 말이 모태신앙(母胎信仰)이라는 말이다. 그들은 이 말을 아주 자랑스럽게 발설하기 일쑤다. 이 말을 천주교 용어 자료집에서 찾아보면, "어머니의 태 안에서 받은 신앙. 조상 때부터 이어 온 오랜 믿음을 뜻한다."라고 되어 있다. 이 말을 다시 교회용어사전에서 찾아보면, "문자적으로 '어머니의 태(胎)에 있을 때부터 가지게 된 신앙'이란 뜻으로, 자기 의지나 결정권과는 상관없이 태어나면서부터 부모(혹은 모친)에게서 전수받은 신앙을 가리킨다(딤후1:5)."라고 정의되어 있다. 모태신앙에 대한 이 두 정의는 다소의 길이의 차이는 있지만 대동소이함을 알 수 있다. 특히 교회용어사전이 "(딤후 1:5)"라는 성경의 장절을 덧붙이고 있는 것을 보면 디모데후서 1장 5절을 두고 내린 정의가 바로 모태신앙이란 말임을 추정케 한다.

그러나 단도직입적으로 말해 디모데전서 1장 5절의 말씀이 모태신앙을 의미한다는 해석은 어불성설(語不成說)이다. 성경말씀은 성경말씀을 통해 해석할 수가 있어야 하는데 성경 어디에도 그러한 예가 없기 때문이다. 불임의 한나가 하나님께 간절히 기도하여 사무엘이라는 훌륭한 아들을 낳기는 했지만 이 경우를 모태신앙이라 말할 수는 없다. 그 외에도 아담과 이브가 낳은 카인과 아벨, 엘리가 낳은 홉니와 피느하스, 다윗이 낳은 압살롬, 솔로몬이 낳은 르호보암, 여호사밧이 낳은 여호람, 히스키야가 낳은 므낫세……. 성경 그 어디를 보아도 모태신앙이라는 말을 입증해주는 용례는 없다. 만일 어머니 뱃속의 아기가 어떤 유전자 같은 것에 의해 어머니의 훌륭한 신앙을 이어받을 수 있다면, 존 후스를 따라 로마카톨릭과 전쟁도 불사했던 체코나 청교도신앙으로 시작한 미국이 오늘날처럼 냉랭해지거나 타락할 리는 만무한 것이다.

먼저 엘리 제사장의 경우를 보자. 홉니와 피느하스에 대해 성경은 『엘리의 아들들은 벨리알의 아들들이라. 그들은 주를 알지 못하더라.』(삼상 2:12)라고 기록하고 있다. 왜 엘리의 아들들이 하나님을 알지 못하는 벨리알의 아들들이 되고 말았는가? 그 원인에 대하여 성경은 간접적인 서술로 전해준다. 『그가 알고 있는 죄악으로 인하여 그의 집을 영원히 심판하리라고 내가 그에게 말하였나니, 이는 그의 아들들이 스스로를 더럽혔으나 그가 그들을 제지하지 않았음이라.』(삼상 3:13). 이 말씀으로 미루어 우리는 엘리가 비록 이스라엘의 제사장이요 재판관이었으나 자신의 자식 교육에는 실패한 인물임을 알기에 어렵지 않다. 다시 말해 그는 자식을 귀여워할 줄만 알았지 하나님을 두려워하도록 교육하는 일은 등한시했던 것이다. 『그와 함께 두고 평생 동안 그것을 읽어서 그가 주 그의 하나님을 두려워함을 배우게 하고 이 율법의 모든 말씀들과 이러한 규례들을 지켜 그것들을 행하게 할지니라.』(신 17:19). 만약 엘리 제사장이 모세오경 중 이 한 절 말씀만 실천에 옮겨 자식들을 키웠더라도 자신과 자신의 집안의 멸문지화(滅門之禍)가 두고두고 사람들의 입에 오르내리는 부끄러움을 당하지는 않았으리라.

한 가지만 더 예를 들어보자. 히스키야는 우리가 잘 아는 바대로 이스라엘의 몇 안 되는 성군의 반열에 드는 왕이다. 그가 몸에 종기가 나 죽게 되었을 때 선지자 이사야를 통해 『네 집을 정리하라. 네가 죽을 것이요, 살지 못하리라.』(왕하 20:1)는 통첩을 받는다. 이에 히스키야가 하나님께 울며 간구하자, 하나님께서는 선지자 이사야를 시켜 무화과 반죽을 붙이게 하여 종기를 치유해 주시고, 그의 날에 십오 년을 더해 주셨다. 그리고 그에 대한 표적으로 해 그림자가 십도 뒤로 물러가게 하는 미증유의 기적까지 보여주셨다. 히스키야가 하나님께서 허락하신 십오 년을 더 향유하고 죽은 뒤 그의 어린 아들 므낫세가 왕위에 올랐다. 『므낫세가 치리하기 시작할 때 십이 세였으며, 그가 예루살렘에서 오십오 년을 치리하였더라.』(왕하 21:1). 이 말씀을 근거로 추정해 보면 므낫세는 그의 아버지 히스키야가 하나님께로부터 연장 받은 십오 년 중 넷째 해에 낳은 아들이었음을 알 수 있다. 느지막이 얻은 아들이었으니 오죽했을까! 눈에 넣어도 아프지 않을 아들을 품에 안고 사랑을 듬뿍 쏟아 붓던 히스키야의 모습이 눈에 선하다. 그러나 자식을 사랑하는 데 온 정신을 빼앗긴 나머지 가장 중요한 자식 교육을 깜박하고 만 것은 그로서는 실로 천려일실(千慮一失)이었다. 만약 히스키야가 솔로몬의 잠언을 읽었더라면, 아니, 『아이를 그가 마땅히 가야 할 길로 훈육하라. 그리하면 그가 늙어도 그 길을 떠나지 아니하리라.』(잠 22:6)는 이 한 절만이라도 엄중함을 알고 므낫세를 길렀더라면, 그는 분명 유다의 역대 왕 가운데 선한 왕으로 자리매김했을 것이다. 그러나 만고불변의 진리인 성경은 그의 과오에 대해 일말의 사정도 두지 않는다. 『므낫세가 주의 목전에 악한 것을 행함으로 유다로 죄를 짓게 한 그의 죄 외에도 무죄한 피를 심히 많이 흘려 예루살렘 이 끝에서 저 끝까지 가득 채웠더라.』(왕하 21:16). 이 얼마나 비참하고 서슬 퍼런 총평인가!

자식은 어린 시절에 부모가 하나님을 두려워하는 마음을 심어주었는가, 그렇지 못했는가에 따라 하나님을 인정하는 사람이 되기도 하고 무신론자가 되기도 한다. 그런 의미에서 디모데를 영적 아들로 양육한 사도 바울의 공은 크다. 그러나 사랑하는 손자요 아들인 디모데의 든든한 울이 되어 그의 사역을 위해 밤낮으로 기도했을 할머니 로이스와 어머니 유니케의 공로 또한 적다고는 할 수 없다. 바울이 한 가족 삼대의 이름을 거명하며 언급한 '가식 없는 믿음'이란 일찍이 베드로가 말한 바 '동일하게 보배로운 믿음'(벧후 1:1)과 동의어일지언정, 아무런 성경적 근거가 없는 모태신앙을 지칭하는 말은 결코 아닌 것이다.

허무맹랑한 자만에 사로잡혀 첫 단추를 잘못 끼운 사람들이여, 지금이야말로 그대들 두 발이 지옥으로 내려가는 계단에 놓여 있음을 깨닫고 돌이켜야 할 시한이 얼마 남지 않았다.

찬송시 10

태초에 하늘땅을 짓기 전 그 영원에

사 45:21

1
태초에 하늘땅을 짓기 전 그 영원에
성부와 성자 성령 성삼위 주 하나님
더없이 영화롭고 충만한 영광 속에
영원의 주인이 되사 영원 속에 계셨네

2
만물의 상속자로 아들을 세우시려
그를 통해 세상을 지으신 주 하나님
그 어떤 책들에도 허락지 않으시고
진리의 말씀 첫머리 그 사실 밝히셨네

3
사람의 생각에는 불가능해 보여도
어려워 못할 일이 없으신 주 하나님
죽음에 속박된 자 영원히 놓아주려
그 아들 세상에 보내 큰 구원 베푸셨네

4
누구도 접근 못할 빛 속에 거하시며
회전의 그림자도 없으신 주 하나님
어린양 생명책에 기록된 자들에게
그 생명 영원무궁한 복들을 명하셨네

창조주를 찾아 영접하라

성경 이사야서에는 이런 말씀이 나온다. 『나는 주요, 아무도 다른 이가 없나니 나 외에 다른 하나님이 없느니라. 네가 나를 모를지라도 내가 너를 띠로 동였노라.』(사 45:5) 이 말씀은 하나님께서 자신이 참 하나님이심을 천명하시는 대목이다. 그런데 이사야 45장 전체를 읽어보면 하나님께서는 거의 같은 말씀을 여러 번에 걸쳐 반복해서 말씀하고 계심을 볼 수 있다. 이스라엘 민족이라고 하면 하나님의 선민으로 당시의 세상 민족들 가운데서는 가장 영적인 사람들이라고 할 수 있는데, 이렇듯 자신의 존재를 거듭 자상하게 주지시키시는 까닭은 이들이 참 하나님을 잊어버리고 걸핏하면 우상숭배 쪽으로 기울어 하나님을 자주 안타깝게 했음을 보여주는 증거라 할 것이다. 바로 앞 44장에는 우상숭배에 대한 다음과 같은 말씀도 나온다. 『그가 그 중에 일부는 불에 태우고 그것의 일부로는 고기를 삶아 먹기도 하며, 고기를 구워서 배부르게도 하는도다. 실로, 몸을 따뜻하게 하고는 말하기를 "아하, 내가 따뜻하다. 내가 불을 보았구나." 하며 그 나머지로 신상, 즉 새긴 형상을 만들어서 그 앞에 엎드리며 경배하고 그것에게 기도하며, 말하기를 "나를 구하소서. 당신은 나의 신이라." 하는도다.』(사 44:16,17) 이 역시 하나님을 잘 섬기다가도 세대가 바뀌면 어느새 하나님을 잊고 우상숭배 쪽으로 기울곤 하는 인간의 타락한 본성을 여실히 보여주는 말씀이다.

세상에는 유일신 하나님 외에도 많은 신들이 있다. 그 많은 신들 가운데 우리가 어느 신을 택해 믿을 것인가 하는 문제는 보기보다는 상당히 까다롭고 어려운 문제라 할 수 있다. 가령 "당신이 믿는 신은 어떤 신입니까? 그리고 그 이유는 무엇입니까?"라는 질문을 받는다면, "그걸 굳이 답할 필요가 있겠습니까? 그것은 어디까지나 개개인의 기호의 문제가 아닐까요?"라는 대답을 할 사람도 적지 않을 것이다. 그런데 필자가 오래전부터 이 문제를 무수히 궁구한 끝에 내린 결론은 사람이 어느 신을 믿을 것인가 하는 문제는 기호 이전에 어떤 판단이 선행되어야 한다는 점이다. 적어도 자신의 삶의 포커스를 영생에다 맞춘다면 말이다.

그런 의미에서 신을 선택하기 이전에 한 인간이 내려야 할 판단은 광대무변한 우주와 우리가 살고 있는 지구를 창조하신 분이 대체 누구신가 하는 문제부터 풀어야 한다고 생각한다. 왜 그런가 하면 우주와 지구와 만물을 창조하신 분이야말로 인간의 생사화복을 주관하실 수 있는 바로 그분이기 때문이다. 필자는 대학에 입학하던 무렵, "인생은 어디서 와서 무엇 때문에 살고 죽고 난 다음에는 어디로 가는가?"라는 의문에 강하게 사로잡혀 있었다. 그래서 이 문제를 해결하기 위해 나름대로 스피노자, 쇼펜하우어, 칸트 등의 책들을 도서관에서 빌려와 읽는 한편으로, 국문학도이면서도 철학과의 과목들을 선택 과목으로 들어 다소의 지식들을 섭렵했는데, 중국철학사, 불교철학사, 인도철학사, 서양철학사 등이 그것들이다. 그 중에서도 공자의 사상이 집대성되어 있는 논어와 노자의 사상을 엿볼 수 있는 도덕경 등은 당시로서는 흥미가 진진한 책들이었다. 그래서 틈만 나면 곧잘 "有朋(유붕)이 自遠方來(자원방래)면 不亦樂乎(불역락호)아?"라는 논어의 일절이나, "飄風不終朝(표풍부종조)요 驟雨不終日(취우부종일)이라."는 도덕경의 일절을 무슨 대단한 진리이기나 한 듯이 주절거리곤 했었다. 그러나 거기까지였다. 그러한 책들은 결국 필자의 인생에 대한 의문을 손톱만큼도 해결해 주지는 못했던 것이다. 그러면서 머릿속을 스쳐가는 생각 하나가 있었다. 진리란 제 나라 말로 듣거나 제나라 문자로 읽어서 이해가 가능해야 하는데, 만일 어려운 한자로 표기된 것을 이해하지 못하여 진리에 이르지 못한다면 그것은 결코 만인을 위한 보편적 진리일 수는 없다는 것이 그것이었다.

얼마 전에 통계청이 발표한 자료에 의하면, 우리나라 국민의 종교인구수는 개신교가 967만 명, 불교가 761만 명, 천주교가 389만 명의 순이었다. 그러나 10여 년 전만 해도 불교가 부동의 1위였다. 불교는 잘 알다시피 우상을 숭배하는 대표적 종교이다. 성경은 십계명의 제2계명에서 우상을 만들지 말고 그것들에게 절하지도 말라고 금하고 있다. 성경에서 우상에 대한 가장 분명하고 명쾌한 정의는 시편에서 발견된다. 『그들의 우상들은 은과 금이며 사람의 수공물이라. 그것들은 입이 있어도 말하지 못하며 눈이 있어도 보지 못하고 귀가 있어도 듣지 못하며 코가 있어도 냄새 맡지 못하고 손이 있어도 만지지 못하며 발이 있어도 걷지 못하고 목구멍을 통하여 말하지도 못하는도다. 그것들을 만드는 자들은 그것들과 같으며 그것들을 신뢰하는 모든 자들도 그러하도다.』(시 115:4-8) 이 얼마나 우상의 본질을 유감없이 보여주는 말씀인가? 이 말씀을 읽고도 여전히 손으로 만든 신을 섬긴다면 그것은 실로 어리석음의 극치다.

성경은 모세의 첫 번째 책 창세기 첫머리에서 우상이 아닌 한 위대하신 분을 등장시키고 있다.

『태초에 하나님께서 하늘과 땅을 창조하셨느니라.』(창 1:1) 이 말씀은 우주에 해당하는 하늘과 우리가 살고 있는 지구를 창조하신 분이 하나님이시라는 선언이며, 성경에 기록된 말씀 가운데서도 가장 위대한 진리 가운데 하나다. 필자는 이 말씀이 조금도 거짓이 없는 사실임을 믿는다. 왜냐하면 다른 종교의 경전들에는 이런 구체적인 창조의 기사가 없다는 점이 그 증거이다. 이 사실이 어째서 움직일 수 없는 증거가 되는가? 그것은 전능하신 창조주 하나님께서 다른 경전들에 거짓으로나마 창조의 기사를 기록하는 것을 절대 금하셨기 때문이라고 본다. 예컨대 어떤 사람이 자신의 집 울안에 멋진 잔디밭을 가꾸어 놓았다고 하자. 그런데 어느 날 지나가던 낯선 등산객 몇 사람이 와서 이 잔디밭에 하룻밤 텐트를 치고 자고 가게 해달라고 요구했다고 치자. 그런 경우 집 주인이 등산객들의 요구를 들어주겠는가? 냉정히 판단하건대 그럴 가능성은 전혀 없다고 본다. 애써 가꾸어 놓은 잔디밭을 망칠 수도 있을 뿐만 아니라, 밤에 강도로 돌변하여 집 안으로 침입할 수도 있기 때문이다. 바로 이 경우처럼 하나님께서도 자신이 창조하신 우주 공간에 불교를 믿는 사람들이 간다고 믿는 극락, 유교를 믿는 사람이 간다고 믿는 저승 등을 만들도록 허락하시겠는가? 마귀들의 총 우두머리 루시퍼라 해도 일말의 고려 없이 불못에 던져 넣으시는 분이 자신의 소유인 우주 공간에 마귀의 소두목들의 이런 공간을 허락하실 가능성은 0.00001%도 없음이 명약관화하다 할 것이다.

당신은 우주 공간인 하늘과 우리 사는 지구와 만물을 지으신 창조주를 찾았는가? 삶이란 한 시간 후는커녕 10분 후도 예측할 수 없는 불가측의 세계이다. 아직도 창조주를 발견하지 못했다면 서둘러야 한다. 만일 죽음의 순간까지 세상일에 골몰하느라 창조주를 찾지도 영접하지도 못한다면 당신이 갈 곳은 영원한 형벌의 장소 불못 외에는 없음을 부디 명심하라.

찬송시 11

임마누엘

마 1:23

1.
드높은 하늘 보좌 그 영광 버리시고
먼 우주 가로질러 독생자가 오셨네
처녀가 잉태하여 때가 차 낳은 아들
그렇게 참 사람 되어 이 세상에 오셨네

<후렴>
높고 깊고 넓어라 큰 사랑 임마누엘
우리와 함께하시는 놀라우신 하나님

2
말씀이 육신 되어 왕으로 오셨으나
세상은 창조주를 알아보지 못했네
기적과 이적들을 수없이 행했어도
끝끝내 자기 백성은 영접하지 않았네

3
세상에 오신 그분 사람들 다 몰라도
세리와 어부들과 여인들은 알았네
힘센 자 지혜자들 흑암 속을 헤매도
눈을 뜬 어린아기들 참 빛 속에 거하네

우리와 함께하시는 하나님

말씀이신 아들 하나님께서 인간의 몸을 입고 이 세상에 오신다는 계획은 선지자들이 기록한 성경에 여러 번에 걸쳐 예언으로 공표해 두신 사항이었다. 『그녀의 씨』(창 3:15)나 『실로』(창49:10)를 굳이 거론하지 않더라도, 『주 너의 하나님께서 네 가운데로부터 네 형제들 가운데서 나와 같은 한 선지자를 네게 일으키시리니 너희는 그에게 경청할지니라.』(신18:15)는 말씀이나, 『그러므로 주께서 친히 한 표적을 너희에게 주시리라. 보라, 한 처녀가 임신하여 한 아들을 낳으리니 그의 이름을 임마누엘이라 하리라.』(사 7;14)는 말씀, 그리고 『그러나 너 베들레헴 에프라타야, 네가 비록 유다의 수천 가운데서 작을지라도 이스라엘을 통치할 자가 너로부터 내게로 나오리라. 그의 나오심은 예로부터요, 영원부터였느니라.』(미 5:2) 등의 말씀이 모두 그에 해당하는 말씀들이다. 이 중 신명기의 말씀이 B.C. 1451년경, 이사야서의 말씀이 B.C. 742년경, 미카서의 말씀이 B.C. 710년경에 각각 기록되었으니 성경이 단순히 인간의 저작이라면 각기 다른 시대를 살다 간 사람들이 먼 훗날에 오실 한 분에 대해 이렇듯 통일성 있게 예언한다는 것은 불가능한 일이다. 보는 것처럼 이 예언들은, 어떤 이는 오실 분의 인품에 대해, 어떤 이는 오실 분의 독특한 출생의 방법에 대해, 또 다른 이는 오실 분의 구체적 장소에 대해 마치 서로 만나서 의논이라도 한 것처럼 입체적으로 균형을 맞추고 있다. 예컨대 장소 하나만 해도 그렇다. 전지전능한 하나님이 아닌 인간으로서는 예수 그리스도께서 태어나실 장소를 유다의 수천 가운데서 '베들레헴 에프라타'라고 정확히 지목한다는 것은 상상조차 할 수 없는 일이다. 더구나 당시에 요셉의 가족은 베들레헴에 살지 않고 갈릴리 나사렛 성읍에 살고 있었다. 그런데 하나님께서는 이 예언을 정확히 성취하시기 위해 로마 황제 카이사 아우구스토로 하여금 조세등록을 하라는 칙령을 내리게 했고, 자신이 예정한 시간과 장소에 아들 하나님이 인간의 아기가 되어 도착하게 하셨으니 실로 얼마나 놀라운 섭리인가!

그런데 아버지 하나님께서는 여기서 그치지 않으셨다. 무수한 은하들을 넘어 멀고 먼 세상에 파견되는 자신의 독생자에 대해 행여나 사람들이 의혹의 눈길을 보낼세라 자신의 아들에 대해 그분이 어떤 분인가를 미리 밝히기를 마지않으셨다. 『이는 우리에게 한 아이가 태어났고 우리에게 한 아들이 주어졌음이니 정부가 그의 어깨 위에 있을 것이요, 그의 이름은 경이로운 분이라, 상담자라, 능하신 하나님이라, 영원하신 아버지라, 화평의 통치자라 불리리라.』(사 9:6) 보는 것처럼 여기에 나타난 아이의 미래는 영광 일색이다. 정부가 그의 어깨 위에 있을 것이나 화평의 통치자 등 후반부의 진술 대부분이 주로 재림에 초점을 맞추고 있기 때문이다.

그러나 여기에서 조금만 눈을 다른 곳으로 돌려보면 이 아이의 앞날은 고난과 치욕으로 점철되어 있다. 『그는 사람들에게서 멸시받고 거부되었으며 슬픔의 사람이요 질고에 익숙한 사람이라. 우리가 우리의 얼굴을 그로부터 숨긴 것같이 그는 멸시받았고 우리는 그를 존중하지 아니하였도다.』(사 53:3) 이 세상 어떤 사람의 미래도 이보다 비참할 수는 없다. 『그가 감옥과 재판에서 끌려갔으니 누가 그의 세대를 선포하리요? 이는 그가 산 자들의 땅에서 끊어졌음이요, 그가 내 백성의 허물로 인하여 형벌을 받았음이라.』(사 23:8) 여기에 이르면 비참하다 못해 참혹함의 극치다. 그러나 그 참혹함은 결코 여기서 그치지 않는다. 『내가 내 형제들에게는 낯선 사람이 되고 내 모친의 자녀들에게는 외국인이 되었나이다.』(시 69:8), 『개들이 나를 에워싸고 악인의 무리들이 나를 둘러쌌으며 그들이 내 손과 내 발을 찔렀나이다.』(시 22:16), 『그들이 또 쓸개즙을 나의 음식물로 내게 주었으며 내 갈증에 나로 식초를 마시도록 주었나이다.』(시 69:21), 『그들이 그들 가운데서 내 겉옷을 나누고 내 속옷을 제비뽑나이다.』(시 22:18) 이 일련의 구체적 진술들은 이스라엘의 위대한 왕 다윗이 예수님 오시기 약 천 년 전에 성령의 영감을 받아 기록한 시구(詩句)들이다. 실로 세상의 어떤 책이 이와 같이 천 년 후에 이루어질 일을 자신이 직접 형벌을 당하듯 생생히 기록할 수 있겠는가. 예언과 성취라는 면에서 성경이야말로 하나님의 거룩한 영감을 받아 선지자들이 기록한 책임을 새삼 동의하지 않을 수 없다.

『보라, 한 처녀가 임신하여 한 아들을 낳으리니 그의 이름을 임마누엘이라 하리라.』(사 7;14) 이것은 예수 그리스도의 성육신을 예고한 가장 위대한 말씀 가운데 하나다. 처녀가 임신하여 한 아들을 낳으리라는 말은 말 그대로 처녀가 남자와 잠자리를 같이하지 않고 임신하여 한 아들이 탄생한다는 말이다. 이것을 신학적 용어로는 동정녀 탄생이라고 한다. 그런데 이 엄연한 사실을 당시의 유대인들은 믿을 수가 없었다. 그래서 그들은 무엄하게도 아들 하나님이신 예수 그리스도를 향해 『우리는 음행을 통하여 나지 아니하였으며』(요 8:41)라고 인신공격적인 말을 서슴지 않았다.

이것은 마리아가 요셉과 정식으로 혼인식을 올리기도 전에 예수 그리스도를 잉태한 사실을 정면으로 꼬집는 말이었다. 예수 그리스도께서 처녀의 몸에 성령으로 잉태된 사실을 그들의 머리로는 알 턱도, 또한 이해할 수도 없었다. 예수 그리스도께서 창세기에서부터 약속되어 있었던 『그녀의 씨』(창 3:15)로 오신 분임을 그들이 깨닫기엔 애초부터 무망한 일이었던 것이다. 그들은 이른바 육신적인 눈만 멀쩡히 떴을 뿐, 영적인 눈은 꼭꼭 감긴 소경이었기 때문이다.

이사야 선지자의 예언의 하이라이트는 임마누엘이었다. B.C. 4년, 마침내 때가 차서 한 처녀가 임신하여 한 아들을 낳으리라는 예언이 성취되었을 때 세리 마태는 이 감격스런 대목을 이렇게 쓰고 있다. 『"보라, 한 처녀가 잉태하여 한 아들을 낳으리니, 그의 이름을 임마누엘이라 하리라." 하셨으니, 이를 해석하면 '우리와 함께하시는 하나님.'이라.』 아담이 범죄한 이래 인류는 죄성을 지니고 태어나 대다수가 죄인으로 살다가 죽어야 했다. 특히 하나님의 선민이 아닌 이방인들로서는 이 세상 삶 이 외에 다른 희망을 가질려야 가질 수가 없었다. 그런데 놀랍게도 우리와 함께하시는 하나님이 우리를 찾아오신 것이다. 임마누엘! 이보다 더 큰 위로와 축복이 어디 있겠는가!

진정한 주기도문인 요한복음 17장에서 주님께서는 이렇게 기도하셨다. 『영생은 이것이니, 곧 사람들이 유일하시고 참 하나님이신 아버지와 아버지께서 보내신 예수 그리스도를 아는 것이옵니다.』(요 17:3) 여기에서 보는 것처럼 영생은 "참 하나님이신 아버지와 예수 그리스도를 아는 것" 그 이상도 그 이하도 아니다. 그대 아직도 영생에 대한 확신을 가지지 못했는가? 그렇다면 하루속히 참 하나님이신 예수 그리스도를 구주로 영접하고 우리와 함께하시는 하나님, 임마누엘의 떳떳한 수혜자가 되기를 진심으로 바란다.

찬송시 12

위대하신 하나님 주 예수 그리스도

요 14:6

1
아담이 죄를 범해 에덴을 쫓겨난 후
사람은 너나없이 영이 죽어 태어나네
저 공중 권세 잡은 마귀의 종이 되어
누구도 죄의 사슬을 벗어날 수가 없네

<후렴>
위대하신 하나님 주 예수 그리스도
오직 그 한 분만이 생명이요 길일세

2
나 외에 다른 이가 없다고 타일러도
그대 왜 다른 구주 다른 신을 따라가나
하늘과 땅을 지은 창조주 마다하고
멸망할 빛의 천사를 고집스레 섬기나

3
호령과 나팔 소리 하늘땅 울리는 날
신부를 데려가려 주 예수 다시 오리
쇠하지 않는 몸들 우리에게 입히시면
먼 우주 유리 바다도 껑충 뛰어 건너리.

미혹에서 벗어나라

개미는 성경 전체에서 잠언에 3번 등장한다. 그 가운데 잠언 6장 6-8절을 보면, 『너 게으른 자여, 개미에게로 가서 그 길들을 살펴보고 지혜롭게 되라. 개미는 인도하는 자도, 감독하는 자도, 다스리는 자도 없으나, 여름에 먹을 것을 마련하며, 추수 때에 양식을 모으느니라.』고 기록되어 있다. 19세기 회의론자들은 개미들이 여름철에 양식을 마련하지 않는다고 반기를 들었지만, 동양에서는 진작부터 개미들이 그렇게 한다는 사실이 인정되어 왔다. 그러나 성경대로 믿는 사람들은 이 잠언의 말씀에 결코 이의를 제기한 적이 없다. 그들 사고의 밑바탕에 성경이 절대 진리라는 귀한 믿음을 소유하고 있기 때문이다. 럭크만의 잠언 주석서에는 "개미들은 기술자들이며, 노예 소유자이며, 목축업자이며, 농부이며, 감독자가 없는 건축업자이기도 하다. 개미들은 각자 능력에 따라 일을 하며, 조화롭게 일을 하고, 위험에 처했을 때도 굴하지 않고 끝까지 헤쳐 나가며, 미래를 위해 양식을 마련한다. 병정개미들은 깊은 강을 건널 때 공처럼 뭉쳐서 급류 속에서 회전하면서 건넌다."라고 소개되어 있다. 개미가 소유한 이 놀라운 능력들 가운데서 특히 "노예 소유자"라는 대목에 대해 이 글의 초점을 맞추어 보려 한다.

지구상에 살고 있는 전체 1만5000여 종 되는 개미 가운데 약 50종정도 되는 개미해적이라는 희귀종들이 있는데, 아마존개미, 사무라이개미, 붉은피개미 등이 곧 그들이다. 이들은 땅속에 굴을 파고 사는 불개미 집을 습격하여 불개미들을 다 죽이고 깨어나지 않은 알만을 남겨두었다가 알에서 깨어나는 새끼 불개미들을 노예로 삼는 습성이 있다. 신기하게도 알에서 깨난 불개미들은 자신들의 일족을 전멸시킨 침략자요 살육자들인 개미해적들을 자신들을 낳고 보살펴준 부모라고 철석같이 믿고 섬긴다. 이때 개미해적은 자신의 알을 낳는데 이 알들이 깨어나면 노예 불개미들은 원수의 자식들을 지극정성으로 보살피며 기른다. 그뿐이 아니다. 굴을 파서 방을 만드는 일, 때마다 음식을 차려 개미해적을 섬기는 일, 오물을 바깥으로 물어내어 굴 내부를 청결하게 하는 일 등이 모두 노예인 불개미들의 일이다. 충성을 다하던 불개미들이 수명이 다해 죽으면 개미해적은 또 다른 불개미 집을 습격하여 개미들을 죽이고 알들을 빼앗아 그것들이 부화하면 또 다시 그들을 노예로 삼아 부려먹기를 계속한다. 개미해적들 쪽에서 보면 평생이 섬김을 받는 호강의 연속이지만, 노예들 쪽에서 보면 침략자에다 살육자들인 원수를 아무것도 모른 채 한평생 상전으로 섬긴다는 것은 실로 지독한 미혹이라 하지 않을 수 없다.

공의의 하나님께서는 왜 이리 불공평한 개미의 종들을 착한 종들과 함께 창조하여 더불어 살게 하셨는가 하는 의문이 문득 뇌리를 스친다. 그러자 즉각 다음의 성경 구절이 머릿속에 떠오른다. 『나는 빛도 조성하고 어두움도 창조하며, 나는 평안도 만들고 악도 창조하나니 나 주는 이 모든 일을 행하느니라.』(사 45:7) 그렇다. 하나님께서는 그분 자신의 필요에 따라 착하고 어리석은 불개미들 곁에 희대의 살육자이며 침략자들인 개미해적들을 함께 살게 하신 것이다. 그렇다면 그 "필요"의 내용은 대체 무엇일까?

사람들은 착하고 부지런하나 어리석기 짝이 없는 이런 불개미에 대해 "불구대천의 원수를 은인으로 알고 평생을 섬기다니! 역시 미물들은 어쩔 수 없어,"라고 대개는 일축하고 말 것이다. 그러나 만약 그 사람들에게 "당신 역시 개미해적을 섬기는 불개미보다 더하면 더했지 결코 못하지 않은 존재라오."하고 일러주면 십중팔구는 펄쩍 뛰면서 삿대질을 해댈 것이다. 『어찌하여 네 형제의 눈 속에 있는 티는 보면서 네 자신의 눈 속에 있는 들보는 생각지 못하느냐?』(마 7:3)라는 말씀 그대로 남에 대해서는 엄정한 반면 자신에 대해서는 한없이 관대하고 너그러운 것이 모든 인간의 속성이기 때문이다.

성경은 저주받은 인간의 실상에 대해 여러 곳에서 가차 없이 말씀하신다. 인간은 마귀에게 속아 하나님을 거역한 대가로 낙원을 쫓겨나야 했고(창 3:23,24), 그러고도 하나님을 공경하기는커녕 계속된 스스로의 죄과로 인해 한 가족을 제외한 모든 인간이 물로 심판을 받아야 했으며(창 6:5-8), 아브라함을 통해 한 민족을 택하셨지만, 그마저도 마귀의 획책으로 인간은 실패에 실패만을 거듭했다. 이에 대해 하나님께서는 『그들은 모두 곁길로 갔으며 그들이 모두 함께 더럽게 되어 선을 행하는 자가 없으니 없도다, 한 사람도 없도다.』(시 14:3)라고 탄식하셨다. 인간이 이렇듯 무익하게 되자 하나님께서는 최종적으로 멸망할 인간들을 구원하기 위해 그분 자신의 독생자를 세상에 파견하셨다. 그리하여 예수님께서는 사사건건 대적하는 자기 민족에 대해 정확하게 사람의 실상을 말씀하셨다. 『너희는 너희 아비 마귀에게서 나와서 너희 아비의 정욕을 행하고자 하는도다.』

(요 8:44). 이 말씀은 바리새인들을 향한 예수님의 말씀이었지만, 그분을 구주로 영접하지 않은 모든 죄인들 역시 거짓말쟁이 마귀의 자식들임을 잘 보여준다. 구원받지 못한 사람들이 들으면 "내가 왜 마귀의 자식이야?"하고 눈에 불을 켜고 대들는지도 모르나 이것은 움직일 수 없는 사실이다. 『전에는 너희가 그것들 가운데서 이 세상의 풍조를 따르고 공중 권세의 통치자, 곧 지금 불순종의 자녀들 안에서 역사하는 영을 따라 행하였으니 그들 가운데서 우리 모두가 이전에는 우리 육신의 정욕들 가운데서 행하였으며 육신과 마음의 욕망들을 이루어 다른 자들과 마찬가지로 본래 진노의 자녀였느니라.』(엡 2:2,3) 보다시피 너무도 분명하지 않은가. 이렇듯 구원받지 못한 인간들이 끝까지 마귀의 자식이 되어 살다가 종당에는 지옥으로 가고 만다면, 개미해적의 노예가 되어 한평생 미혹 속에 살다가 죽는 불개미보다 나을 것이 대체 무엇이란 말인가! 여기에서 우리는 비로소 하나님께서 우리로 하여금 미혹에서 벗어나는 본보기로 삼으라고 개미해적을 세상에 두셨음을 알게 된다.

언제던가, "히말라야인"이라는 제목의 동영상을 보다가 새삼 나를 인간답게 살게 하신 하나님께 마음 깊은 곳으로부터 감사를 드린 적이 있다. 그들은 창파족이라 불리는 부족으로 몽골계통 유목민이었다. 야크와 염소들을 주로 길러 생활하면서 해발 5천 미터 가까운 척박한 히말라야를 생활터전으로 삼아 살아가는 사람들이었다. 티베트불교를 신봉하는 그들의 삶 곳곳에는 우상숭배의 전통이 너무 짙게 드리워져 있었다. 설령 그들이 창조주 하나님을 알고자 한들 척박한 자연환경보다 더욱 척박한 정신적 환경을 쉽게 극복하기는 힘들어 보였던 것이다.

그러나 어찌 히말라야 유목민뿐이겠는가. 이 땅의 주민 5천만 명 가운데 기독교인 숫자가 1천만 명 안팎으로 적지 않다 싶어도, 바른 성경에 입각한 바른 믿음은 극소수에 지나지 않음을 감안해 볼 때, 이 나라에서도 미혹의 어두운 골짜기를 벗어나는 일은 결코 녹록치 않아 보인다. 이 글을 읽는 사람은 부디 나의 영적 인도자는 거짓 사도들이요, 기만하는 일꾼들이요, 자신들을 그리스도의 사도들로 가장하는 자들(고후 11:13)은 아닌지 냉철히 판단해 볼 일이다.

찬송시 13

하늘을 뼘으로 재어

사 40:22

1
하늘을 뼘으로 재어 가이없이 펼치시고
허공에 기초를 놓아 매다신 원형의 지구
해와 달 번갈아 띄워 낮과 밤을 밝히사
아득히 보석 별들을 휘장으로 두르셨네

<후렴>(1,2절)
높고 크신 지혜와 능력의 주 하나님
혼과 맘 생각을 다해 성도들아 찬양하세

<후렴>(3,4절)
높고 크신 사랑과 자비의 주 하나님
혼과 맘 생각을 다해 성도들아 찬양하세

2
산들을 저울에 달아 울멍줄멍 앉히시니
굽이굽이 긴 옷고름 풀어 놓은 은빛 가람
빗장과 문들을 두어 큰 바다를 가두사
흰 구름 바람에 실어 땅에 비를 보내시네

3
우리 아직 연약하고 어리석은 죄인일 때
낮고 천한 몸을 입고 찾아오신 성자 예수
갈보리 보배 피 흘려 세상 죄 제거하사
믿는 자 그 누구든지 불멸의 생명 주시네

4
공생애 전 목수 일을 미리 익힌 우리 주님
거룩한 새 예루살렘 하늘에서 마련되면
만왕의 왕 만주의 주 영광 중에 오시리
주님과 한 몸 된 우리 영원토록 함께 살리

지금도 쉬지 않고 일하시는 하나님

창세기 1장과 2장에서 하나님께서 이룩하신 창조사역은 개괄적이고 간명하게 기록되었다. 오히려 세부적인 사항들은 욥기, 시편, 잠언, 이사야 등 여러 책들에서 단편적인 기록들이 많이 발견된다. 먼저 물들과 하늘과 땅의 티끌과 산들을 만드신 기록이다. 『누가 손바닥으로 물들을 헤아렸으며, 뼘으로 하늘을 재었으며, 땅의 티끌을 되에 담아 보았으며, 큰 저울로 산들을 달아보았으며, 작은 저울로 작은 산들을 달아보았겠느냐?』(사 40:12) 여기서 우리는 하나님께서 물들과 하늘과 땅과 산들을 일일이 측정하여 치밀하고 조화롭게 창조하셨음을 알게 된다.

다음은 지구를 평평하게 짓지 않고 원형의 입체로 지으신 일이다. 『원형의 지구 위에 앉으신 분이 그분이시니 그곳의 거민들이 메뚜기 같으며,』(사 40:22) 보는 것처럼 성경은 지구가 원구로 창조되었음을 지금부터 2,720여 년 전에 기록해 두고 있다. 로마카톨릭은 성경에 무지하여 이 사실을 도외시한 채 갈릴레이를 협박하여 자신들의 엉터리 주장에 동조하게 했는데, 이는 역사상 그들이 범한 심각한 오류 가운데 하나였다.

이뿐이 아니다. 그분께서는 보이지 않는 울타리를 만들어 바다를 가두셨다. 『나의 정해 놓은 곳에 한계를 정하여 빗장들과 문들을 세우고 말하기를 '네가 여기까지는 오나 더 이상 가지 못하리니 여기서 네 자만의 물결이 멈추리라.' 하였느냐?』 (욥 38:10,11) 여기서 우리는 바다의 물결이 더 이상 육지로 넘치지 않고 모래밭이 있는 거기서 출렁이고 있는 이유를 알게 된다. 이쯤에서 한 가지 생각해 볼 것이 있다. 바다가 빗장들과 문들에 갇혀 있다면 육지에 물은 어떻게 공급되는가? 여기에 그 답이 있다. 『그는 구름들로 하늘을 덮으시며 땅을 위하여 비를 예비하시고 산들 위에 풀을 자라게 하시는도다.』(시 147:8) 그분은 바다에서 수증기로 쉬지 않고 구름을 피워 올리시고 그 구름을 통해 육지에 비를 내려 물을 공급하시는 것이다.

한 가지만 더 이야기해 보자. 『그가 그 물들을 경계로 두르시니 낮과 밤이 끝나는 곳까지라.』(욥기 26:10) 여기서 경계로 두르신 물들은 깊음(deep)이다. 창세기 1장 6절에서 깊음 가운데 생긴 창공이 바로 우주이며, 창세기와 욥기의 말씀을 종합해 볼 때 현재의 우주는 깊음(물들)이라는 큰 용기(容器) 속에 담겨 있음을 알 수 있다. 낮과 밤이 곧 시간이므로 우리가 현재는 벗어날 수 없는 시간이 물들을 경계로 두른 우주 안에만 흐르는 존재임을 알게 된다. 지구의 정북 방향 3조 광년 저편에 한 변이 1억 마일인 깊음이 있고, 그 표면은 절대온도(-273.16도)로 얼어 있으며, 바로 그 유리바다(계 4:6) 위에 하나님의 보좌가 있다. 중요한 사실은 절대온도에 도달하면 시간이 제로가 된다는 점인데, 이것이 바로 영원임은 두말할 나위가 없다. 새 하늘과 새 땅이 열리고 새 예루살렘이 내려오면 셋째 하늘에만 존재하던 영원이 전 우주에 확산될 것이며, 그리스도인들은 너나 없이 그 영원의 주인공이 될 것이다.

18세기 계몽주의 시대에 유행한 이신론(deism, 理神論)이라는 것이 있다. 이것은 신이 천지창조의 주체이기는 하지만 창조행위 후에는 인간세계에 대한 자의적 개입을 중지하고, 자연에 내재하는 합리적 법에 의해서만 우주를 통치한다는 의미의 용어이다. 이를 달리는 자연종교(natural religion)라고도 칭하는데, 이러한 사상의 근저에는 당시에 만연되기 시작한 인본주의 사상이 깔려 있다. 만일 성경을 전능하신 하나님께서 인간에게 주신 말씀으로 믿는다면 이런 허무맹랑한 주장은 결코 있을 수가 없기 때문이다.

성경을 통독해 보면 어느 시대, 어느 때를 막론하고 하나님께서 개입하지 않으신 때는 없었다. 아담과 이브가 범죄했을 때 에덴동산에서 가죽옷을 입혀 쫓아내시고 그가 취함을 입은 땅을 갈게 하셨다. 카인이 동생 아벨을 들에서 죽였을 때 하나님께서는 그를 직접 추궁하셨다. 삼백 년 동안 하나님과 동행했던 에녹을 그분은 손수 데려가셨다. 천사들이 자신들의 자리를 이탈하여 사람의 딸들을 아내로 삼아 거인들이 출생함으로써 세상이 사악해지자, 노아에게 방주를 만들게 하여 물로 멸망하는 세상에서 여덟 사람으로 하여금 세상을 다시 시작하게 하셨다. 홍수 후 인구가 불어나 시날 평지에 바벨탑을 쌓기 시작했을 때 하나님께서는 언어를 혼란케 하셔서 사람들을 온 지면에 흩으셨다. 칼데아 우르에 사는 아브라함을 불러내어 선민의 역사가 이루어질 카나안 땅으로 가게 하셨다. 성경에 나타난 하나님의 개입을 편의상 창세기 12장까지만 요약해 보았지만 그 어느 시대를 막론하고 하나님께서 개입하지 않은 시대는 없었다. 아마도 그것들을 낱낱이 다 기록한다면 지금 쓰는 이 글은 출애굽기로 넘어가기도 전에 벌써 원고 분량이 가득 차 버릴 것이다.

구약의 마지막 책 말라키에서 마태복음이 기록되기까지 약 400여 년 동안 하나님께서는 어떤 계시도 이스라엘 민족에게 주지 않으셨다. 그렇다면 이 시기에 과연 하나님께서는 지구의 일을 아주 방치한 채 내버려두셨는가? 오해하지 말 것은 선지자를 통한 계시의 기록이 없다 해서 하나님께서 정성 들여 창조하신 지구를 버려두신 것은 아니라는 사실이다. 『그의 능력의 말씀으로 만물을 붙들고 계시며』(히 1:3)라는 말씀에서 보듯 그분은 창조 이래 지금까지 한결같이 만물을 붙들고 계신다. 만일 그분께서 하늘에 무수히 반짝이는 별들을 제멋대로 움직이도록 내버려 두신다면 어찌 될까? 크고 작은 별들이 수시로 다가와 지구와 부딪히는 사고가 빈번히 일어날 것이다. 지난날 천문학을 연구하는 학자들이 아무개별이 지구와 충돌할지도 모른다는 예측을 적지 않게 내놓곤 했지만 한 번도 그것들이 지구에 충돌한 일은 없었다. 바로 『그의 능력의 말씀으로 만물을 붙들고』 계시기 때문이다.

하나님께서 인류 역사에 개입하신 가장 큰 증거는 예수 그리스도의 이 땅에 오심이다. 그분이 오셔서 갈보리 십자가에 달려 하나님 자신의 피(행 20:28)를 흘려주심으로 말미암아 인류에게는 비로소 지옥의 멸망 대신 영원한 생명을 택할 수 있는 기회가 주어졌다. 성경은 이 사실을 『하나님께서 세상을 이처럼 사랑하셔서 그의 독생자를 주셨으니…』(요 3:16)라고 말씀하신다. 생각해보라. 인류를 위해 자신의 아들을 죽이신 일보다 더 분명한 개입이 있을 수 있겠는가!

하나님께서는 천지만물의 창조 후에도 늘 바쁘게 일하고 계신다. 그래서 예수님께서도 『나의 아버지께서 지금까지 일하시니 나도 일하노라.』(요 5:17)라고 말씀하셨다. 하나님께서는 태초의 일곱째 날에 쉬셨지만, 그날 이후 우주만물을 다스리시고 창조물들의 필요를 쉬지 않고 공급해오고 계신다. 그리고 더욱 중요한 사실은 눈부신 화평의 세계가 펼쳐지는 그날까지 그분은 영원을 함께 할 그분 자신의 거룩한 아들들을 낳으시기에 여념이 없으실 것이라는 점이다.

제2부
왕의 친구가 되라

찬송시 14

하나님 바로 그분이

고후 4:6

1
어둠과 깊음 속에 온 세상 잠겼을 때
장엄한 말씀으로 있으라 명하신 빛
햇빛 달빛이 아닌 별빛은 더욱 아닌
하나님 바로 그분이 비추신 빛이었네

2
믿음의 사람들을 박해하던 사울이
다마스커스 가다 만났던 한 줄기 빛
두 눈을 잠시 가려 마음눈 띄워주는
하나님 바로 그분이 비추신 빛이었네

3
흙덩이 몸을 입고 이 세상에 태어나
사방을 헤매어도 찾을 길 없던 참 빛
홀연히 내게 오신 영광의 그리스도
하나님 바로 그분이 비추신 빛이었네

하나님이 비추신 참 빛

빛은 『빛이 있으라.』(창 1:3)는 하나님의 장엄한 명령에 의해서 창조되었다. 빛이 창조될 때 빛과 대조되는 어두움은 이미 존재하고 있었다. 『어두움이 깊음의 표면에 있으며』(창 1:2)라는 말씀에서 우리는 그 사실을 확인할 수 있다. 그러나 이 어두움도 『나는 빛도 조성하고 어두움도 창조하며』(사 45:7)라는 말씀에서 역시 빛처럼 창조된 존재임을 알게 된다. 빛과는 달리 어두움은 그 창조시기가 명시되지는 않았으나 창세기 1장 2절 이전 어느 시점에 창조되었을 것이다. 빛과 대조되는 어두움이 이미 존재함으로써 『빛이 있으라.』는 장엄한 명령이 떨어지자마자 빛은 비로드처럼 까만 어두움 속을 눈부시게 내달렸으리라.

창세기 1장 3절에 등장하는 빛은 햇빛이 아니다. 성경은 엄연히 『주께서는 빛과 해를 예비하셨으며』(시 74:16)라는 말씀에서 보듯 빛과 해를 따로 구분하고 있기 때문이다. 그러나 성경을 성경대로 믿지 않는 소위 성경학자들은 태양이 넷째 날에 창조되었다고 기록되어 있음에도 불구하고, 지구보다 태양이 먼저 있었다는 것을 입증해 보이려고 온갖 구차한 말들을 동원하기를 주저하지 않는다. "태양은 지구의 대기권의 수증기에 가려져 있었을 뿐이다.", "태양은 이미 존재했었으나 보이지 않았을 뿐이다.", "태양은 단지 제3 일이 되기까지 어둠을 꿰뚫고 빛나지 못했을 뿐이다." 등의 그럴싸한 말들을 지껄여 믿지 않는 사람들의 마음을 마구 휘저어 놓는 것이다.

『빛이 있으라.』는 명령에 따라 생겨난 빛은 하나님 자신의 빛이다. 천문학자들이 빛나지 않는 베이(Bay) 성운 뒤쪽을 조사해 보니 하늘에 커다란 구멍이 뚫려 있고, 그 구멍을 통해 너무도 밝은 빛이 들어오는 것을 목격했다고 한다. 그런데 그 빛이 어찌나 크고 밝던지, 대다수의 사람들이 가장 큰 빛으로 치는 태양계의 태양 정도의 별은 굳이 비유하자면 커튼에 붙은 파리똥 정도밖에 안 된다는 사실을 발견했다는 것이다. 하기야 우주보다도 크신 하나님이 비추는 빛이 설마하니 조금만 거리를 두어도 보이지 않는 반딧불 같겠는가. 더구나 그분은 민족들을 통 속의 한 방울 물(사 40:15)로 여기시는 창조주가 아닌가.

우리가 잘 아는 대로 사도 바울은 하나님의 충직한 일꾼이 되기 전에 그 이름이 사울이었다. 그는 베냐민 지파 출신의 이스라엘인(빌 3:5)으로 킬리키아 타소 출신의 로마시민권자(행16:37)였을 뿐만 아니라, 유대교 율법박사 가말리엘(행 22:3) 문하에서 자란 바리새인 중의 바리새인이었다. 그는 집사 스테판이 유대교의 극렬분자들이 던진 돌에 맞아 순교하기 직전 소위 증인들이 벗어놓은 겉옷들을 지켰고(행 7:58), 그 부당한 살인에 찬동했으며(행 8:1), 교회를 파괴하는 일에 앞장서 믿음의 사람들을 잡아 감옥에 넘겨주기까지 한 유대교 광신자였다. 그는 그 후에도 여전히 위협과 살기를 내뿜으며 대제사장의 위임 하에 이른바 이단인 교회의 성도들을 붙잡아 압송하는 소임을 자원하여 맡는다. 그런데 주님께서는 바로 이때를 기다리고 계셨다. 사울은 다마스커스 가까운 길에서 하늘로부터 내리비추는 한 줄기 빛을 만났다. 이어서 『사울아, 사울아, 네가 왜 나를 박해하느냐?』(행 9:4)라는 음성을 듣기에 이르렀다. 물론 음성의 주인은 예수 그리스도이셨다. 사울은 그때까지 호리도 거리낌이 없이 천하에 몹쓸 이단 패거리들을 투옥하고 형벌을 가했을 뿐인데, 뜻밖에도 『사울아, 사울아, 네가 왜 나를 박해하느냐?』는 꾸짖음을 들었다. 교회가 곧 그분의 몸이었기 때문이다. 사울은 해보다 더 밝은 빛(행 26:13)을 만나고 난 뒤 즉시 눈이 멀었다. 이는 곧 육신의 눈을 사흘 동안 못 보게 하는 대신 그의 마음의 눈을 띄워 주시려는 하나님의 지극하신 배려였다.

사울은 그때까지 유대교만이 참된 길이고 예수를 믿는 사람들은 사악한 이단인 줄만 알았다. 그러나 하늘의 빛을 만나고 예수님의 음성을 직접들은 사울은 누가 참 하나님이신가를 순간적으로 알게 되었고, 그러자 그는 즉시 『주여, 내가 어떻게 하기를 원하시나이까?』라고 물으며 잘못된 길에서 돌이키는 획기적 계기를 맞는다. 이와 아울러 우리는 여기에서 하늘로부터 사울을 비춘 빛이 물리적인 빛이면서 아울러 영적인 빛임을 알게 된다.

일찍이 예수님께서는 『나는 세상의 빛이라. 나를 따라오는 사람은 결코 어두움 속에 다니지 아니하고 생명의 빛을 얻으리라.』(요 8:12)고 말씀하셨다. 그런데 예수님은 그냥 흔한 빛이 아니라 『하나님의 영광을 아는 빛』(고후 4:6)이시다. 따라서 구원이란 곧 빛이신 예수 그리스도께서 친히 어두움으로 가득한 사람 속으로 들어오시는 일에 다름 아니다. 우리가 구령자의 입을 통해 하나님의 말씀을 듣고 그분을 구세주로 영접하는 순간, 우리 안에 들어오신 주님이야말로 하나님께서 우리 마음에 비추신 빛인 것이다.

이 나라 기독교인 숫자가 1,000만 명 안팎이라고 한다. 그러나 그 가운데 구원받은 숫자는 극소수에 불과하다. 『생명으로 인도하는 문은 그 길이 좁고 협소하여 그것을 찾는 자가 적음이니라.』(마 7:14)라는 말씀이 그 사실을 가늠케 해 준다. 그렇다면 구원받는 숫자가 왜 그토록 적은가? 1,000만 명이 다 구원받고 하나님의 나라에 가는 것이 "사랑의 하나님"라는 말에도 썩 어울릴 것 같은데 대체 왜 그럴까? 여기에는 이유가 있다.

첫째는 마귀의 방해이다. 마귀는 거짓말의 아비이고 처음부터 살인자로서 그가 골몰하는 것은 어떻게 하든지 세상 사람들로 하여금 한 사람이라도 더 예수 그리스도를 모르게 하여 지옥 자식이 되게 하는 일이다. 환언하면 이 세상 신인 마귀의 주업(主業)은 『믿지 않는 자들의 마음을 어둡게 하여 하나님의 형상이신 그리스도의 영광스러운 복음의 광채가 그들에게 비치지 못하게 하』(고후 4:4)는 일이다. 둘째는 빛을 어두움에서 나누시듯 모든 것을 분리하시는 하나님의 성품 때문이다. 하나님께서는 분명 전능하신 분이므로 마귀가 믿지 않는 자들의 마음을 어둡게 하지 못하도록 하실 수도 있는 분이다. 그러나 그럼에도 불구하고 오히려 『그들에게 강력한 미혹을 보내시어 거짓말을 믿게 하심』(살후 2:11)은 어중이떠중이를 걸러내는 하나님의 독특한 선별법인 것이다.

이 나라 교회들에는 언제부터인가 숫자를 선호하는 교인들로 북적대고 있다. 그러나 하나님께서 『예수 그리스도의 얼굴에 있는 하나님의 영광을 아는 빛을 주시기 위하여』(고후 4:6) 당신의 마음을 비추신 적이 있었는가? 그것이야말로 촌각을 다투어 점검해야 할 일이다.

찬송시 15

태초부터 계신 말씀

요 1:1,3

1.
갈릴리 카나에서 혼인식이 있던 날
모친과 제자들과 다 함께 초대받아
물통 가득히 채운 물로
가장 좋은 포도주를 빚어내신 주님

<후렴>
육신을 입고 오신 창조주 하나님
태초부터 계신 말씀 바로 그분이셨네

2
태어나 자라도록 빛을 못 본 한 소경
침으로 진흙 이겨 눈에다 바르시고
실로암 못에 씻게 하사
캄캄한 가슴 속에 빛을 주신 주님

3
주께서 사랑하신 베다니의 세 남매
오라비 나사로가 병들어 죽었을 때
썩어 냄새나는 주검에
나사로야 나오너라 불러내신 주님

창조주이신 예수 그리스도

요한복음 1장 1-3절을 조금만 주의 깊게 살펴보아도 아버지 하나님과 더불어 말씀이신 아들 하나님 역시 창조주이신 것은 명백하다. 그런데 이 명백한 사실이 성령님의 조명을 받지 못하는 그리스도인이 아닌 교인들에겐 그렇게 받아들이기가 어려운 모양이다. 왜냐하면 그들은 예수 그리스도는 하나님의 아들이라는 고정 관념이 너무도 강하게 뇌리에 박혀 있기 때문이다.

이 점은 예수님 당시 바리새인들도 마찬가지였다. 예수님께서는 이 세상에 오실 때 운석(隕石)이 떨어지듯이 아무런 예고도 없이 불쑥 세상에 오시지 않았다. 창세기 3장의 『그녀의 씨』라는 원시 복음이나 신명기 18장의 『나와 같은 한 선지자』를 굳이 거론하지 않더라도, 『그러므로 주께서 친히 한 표적을 너희에게 주시리라. 보라, 한 처녀가 임신하여 한 아들을 낳으리니 그의 이름을 임마누엘이라 하리라.』(사 7:14)는 말씀이나, 『그러나 너 베들레헴 에프라타야, 네가 비록 유다의 수천 가운데서 작을지라도 이스라엘을 통치할 자가 너로부터 내게로 나오리라. 그의 나오심은 예로부터요, 영원부터였느니라.』(미 5:2)는 말씀 등 메시야가 오신다는 수많은 예언들을 구약에 기록하신 다음, 때가 되어 오신 분이 예수 그리스도이셨다.

그러나 바리새인들은 구약에서 예수님이 오시리라는 구절들을 익히 알고 있었음에도 불구하고 처녀가 남자 없이 임신하여 아들을 낳으리라는 사실을 실제로 믿을 수는 없었다. 바리새인들 가운데 『이는 우리에게 한 아이가 태어났고 우리에게 한 아들이 주어졌음이니 정부가 그의 어깨 위에 있을 것이요, 그의 이름은 경이로운 분이라, 상담자라, 능하신 하나님이라, 영원하신 아버지라, 화평의 통치자라 불리리라.』(사 9:6)라는 말씀을 읽지 않은 자는 없었을 것이다. 그러나 그들은 예수님께서 "육신으로 나타나신 하나님"이심을 믿을 수가 없었다. 그래서 그들은 『"우리는 음행을 통하여 나지 아니하였으며, 우리에게는 한 분 아버지가 계시니, 곧 하나님이시라."』(요 8:41)라고 예수님을 향해 인신공격하기를 서슴지 않았다. 『우리는 음행을 통하여 나지 아니하였으며,』 라는 말은 마리아가 요셉과 정식으로 혼인하기도 전에 예수 그리스도를 잉태한 사실을 꼬집음과 동시에, 자신들은 그런 음행을 통하여 태어나지 않았다고 말하고 있는 것이다. 눈이 멀어 있는 그들은 예수님께서 처녀의 몸에 성령으로 잉태된 사실을 도무지 알 수가 없었다. 더구나 그들은 예수님이야말로 모세가 그의 첫 번째 책에서 말한 "여자의 씨"인 줄은 알려야 알 도리가 없었다. 그들 모두 영적인 소경들이었기 때문이다.

『너희 조상 아브라함은 나의 날 보기를 기뻐하다가 그 후 그것을 보고 즐거워하였느니라.』(요 8:56)는 말씀은 예수 그리스도 자신이 유대인의 조상 아브라함보다 모든 면에서 우월하심을 전제로 하신 말씀이다. 그러나 바리새인들은 예수님 자신이 하나님이심을 천명하는 이 말씀을 신성모독으로 생각했다. 그래서 그들은 『네가 아직 오십 세도 못 되었는데 아브라함을 보았느냐?』(요 8:57)고 반문한다. 그러자 예수님께서는 『진실로 진실로 내가 너희에게 말하노니, 아브라함이 나기 전부터 나는 있느니라.』(요 8:57) 고 자신이 여호와 하나님이심을 재차 천명하기를 주저하지 않으셨다.

창조주이신 예수님께서 한 인간으로 세상에 오셔서 막 공생애를 시작하셨을 때 가장 난감한 일은 뭐니 뭐니 해도 눈이 멀어 있는 영적 소경들에게 자신이 하나님이심을 증명하는 일이었을 것이다. 예수님께서는 흑암으로 뒤덮인 세상에 빛으로 오셨다. 그리고 어느 날 날 때부터 소경 된 사람을 보고 그를 고쳐 주신다. 그러나 유대인들은 날 때부터 소경인 사람이 고침을 받은 사실을 직접 눈앞에 보고서도 그를 고친 분이 하나님이심을 알지 못한다. 그래서 그들은 『우리는 하나님께서 모세에게 말씀하신 것은 알지만 이자는 어디서 왔는지 알지 못하노라.』(요 9:29)고 말한다. 그러자 눈을 뜨게 된 사람은, 『그분이 내 눈을 뜨게 해주셨는데 그분이 어디서 왔는지 당신들이 모르다니 이것은 참으로 이상한 일이로다. 세상이 시작된 이래 누군가가 소경으로 난 사람의 눈을 뜨게 하였다는 것을 들어보지 못하였으니 만일 이 사람이 하나님께로부터 오지 않았다면 그는 아무것도 할 수 없었으리라.』 (요 9:30,32,33) 보는 것처럼 날 때부터 소경이었던 사람은 육체적 눈을 뜸과 동시에 영적 눈도 떠서 자신의 눈을 고치신 분이 하나님께로부터 오신 분임을 훤히 알아보는데, 정작 당시의 지도층이요 지성인이었던 바리새인들은 여전히 영적 소경 상태를 벗어나지 못하고 있는 것이다.

예수님께서는 자신이 하나님이심을 알게 하기 위하여 공생애 동안 참으로 많은 일들을 행하셨다. 그 중에서 카나의 혼인식에서 포도주가 떨어지자 물로 최상의 포도주를 만드신 사건은 자신이 하나님이심을 밝히는 첫 번째 이적이었다. 이 일을 시작으로 그분께서는 보리빵 다섯 덩어리와 물고기 두 마리로 오천 명을 먹이시는가 하면, 빵 일곱 덩어리와 작은 물고기 몇 마리로 사천 명을 먹이시기도 했다. 갈릴리 바다를 제자들과 함께 배를 타고 건너가실 때 그분께서는 바람과 바다를 꾸짖어 조용하게 하시기도 했다. 그뿐이 아니었다. 그분은 세 번에 걸쳐 죽은 사람을 살리기까지 하셨다. 나인이라는 성읍에 사는 과부의 아들, 회당장 야이로의 딸, 죽은 지 나흘이나 된 베다니의 나사로가 바로 그들이다. 이 외에도 병자를 치유하거나 마귀 들린 자를 온전케 하신 일은 부지기수였다. 이 모든 것이 그분 자신이 하나님이심을 보여준 표적들이었으나 그들은 그 어떤 것도 믿지 않았다. 표적을 구한 사람들은 서기관과 바리새인들로서 예수께서 그 어떤 표적을 행하더라도 믿지 않기로 작정한 천국의 폭력적 찬탈자들이었기 때문이다. 따라서 예수님께서는 자신의 죽음과 부활만을 최종적 증거로 보여주실 수밖에 다른 도리가 없었다.

결론적으로 예수님께서 창조주이심을 믿지 못하거나 인정하지 않는 사람들의 믿음은 온전한 믿음이라고 할 수 없다. 『그는 보이지 않는 하나님의 형상이시며 모든 피조물의 첫태생이시니』(골 1:15)라는 말씀에서 『첫태생』은 마리아의 몸을 통한 예수 그리스도의 성육신을 말한다. 그분은 인간의 몸을 입고 태어나셨을 때에야 비로소 첫태생이 되신 것이다. 오리겐은 그리스도의 탄생이 시간 이전에 일어났다고 주장했고, 아리우스는 『오늘 내가 너를 낳았노라.』(시 2:7)는 사건이 시간 안에서 일어난 일임을 안 것은 옳았으나 그리스도께서 더 낮은 신으로 태어났다고 말하는 오류를 범했다. 바로 여기에서 아리안주의나 여호와의 증인 같은 이단이 나왔음은 널리 알려진 일이다. 그리고 이 문제에 관한 한 칼빈도 "모든 피조물 이전의 첫태생"이라는 오리겐과 대동소이한 사사로운 해석을 하고 말았다. 예수 그리스도는 영원 전에든 영원 후에든 결코 피조 된 신이 아니다. 그분은 태초부터 말씀으로 하나님과 함께 계셨으며, 모든 피조물의 창조에 빠짐없이 자신의 역할을 수행하셨다. 성경은 이 사실을 『만물은 그에 의하여 지은 바 되었으며, 이미 지음받은 것 가운데 그가 없이 지어진 것은 아무것도 없더라.』(요 1:3)고 기록하고 있는 것이다.

찬송시 16

인간의 모습 입고 세상까지 오셔서

고후 5:19

1
인간의 모습 입고 세상까지 오셔서
나의 죄 제거하신 크신 분이 계시네
수많은 사람 중에 벌레 같은 날 위해
죽어야 마땅한 죄들 감당하신 주 예수

<후렴>
밤바다 험악하다 내 어찌 낙담할까
새벽바다 물결 위로 주님 다시 오시리

2
어느 날 북적이는 거리를 지나갈 때
내 맘에 천둥소리 들려준 사람 있네
나라와 나라 사이 파견하는 대사를
미천한 나에게까지 파송하신 주 예수

3
흑암에 묻혀 있는 혼들을 이겨오라
나 또한 세상으로 보내신 분이 있네
인간의 말이 아닌 왕의 법 손에 들려
고귀한 화해의 직분 맡겨 주신 주 예수

위대한 약속과 아름다운 발

『누구든지 주의 이름을 부르는 자는 구원을 받으리라.』(롬 10:13). 보는 것처럼 여기 '누구든지'라는 말에서 칼빈주의는 발붙일 곳을 잃어버린다. 택함 받은 자가 아니라, 말 그대로 『누구든지 주의 이름을 부르는 자』라고 선언하고 있기 때문이다. 이러한 사실은 『그를 믿는 사람은 누구든지 멸망하지 않고』(요 3:16)라는 말씀이나, 『누구든지 그를 영접한 사람들에게는 하나님의 아들들이 되는 권세를 주셨으니』(요 1:12)라는 말씀에서 잘 뒷받침이 되고 있음을 볼 수 있다. 그뿐이 아니다. 『누구든지 그리스도 안에 있으면 새로운 피조물』(고후 5:17)이라는 말씀이나, 『누구든지 그의 말씀을 지키는 자는 하나님의 사랑이 참으로 그 사람 안에서 온전해지니』(요일 2:5)라는 말씀을 보아도 역시 택함 받은 자와는 거리가 멀다.

『네가 네 입으로 주 예수를 시인하고 또 하나님께서 그를 죽은 자들로부터 살리신 것을 네 마음에 믿으면 구원을 받으리라. 이는 사람이 마음으로 믿어 의에 이르고 입으로 고백하여 구원에 이르기 때문이라.』(롬 10:9,10). 신약적 구원 체계를 가장 일목요연하게 천명하고 있는 놀라운 말씀이다. 창세전에 택함 받았다면 입으로 주 예수를 시인할 필요도, 하나님께서 그분을 죽은 자들로부터 살리신 것을 믿을 필요도 없다. 그냥 자신의 의지와는 상관없이 창세전에 택함을 받았으므로 마음으로 믿어 의에 이를 필요도, 굳이 입으로 고백할 필요 역시 없다. 그러나 이 말씀은 누구누구는 창세전에 택함을 받고 누구누구는 창세전에 택함을 받지 못한다는 하등의 제약이 없기에 말 그대로 누구든지 그분을 시인하고 믿으면 구원을 받는다. 다만 마음으로 믿고 입으로 고백함으로써 구원은 아주 쉽게 이루어진다. 굳이 구원을 받기 위해 새벽기도를 나가거나 방언을 받기 위해 부흥회에 참석하는 수고를 할 이유가 없다.

입은 마음의 출구이다. 따라서 입은 마음의 상태를 드러낸다. 우리가 무엇인가를 마음으로 믿는다는 것은 그 대상이 어떠하다고 여기고 전폭적으로 신뢰한다는 의미에 다름 아니다. '믿는다'(believe)고 하면서 자신의 행위에 신뢰를 둔다면 그것은 주님을 마음으로 믿는 것, 곧 신뢰하는 것(trust)이 아니다. 이 믿음은 종교성에서 나온 거짓 믿음에 불과하다. 따라서 이것으로는 결코 구원에 이를 수 없다. 입으로 하는 고백은 마음으로 믿을 때 드러나는 일반적인 현상을 의미한다. 그러므로 입의 고백이 반드시 믿음의 증거가 되는 것은 아니다. 예컨대 벙어리는 입으로 고백하지 못하지만 마음으로만 믿고도 구원에 이르기 때문이다.

우리가 복음을 전해보면 사람들은 예수 그리스도를 믿고 영접하고는 싶은데 주위 사람들을 의식하여 머뭇거리기는 경우가 적지 않다. 또 예배시간에 초청을 받으면 역시 곁의 사람들을 의식하여 손을 들지 못하거나 앞으로 선뜻 나오기를 주저하는 경우가 많다. 이것은 부끄러움에서 비롯된 태도이다. 그러나 성경은 『"누구든지 그를 믿는 자는 부끄러움을 당하지 아니하리라."』(롬 10:11)고 말씀한다. 진정으로 큰 부끄러움은 믿을 기회를 놓쳐 지옥에 떨어지는 일이지, 결코 복음에 순종하여 구원받는 일이 아닌 것이다. 갓난아기가 남의 눈길이 부끄러워 자신의 배고픔을 참고 잠잠히 있는 것을 본 적이 있는가. 주위에 아무리 많은 사람이 지켜보고 있더라도 갓난아기는 엄마가 젖꼭지를 제 입에 물려줄 때까지 두 발을 바동거리며 운다. 이런 솔직하고도 주위를 아랑곳하지 않는 태도야말로 구원에 이르는 첩경이다.

『누구든지 주의 이름을 부르는 자는 구원을 받으리라.』(롬 10:13) 이것은 위대한 하나님의 약속이다. 누구는 구원받고 누구는 구원받지 못하고가 정해져 있는 것이 아니라, 누구든지 주의 이름을 부르는 자는 구원을 받을 수 있다는 위대한 약속이다. 이 말씀은 로마서 10장 9,10절의 『입으로 주 예수를 시인하고』나 『입으로 고백하여』라는 대목과 맥을 같이한다. 예수 그리스도께서는 우리의 죄들로 인해 대신 죽으셨고, 장사 되셨다가 사흘 만에 부활하셨다. 바로 그분을 마음으로 믿고 구주로 영접하려 그분의 이름을 입으로 발설하는 순간, 우리의 영이 살아남과 동시에 혼이 구원을 받는다. 우리가 구령자를 따라 "위대하신 하나님"이라고 부를 때, 이 부름은 마음으로 믿는 믿음의 고백이자 구원의 증거이다. 설령 입 밖으로 목소리를 내지 못하고 마음으로 그분의 이름을 불렀더라도 그 순간 우리의 구원은 이루어진 것이다.

『파송되지 아니하였는데 어찌 전파하리요?』(롬 10:15). 이것은 보냄(파송)을 말한 것이다. 그러니까 우리가 구원받던 날, 우리에게 와서 복음을 전한 형제나 자매는 하나님께서 나를 구원하시려 파송한 사람이라는 말이다. 우주를 창조하시고 우리의 죄들을 제거하시기 위해 독생자를 세상에 보내어 십자가에 죽게 하신 그 위대한 하나님께서 벌레만도 못한 나를 구원하시려 복음전파자를 파송하셨다니 이 얼마나 고맙고 황송한 일이란 말인가!

구원받고 그리스도인이 되면 우리는 너나없이 복음전파자가 된다. 『즉 하나님께서 그리스도 안에 계셔서 세상을 자신과 화해하게 하시며 그들의 죄과를 그들에게 돌리지 아니하시고 우리에게 화해의 말씀을 맡겨 주신 것이라. 그러므로 이제 우리는 그리스도를 대신한 대사들로서 하나님께서 우리를 통하여 너희를 권면하신 것같이 우리도 그리스도를 대신하여 너희에게 간구하노니 너희는 하나님과 화해하라.』(고후 5:19,20). 보는 것처럼 하나님께서는 모든 그리스도인들에게 주 예수 그리스도를 대신한 대사로 일하도록 하셨다. 아울러 이 대사들에게 맡기신 임무가 하나님의 화해의 말씀을 온 세상에 전하는 일이라고 천명하신다.

그뿐이 아니다. 『화평의 복음을 전하며 좋은 일들의 기쁜 소식을 가져오는 자들의 발이 얼마나 아름다운가!』(롬 10:15)라는 말씀에서 보듯 우리가 복음전파를 위하여 동분서주(東奔西走)할 때 주님께선 그러한 우리의 발을 아름답다고 하신다. 얼마나 많이 걸었던지 온통 발이 부르트고 땀과 흙으로 얼룩져 있는데도 주님께선 그 발을 높이 인정하시는 것이다.

에베소서에는 『화평의 복음을 준비한 것으로 너희 발에 신고』(엡 6:15)라는 말씀이 나온다. 이것은 그리스도인들의 발이 어디를 가든 화평의 복음을 전파할 준비를 하라는 말씀이다. 이에 대해 럭크만 목사는 놀라운 간증을 남기고 있다. 그는 스케이트장에서, 식당에서, 자동차전용 극장에서, 테니스코트에서, 이발소에서, 당구장에서, 한 번은 교통사고 후 찌그러진 차 안에서도 복음을 전파했다고 술회하고 있다. 그는 언제 어디서든 전천후로 사용이 가능한 화평의 복음을 두 발에 단단히 장착하고 있었던 것이다.

이 땅에 6만5천 개의 교회가 있다고 하지만, 그 가운데 예수 그리스도의 다시 오심을 고대하며 거리설교를 하고 혼들을 구령하는 교회는 극소수에 지나지 않는다. 일찍이 주님께서는 『인자가 올 때 그가 세상에서 믿음을 찾아볼 수 있겠느냐?』(눅 18:8)고 하셨는데 지금이야말로 그때가 가깝다는 느낌을 받는다. 그리스도인들이여, 세상이 어두울수록 더욱 깨어 있으라.

찬송시 17

아무도 하나님을 본 사람이 없어도

히 1:3

1
아무도 하나님을 본 사람이 없어도
아버지 품에 계신 독생자 그리스도
낮고 천한 인간의 몸을 입고 오셔서
거룩한 주 하나님 영광 나타내셨네

2
이 세상 신을 따른 한 사람의 범죄로
죽음의 노예가 된 인간을 사랑하사
나무에 친히 달려 하나님의 피 흘려
진홍같이 붉은 죄 정결하게 하셨네

3
태초에 그 손으로 만물을 지으시고
능력의 말씀으로 붙들고 계신 주님
이 세상 끝날까지 성도들을 지키사
부활의 새 아침에 본향 집에 이르리

진리의 말씀을 공부하라

필자는 어린 시절 고향마을에 있는 장로교회에 다녔다. 주일날 아침이 되면 어김없이 높은 종각에서 종소리가 울려 퍼지고, 달리 시간을 보낼 곳이 없는 아이들은 삼삼오오 예배당으로 모여들었다. 주일학교 전체 예배에 이어, 베드로 반, 야고보 반, 마태 반 등 예수님의 제자들의 이름을 딴 반으로 나뉘어져 반별로 각각의 교사들을 통해 공과공부를 한 다음, 전체 문답 시간을 가진 후 주기도문을 외는 것으로 폐회를 하곤 했다. 지금도 기억에 생생히 남아 있는 추억은 해마다 먼 곳의 유명강사를 초빙하여 열리던 여름성경학교에서 재미있는 성경 이야기를 듣던 일과 오르간도 피아노도 없이 여러 곡의 새 노래들을 배우던 일이다.

중학생이 된 이후부터는 고모님들의 권유로 어른들이 참여하는 대예배에 참석을 했다. 그러나 애초부터 구원에 대한 확신 같은 것은 없었고, 주일이 되면 그냥 습관적으로 예배당에 나갈 따름이었다. 그러다 보니 자연 설교시간이 지루할 때가 많았던 것으로 기억한다. 지금 생각해 보면 그 무렵의 신앙생활은 종교생활이었지 믿음에 입각한 신앙생활은 아니었다. 그도 그럴 것이 시무하는 담임목사가 단 한 번이라도 구원이 무엇인가에 관한 설교를 한 적도 없었고, 또 구원을 받자면 어떻게 해야 하는지 그 방법에 대해서 말한 적도 없었기 때문이다. 돌이켜보건대 이는 담임목사 자신도 구원을 받지 못한, 종교생활에 철저하게 길든 생계형 목사였기 때문이라고밖에 달리는 설명할 길이 없다. 성경에는 『내버려 두라. 그들은 소경이 되어 소경을 인도하는 자들이라. 소경이 소경을 인도하면, 둘 다 구덩이에 빠지리라."고 하시더라.』(마 15:14)라는 예수님의 비유가 나온다. 이 말씀에서 앞의 '소경'은 '눈 먼 안내자들'(마 23:16)과 마찬가지로 바리새인들을 가리키는 말이다. 만일 이 말씀을 오늘날의 상황에 맞춰 새롭게 해석한다면 앞의 '소경'은 가짜목사를, 뒤의 '소경'은 무지한 교인들을, 그리고 '구덩이'는 지옥 구덩이로 어렵지 않게 해석이 가능할 것이다. 그러나 이 빤한 사실이 그 당시에는 도무지 무엇을 말하는지 알 도리가 없었다. 영적 눈이 아주 감겨 있었던 탓이다.

사도행전을 보면 에티오피아 내시가 구원받는 장면이 나온다. 빌립이 에티오피아 내시에게 다가가 선지자 이사야의 글을 읽는 것을 보고 『당신이 읽고 있는 것을 이해하느뇨?』(행 8:30)하고 질문을 던지니, 내시는 『나를 지도하는 이가 아무도 없으니 어찌 깨달을 수 있으리요?』(행 8:31)라고 대답한다. 그때까지 에티오피아 내시는 진리를 향한 열성은 있었으나 정작 구원은 받지 못한 사람이었던 것이다. 빌립이 복음을 전하자 마침내 내시는 『나는 예수 그리스도가 하나님의 아들이신 것을 믿나이다.』(행 8:37)라는 고백을 하고 구원을 받기에 이른다. 만약 빌립이 가짜 교사였다면 내시는 결코 구원에까지 이르지 못했을 것이다. 그러나 빌립은 하나님으로부터 파송된(롬 10:15), 성령의 인도를 받는 좋은 교사였고, 내시는 길을 가면서도 말씀을 읽을 정도로 진리를 갈망하는 사람이었으므로 에티오피아 사람으로서는 최초로 구원을 받았던 것이다.

이 나라 교단교회에 나가는 사람들 가운데는 성경 말씀보다는 목사의 인간적인 면을 숭앙하는 사람들이 적지 않다. 자기가 다니는 교회의 목사가 말솜씨가 현란하다든가(롬 16:18), 우스갯소리를 요소요소에 적절하게 곁들여 설교가 지루하지 않고 재미있다든가(딤후 3:5), 교단 총회에서 높은 감투를 여러 개 쓰고 있다든가(딤후 3:2)… 등등을 이유로 무작정 자신들의 목사를 우르르는 경향이 그것이다. 그러나 제대로 된 성도들이라면 우리 목사님의 설교는 말씀과 경건에 따른 교리에 일치하는가(딤전 6:3), 우리 목사님은 성도를 지배하려 하지 않고 양 무리의 본이 되는 분인가(벧전 5:3), 우리 목사님은 말과 행실과 사랑과 영과 믿음과 순결에 있어서 믿는 자들의 본이 되는 분인가(딤전 4:12), 우리 목사님은 더러운 이익에 대해 얼마나 초연한 분인가(딛 1:7)… 등등을 곰곰 따져보고 자신들의 목자에게 무한신뢰를 보내든가, 아니면 바른 목자를 찾아 떠나든가 해야 할 것이다. 종종 일어나는 안타까운 일은 자신이 다니는 교회의 목자에게 인간적으로 실망한 나머지 더 이상 진리를 찾기를 포기하고 그냥 무신론자처럼 살다가 죽어서는 지옥으로 가는 경우일 것이다. 그러나 이 경우 역시 그에게 올바른 교사가 되지 못한 사람의 책임이 없을 수는 없으나, 궁극적으로 그 자신의 책임을 모면할 수는 없다. 그가 낭패를 당한 것은 주님의 말씀을 따라 주님만을 향하여 살지 않고, 인간에게서 무언가를 찾거나 얻으려 했기 때문이다.

필자는 59세에 신학공부를 시작하여 성경대로 믿는 사람이 되었다. 그 전에는 시인이나 소설가들이 다 그렇듯이 나 역시도 매사에 오만하고 무례한 사람이었다. 가끔 좀 더 일찍 진리에 접했더라면 어땠을까 하고 가정해 보기도 하지만, 이모저모 생각해 본 결과 느지막이 눈을 뜨도록 한 하나님의 인도하심이 최선이었다는 사실을 수긍하지 않을 수 없었다. 내 육신의 뻣뻣한 기질을 꺾어놓기 위해 먼저 병마를 보내고, 그 위에 견디기 힘든 시련까지 보내어, 마치 김장배추를 소금에 절이듯이 한 다음에야 내 감긴 눈을 띄워주셨다. 피터 럭크만 목사님의 성경주석을 통해 접한 향상된 계시들은 실로 놀라운 것이었다. 하나님께서는 코앞의 일도 제대로 모르던 내 청맹과니 눈을 열어 돌연 3조 광년의 우주 저편까지 바라보게 하셨던 것이다.

절대 진리인 바른 성경은 이미 오래전부터 우리를 향해 명령하신다. 『네가 진리의 말씀을 올바로 나누어 자신이 하나님 앞에 부끄럽지 않은 일꾼으로 인정받도록 공부하라.』(딤후 2:15) 이것은 진리의 말씀들을 올바르게 나눌 수 있도록 공부하라는 명령이다. 성경은 나누어지는 것을 올바로 나누어야 하는데, 예컨대 육적 할례와 영적 할례, 믿음과 행위, 물침례와 성령침례, 휴거와 지상 재림 등을 나누자면 성도들에게 있어 공부는 필수적이다. 그리고 이 명령을 수행하는 목적은 사람들에게 으스대기 위해서가 아니라, 하나님 앞에 부끄럽지 않은 일꾼으로 인정받도록 하기 위해서라는 것이다.

하나님을 두려워하고 그 말씀을 행하는 자가 되고 싶은가? 당신은 평생 동안 성경을 읽을 채비부터 해야 한다(신 17:19). 악인들의 간계를 따르지 않고, 죄인들의 길에 서지 않기를 바라는가? 당신은 밤낮으로 하나님의 말씀을 묵상할 각오를 다져야 한다(시 1:2). 향상된 계시들을 깨닫기 원하는가? 당신은 우선 알게 된 계시들을 믿고, 그 너머 경이로운 것들을 깨닫게 해달라고 간구하기를 마지않아야 한다(시 119:18).

찬송시 18

태초에 이 세상의 기초를 놓기 전에

딤후 1:9,10

1
태초에 이 세상의 기초를 놓기 전에
우리를 거룩하고 흠 없게 하시려고
주님은 몸 된 교회 미리 계획하셨네
때 되자 육신이 되어 우리 곁에 오셨네

2
죽음의 세력 마귀 영원히 멸망시켜
노예로 매인 자들 다 풀어 놓으려면
자신의 죽음 외엔 다른 길이 없었네
그 귀한 보배 피 흘려 우리 구원하셨네

3
사람의 걸레 같은 행위를 젖혀놓고
오로지 그 목적과 은혜에 따르신 주
거룩한 소명으로 우리를 부르셨네
영원한 생명과 불멸 우주에 밝히셨네

묵은 누룩과 방언의 미망에서 벗어나라

어린 시절 고향마을에서 같은 골목에 살며 자라난 친구가 있다. 그와 나는 초등학교 시절 줄곧 함께 학교에 다녔다. 내가 읍내 중학교에 다닐 때 그는 K시에 있는 장로교 경서노회에서 운영하는 성경학교를 다녔다. 어느 해 겨울, 그는 교회 부흥회에서 방언을 받았다더니, 그 후 얼마 안 되어 신학교에 갈 꿈을 키우기 시작했다. 이듬해 봄, 그는 자기 집 논 한 마지기를 팔아 그 돈을 보따리에 싸들고 신학교에 입학하러 간다며 떠났다. 그런데 그만 가는 도중에 돈이 든 보따리를 잃어버리는 청천벽력 같은 일을 당하고 말았다. 그는 결국 그 일로 하여 목회자가 되겠다는 꿈을 접었고, 대신 G시로 나가 회사에 취직하여 평생을 보냈다.

어린 시절 그와 나는 교회에도 함께 다녔다. 그는 도시로 나간 후에도 줄곧 장로교회에 적을 두었는데, 내 경우는 30년 정도 장로교 소속이었다가 그 뒤 몇 곳을 전전한 후에 2007년 무렵부터 성경대로 믿는 사람이 되었다. 장로교회 사람들은 창세 전에 택함을 받는다는 칼빈주의로 해서 구원을 받지 못한 사람이 적지 않다는 사실을 알고, 한 번은 고향 가는 길에 G시 어느 찻집에서 그를 만나 구령을 시도한 적이 있었다. 그런데 그는 로마서 10장 9,10절 『네가 네 입으로 주 예수를 시인하고 또 하나님께서 그를 죽은 자들로부터 살리신 것을 네 마음에 믿으면 구원을 받으리라. 이는 사람이 마음으로 믿어 의에 이르고 입으로 고백하여 구원에 이르기 때문이라.』는 말씀대로 예수님을 자신의 구세주로 영접하기를 거부했다. 대신 자신은 창세 전에 택함을 받았다는 말과 함께 기독교는 체험의 종교라면서 열아홉 살 무렵 방언을 했던 경험을 자신이 구원받은 증거라는 태도를 견지했다. 그리고 그는 “자네가 다니는 교회는 어느 교단인가?” 하고 몇 번이나 되물었는데, 이는 아마도 내가 자기와는 다른 주장을 하니까 내가 속한 교단으로 나의 믿음을 나름대로 판단해 보려는 의도인 듯했다.

장로교 신자들은 대체로 자신들의 교단에 대한 자부심이 크다. 무엇보다도 자신들의 교단은 이 나라에서 가장 큰 장자교단으로 자신들의 믿음이 가장 바른 믿음이라고 믿는다. 그런데 이들이 먼저 알 일은 성경에는 교단이라는 말이 없다는 점이다. 성경이 말하는 교회의 머리는 엄연히 예수 그리스도 한 분뿐이다. 교회 위에 교단이 있고 그 교단을 대표하는 총회장이 있는 경우 교회의 머리이신 예수님 위에 총회장이 군림하고 있는 형국이 된다. 이는 마치 자신들이 교회라고 주장하는 로마카톨릭이 신부, 주교, 대주교, 추기경, 교황을 두고 있는 경우와 대동소이하다고 볼 수 있다. 이것이야말로 하나님께서 미워하시는 니콜라파(계 2:6)로 소수의 계층이 다른 성도들을 물리적으로 지배하는 본보기가 아닐 수 없다. 우스갯소리로 교단 총회장이나 교황을 만나려면 예수님께서도 그 밑에 가서 허락을 받아야 하지 않겠는가.

칼빈은 『이는 세상이 시작되기 이전에 그리스도 예수 안에서 우리에게 주신 것이라.』(딤후 1:9)는 말씀과, 『하나님께서 세상의 기초를 놓으시기 이전에 우리로 사랑 안에서 그분 앞에 거룩하고 흠 없게 하시려고 그리스도 안에서 우리를 택하시어』(엡 1:4)라는 말씀을 읽을 때, 구원받은 사람들이 창세기 1장 1절 이전에 그리스도 안에 있었다고 읽었다. 만약 이것이 사실일 경우, 창세전에 그리스도 안에 선택되었던 사람이 그리스도로부터 떨어져 나와 아담 안으로 들어가고, 그 다음 다시 아담으로부터 떨어져 나와 그리스도 안으로 들어가야 한다는 결론이 나온다. 그러나 성경은 개개인이 창세 전에 선택된 것이 아니라, 『전에는 너희가 그것들 가운데서 이 세상의 풍조를 따르고 공중 권세의 통치자, 곧 지금 불순종의 자녀들 안에서 역사하는 영을 따라 행하였으니 그들 가운데서 우리 모두가 ……다른 자들과 마찬가지로 본래 진노의 자녀였느니라.』(엡 2:2,3)고 분명히 못 박고 있다. 하나님께서는 창세 전에 개개인을 선택한 것이 아니라, 자신의 몸 된 교회를 계획하셨을 뿐이다. 그러나 칼빈의 5대 강령인 전적 타락, 무조건적 선택, 제한적인 속죄, 저항할 수 없는 은혜 등을 곧이곧대로 믿는 사람들은 자신들이 아담이 창조되기 이전부터 그리스도 안에 있는 구원받은 양이라고 철석같이 믿는다. 이런 믿음을 가진 이상 구원의 길은 요원하다. 우리나라에는 안타까운 현실이지만 이 말도 안 되는 비성경적인 교리에 너무 오래 세뇌되어 백약이 무효한 중증 환자가 적지 않은 것이다.

내 친구가 자신의 구원받은 증거로 생각하고 있는 방언에 대해서도 우리나라 교단 교회들은 성경 지식이 너무 부족한 상태에 머물고 있다. 방언은 결코 뜻 없는 소리가 아니다. 『그때 이 소문이 퍼지자 무리가 함께 모여 혼란이 생겼으니 이는 각 사람이 자기 나라 말로 그들이 말하는 것을 들었기 때문이라. 그러자 그들이 모두 놀라고 이상히 여겨 서로 말하기를 "보라, 말하고 있는 이 사람들은 모두 갈릴리 사람이 아니냐?』(행 2:7,8) 보는 것처럼 여기에서 방언을 한 사람은 주님의 제자인 갈릴리 사람들이었고, 방언을 들은 사람은 파대인, 메데인, 엘람인에다, 메소포타미아, 캅파도키아, 프루기아, 팜필리아, 이집트, 리비아, 로마 등지에서 온 사람들이었으며, 그들이 들은 방언은 자기들이 거주하고 있는 곳의 말, 곧 외국어였다.

나는 소년시절 부흥회에서 여러 사람들이 하는 방언을 직접 들어본 경험이 있다. 또 그 무렵 고향 교회 사람들 가운데도 방언을 할 줄 아는 사람이 적지 않았는데, 그들은 저녁마다 교회에 모여 여름밤 무논의 개구리들처럼 와글와글 소위 방언 기도를 하곤 했다. 그때마다 내가 들은 방언은 100% 외국어가 아닌 소리였다. 그렇다면 이것은 악령의 역사다. 그러나 우리나라 교인들은 이 방언에 대하여 상당히 관대한 생각을 한다. 방언에 대해 명쾌한 성경적 지식이 없이 그저 막연히 성령의 역사이거니 하는 것이다. 이것은 초창기 은사주의의 방언 쓰나미가 한국교회를 마구 휩쓸어 버린 데 그 원인이 있다. 성경은 『영적인 은사들을 열망하되 특별히 예언을 할 수 있도록 하라.』(고전 14:1) 권면한다. 그뿐이 아니다. 『그러므로 형제들아, 예언하기를 열망하고 방언들로 말하는 것을 금하지 말라.』(고전 14:39)에서 보다시피 예언에 대해서는 열망하라고 하면서 방언에 대해서는 "금하지 말라"고 한 바울의 고충을 아는 사람도 거의 없다. 바울은 당시 고린도교회에 일부 유대인 회원들이 있어 유대인의 표적인 방언(막 16:17)을 교회의 분열을 방지하기 위해 전면 금지하지는 못했던 것이다.

때가 얼마 남지 않았다. 바른 신앙을 위하여 이제 한국교회는 칼빈주의의 묵은 누룩과 은사주의 방언의 미망에서 하루속히 벗어나야 한다.

찬송시 19

나 아직 이 세상에 오기 전

요 15:15

1
나 아직 이 세상에 오기 전 먼 옛날에
보배 피 흘려주신 한 친구가 있었네
십자가에 달리신 주 예수 그리스도
영 죽을 나를 구하여 생명으로 옮겼네

2
수많은 세상 친구 내게서 떠났어도
언제나 동행하는 한 친구 내게 있네
내 안에 거하시는 주 예수 그리스도
기쁠 때 슬플 때에도 항상 함께 계시네

3
하늘에 썩지 않는 유업을 마련하사
영원을 함께하실 한 친구 내게 있네
생명의 근원이신 주 예수 그리스도
끝없는 복락의 나라 길이 함께 살겠네

왕의 친구가 되라

다윗의 신하 가운데 대조적인 두 인물로 아렉인 후새와 아히도펠이 있다. 역대기상은 이 두 인물에 대해 『아히도펠은 왕의 상담자가 되었고, 아렉인 후새는 왕의 벗이 되니라.』(대상 27:33)고 기록하고 있다. 이 기사로 볼 때 아마도 아히도펠은 다윗보다 젊은 연배였던 듯하고, 아렉인 후새는 다윗과 비슷한 연배였던 듯하다.

훗날 압살롬이 자기 아버지 다윗에게 반란을 일으켰을 때, 아히도펠은 압살롬 편에 서고 후새는 다윗 왕의 편에 서는데, 이로 하여 두 사람의 운명도 극명하게 엇갈리게 된다. 다윗이 압살롬을 피해 피난길에 오르자 후새도 피난길에 올라 올리브 산 정상에서 다윗을 만난다. 그러자 다윗은 『네가 성읍으로 돌아가서 압살롬에게 말하기를 '오 왕이여, 내가 왕의 종이 되겠나이다. 내가 지금까지 왕의 아버지의 종이 되었던 것처럼 내가 이제는 왕의 종이 되겠나이다.' 하면 그때는 네가 나를 위하여 아히도펠의 계략을 패하게 할 수 있으리라.』(삼하 15:34)하고 협조를 구한다. 충신인 후새는 왕명대로 압살롬 진영에 기꺼이 첩자로 남게 된다. 당시 최고의 전략가였던 아히도펠은 압살롬에게 『이제 나로 일만 이천 명을 선정하게 하소서. 내가 오늘 밤 일어나서 다윗을 추격하리이다. 그가 피곤하고 약해졌을 때 내가 그에게 가서 그를 무섭게 한 후, 그와 함께한 모든 사람이 도망하면, 내가 그 왕만을 치고 온 백성을 왕께로 데려오리이다.』(삼하 17:1-3)하고 자신의 계략을 제시한다. 이는 다윗을 궁지로 몰아넣을 수 있는 최고최상의 계략이었다. 이때 아렉인 후새가 등장하여 압살롬에게 단에서 브엘세바까지 군사를 모아 천천히 다윗을 치자고 제안한다. 이는 다윗 왕에게 안전한 장소로 피할 시간과 아울러 전열을 갖출 시간을 벌어주는 일석이조의 계략이었다. 결국 자신의 계책이 받아들여지지 않은 아히도펠은 자살로 생을 마감하였고, 압살롬은 아히도펠의 계책을 택하지 않음으로써 패망의 길을 가고 말았으며, 하나님이 아끼시는 다윗 왕의 편에 선 아렉인 후새는 일등공신으로 역사 속에 남게 되었다. 한글킹제임스성경에서 '후새'라는 인물을 검색해보면 다음과 같은 한 구절을 발견할 수 있다. 『후새의 아들 바아나는 아셀과 알롯에 있었으며』

(왕상 4:16) 이것은 솔로몬 왕 시절에 부왕 다윗의 중요한 공신 후새의 아들이 온 이스라엘을 관리하는 열두 관원 가운데 한 사람으로 대우받고 있음을 보여준다. 지상의 한 왕의 친구도 이러하거늘, 우주의 왕이신 분의 친구라면 과연 어떤 대우를 받게 될까?

우리가 알다시피 구약시대에 훌륭한 인물들은 많았다. 예수 그리스도의 예표로 최초로 순교한 아벨, 300년 동안 하나님과 동행하다가 없어진 에녹, 방주를 만들어 대홍수에서 자신과 가족들의 목숨을 구해 인류의 씨를 보존한 노아를 비롯하여 욥, 요셉, 여호수아, 사무엘, 다윗, 엘리야, 다니엘 등 수많은 인물들이 빛을 발했으나 그들은 모두 하나님의 친구의 반열에는 들지 못했다.

성경에서 최초로 하나님의 친구라고 불린 이는 아브라함이었다. 『그리하여 "아브라함이 하나님을 믿으니 그것이 그에게 의로 여겨졌느니라."는 성경이 이루어졌고, 그는 하나님의 친구라 불렀느니라.』(약 2:23) 여기에서 『"아브라함이 하나님을 믿으니 그것이 그에게 의로 여겨졌느니라."』는 말씀이 이루어진 것은 창세기 15장에서의 일이었다. 아직 아브라함에게 자식이 없었을 때 하나님께서는 하늘의 별들을 가리켜 보이시며 『"너의 씨가 이와 같으리라."』(창 15:5)고 하셨는데, 이를 믿음으로써 아브라함은 하나님의 친구가 되었다. 아브라함은 그 후에 창세기 19장에서 소돔과 고모라를 멸망시키려는 하나님의 계획을 듣게 되고, 조카인 롯을 위해 하나님께 장시간 중보의 간청을 드리기도 한다. 성경에서 두 번째로 하나님의 친구 대접을 받은 사람은 모세였다. 성경은 이 사실을 『주께서는 사람이 자기 친구와 말하는 것같이 모세와 대면하여 말씀하시니라.』(출 33:11)고 기록하고 있는데, 이것은 하나님께서 아브라함과 말씀하셨던 방식과 같은 방식이었다. 따라서 아브라함이나 모세가 만났던 하나님은 모두 성육신 이전의 주의 천사(구약시대 창조주이신 아들 하나님께서는 주의 천사로 현현하셨다.)였다.

신약시대가 도래하자 구약에 여러 번 기록된 예언대로 아들 하나님께서는 더 이상 주의 천사로 현현하지 않고 처녀인 마리아의 몸을 통해 성육신하여 유대 땅 베들레헴에 오셨다. 그러나 그분의 초림은 자신의 영광을 위해 세상에 오신 것이 아니라, 오직 아버지 하나님과 죄인이 된 사람 사이의 중보자로 오셨다. 다시 말하면 『그는 우리의 죄들을 위한 화목제물이시니, 우리뿐만 아니라 온 세상의 죄들을 위한 것이니라.』(요일 2:2)는 말씀 그대로 그분은 의로우신 하나님과 죄인인 사람 사이의 화목제물로 세상에 오신 것이었다.

요한복음 15장은 주 예수 그리스도께서 제자들과 함께 만찬을 나누셨던 다락방에서 나와 겟세마

네를 향해가면서 들려주신 강론이다. 그런데 바로 여기서 주님께서는 놀라운 선언을 하신다. 서로 사랑하라는 계명을 주시면서 『사람이 친구들을 위하여 자기 생명을 내어놓는 것보다 더 위대한 사랑은 없』(요 15 ;13)다고 전제하신 다음 『내가 명령한 대로 너희가 행하면 너희는 나의 친구들이라.』고 상상하기 힘든 선언을 하시는 것이다. 앞서 13장에는 『유월절 전에, 예수께 이 세상에서 떠나 아버지께로 가야 할 자기 때가 된 것을 아시고, 세상에 있는 자기 사람들을 사랑하시되, 그들을 끝까지 사랑하』(요 13:1)셨다는 대목이 나오는데 친구라는 이 선언이야말로 그 사랑의 일환이었음은 물론이다. 그리고 주님께서는 17장에서 위대한 기도를 드리신 후 18장에서 키드론 시내를 건너 겟세마네로 가셨고, 마침내 잡히시어 19장에서 갈보리 십자가에 친구를 위해 자신의 목숨을 내어주심으로써 사랑의 절정에 다다르신다. 위대한 창조주께서 이 벌레 같은 인간들을 친구삼아 주시고 하나님의 피까지 흘려주시다니! 실로 믿기 힘든 일이지만 이것은 사실이다.

주님께서는 부활하셔서 하늘로 가셨지만 때가 되면 그분은 공중에 오셔서 우리를 데려가실 것이고, 7년 대환란의 말미에는 다시 지상으로 재림하셔서 이 지구에 에덴동산을 회복함과 동시에 친구들인 우리와 함께 천년을 통치하실 것이다. 『마음의 순결함을 사랑하는 자는 은혜가 그의 입술에 있어, 왕이 그의 친구가 되리라.』(잠 22:11) 여기서 왕은 예수 그리스도이시다. 솔로몬은 지금부터 3천여 년 전 성령님의 계시로 잠언을 썼지만, 먼 훗날 마음이 순결한 성도들이 자신이 기록한 그대로 왕의 친구가 되어 영원을 함께할 줄을 알기는 알았을까?

우주의 위대하신 왕의 친구가 되는 방법은 길이요 진리요 생명이신 분을 구주로 영접하는 단 한 길뿐이다. 이 일을 알았다면 촌각도 머뭇거려선 안 된다. 주님께서는 진작 우리들을 향해 『너희 생명이 무엇이냐? 잠깐 보이다가 사라지는 안개니라.』(약 4:14)고 말씀하셨기 때문이다.

찬송시 20

갈보리 십자가에 달리시기 전

요 17:3

1
갈보리 십자가에 달리시기 전
주님은 아버지께 기도하셨네
아버지와 아들을 아는 그 일이
세상에서 제일 귀한 영생이라고

<후렴>
참 하나님 참 소망 영원한 생명
주 예수 그리스도 오 나의 구주

2
갈보리 십자가에 달리시기 전
주님은 아버지께 간구하셨네
아들에게 속하는 모든 이들을
아버지의 이름으로 지켜 달라고

3
갈보리 십자가에 달리시기 전
주님은 아버지께 부탁하셨네
그 진리 듣고 믿은 우리까지도
아버지의 이름으로 지켜 달라고

지상에서 가장 오랜 책

세상에서 제일 오래된 책은 성경이다. 흔히 불교의 경전들이나 유교의 사서삼경이 제일 오래된 책인 줄로 알고 있는 사람들이 적지 않지만, 불경이나 사서삼경이라고 해야 2500년 이상 거슬러 오르기가 어려울 것이다. 고타마 싯다르타의 생몰연대가 B.C. 563년~B.C. 483년이고, 공자의 생몰연대가 B.C. 551년~B.C. 479년이기 때문이다. 이에 비해 성경은 모세오경(창세기, 출애굽기, 레위기, 민수기, 신명기)만 해도 B.C. 1451년 이전에 모두 기록되었다. 가장 오래된 책인 욥기는 B.C. 1780년경에 기록되었으니, 불교나 유교의 경전들보다는 자그마치 1300년가량이나 앞선다.

가장 오래된 책에 걸맞게 모세의 첫 번째 책인 창세기에는 여러 가지 시작이 기록되어 있다. 하늘과 땅의 시작, 식물과 동물의 시작, 인류의 시작, 유대인의 시작 등이 그것이다. 그러나 다른 종교의 경전들에는 이런 시작이 기록되어 있지 않다. 만약 그들이 모든 것의 시작을 알고 있었다면 그런 점에 대해 침묵하지는 않았을 것이다. 그들은 그것에 대해 알지 못했기에 자신의 경전들에는 그것을 기록할 수가 없었다. 다만 그들은 그들의 경전에 모든 것의 시작 대신 자신들이 말할 수 있는 것, 곧 인간의 머리로 짜낼 수 있는 것만을 기록했을 뿐이다.

우리나라의 역사를 흔히 반만년 역사라 하고, 보다 정확하게는 올해가 단기 4352년이라고들 하는데, 이를 성경의 연대에 대입해 보면 노아 홍수(B.C. 2349)가 일어난 해보다 16년이 뒤진 무렵이다. 이에는 민족 역사의 유구함을 강조하려는 나머지 거품이 들어가도 한참 들어갔다고 볼 수 있다. 이때는 아직 노아의 세 아들 셈과 야펫과 함이 한 곳에 모여 살 때이고, 인류의 확산은 그보다 100년 정도 뒤인 B.C. 2247년경 바벨탑 사건 때 언어의 혼란과 더불어 일어났기 때문이다.

어느 정도 정확성이 담보되는 우리나라의 고대사는 삼국시대부터라고 하겠는데, 그 중 가장 빠른 신라의 건국이 B.C. 57년으로 지금부터 꼭 2076년 전이다. 그런데 신라의 건국신화인 박혁거세 탄생신화를 보면 황당무계한 난생설화로 되어 있다. 신약성경 가운데 하나인 사도행전이 기록된 것이 A.D. 65년임을 감안해 볼 때 그때로부터 불과 122년 전에 생성된 신화가 이처럼 비과학적이고

비합리적이라는 사실은 하나님을 아는 사람과 모르는 사람의 수준의 차이가 실로 엄청나다는 사실을 잘 보여준다. 『세상과 그 안에 있는 만물을 지으신 하나님은 하늘과 땅의 주시니 그분은 사람의 손으로 만든 성전들에는 계시지 아니하시며 또한 무슨 필요한 것이 있는 것처럼 사람의 손으로 섬김을 받아야 되는 것도 아니시니 이는 그분이 만민에게 생명과 호흡과 만물을 주심이라. 또 하나님께서는 인류의 모든 족속을 한 피로 만드시어 온 지면에 살게 하시고 미리 계획하신 시기와 그들이 거주하는 경계를 정하셨으니 이는 주를 찾게 하려 함이라. 사람들이 하나님을 감지하려 하면 만나리니 그분은 우리 각 사람에게서 멀리 떨어져 계시지 아니하도다.』(행 17:24-27) 보는 것처럼 이것은 황당하기 짝이 없는 난생설화에 비해 실로 인간과 세상에 대한 높은 수준의 지식이자 당당한 통찰이라 할 것이다.

시편은 총 150편으로 이루어져 있는데, 다윗이 가장 많은 시들을 지었다. 그 외에 모세, 솔로몬, 아삽, 에단 등이 저자로 되어 있는 것도 있고, 코라의 아들들을 위한 것들도 있으며, 작자 불명의 시편도 49편이나 된다. 따라서 시편은 그 저자에 따라 각기 다른 시대에 기록되었을 것은 자명하다. 예컨대 가장 오래된 모세의 시의 경우, 어셔의 연대표에 따르면 그의 죽음이 B.C. 1451년경이니 그의 나이 100세 때 지었다고 쳐도 지금부터 3447년 전의 시이다. 시편의 주 저자인 다윗만 해도 그의 죽음이 B.C. 1015년경이므로 그가 지은 시편들 역시 적어도 3031년 전의 작품들이다. 우리가 그냥 성경을 펼치면 바로 대할 수 작품들이기에 별생각 없이 읽곤 하지만, 연대 상으로 볼 때 참으로 까마득한 시절의 시들이 아닐 수 없다.

우리나라 고대시가 가운데 신라시대의 정형시인 향가(鄕歌)라는 것이 있다. 현재 총 14수의 노래가 《삼국유사》라는 책에 전하고 있는데, 이 가운데 향가 중에서는 명작으로 꼽히는 「제망매가」라는 시가 있다. 제목이 보여주는 그대로 죽은 누이동생을 추모하는 노래다. 이 시는 향찰문자로 표기되어 전하고 있는데, 전반부를 양주동 해석으로 옮겨보면, "생사(生死) 길은/ 예 있으매 두려워하여/ 나는 간다 말도/ 못다 이르고 가는가.// 어느 가을 이른 바람에/ 이에 저에 떨어질 잎 같이/ 한 가지에 나고/ 가는 곳 모르는구나."로 되어 있다. 여기서 사람들이 칭송하는 부분은 2연이다. 이것을 보다 알기 쉽게 풀이해 보면, "어느 가을 일찍 부는 바람에/ 여기저기 떨어지는 나뭇잎같이/ 같은 부모에게서 태어나고도/ 죽어서 가는 곳은 알 수가 없구나." 정도가 된다. 보다시피 이 시의 사생관(死生觀)은 전형적인 세상 사람의 그것이다.

이쯤에서 모세의 시의 몇 대목을 보기로 하자. 『산들이 생기기 전, 주께서 땅과 세상을 조성하시기도 전, 곧 영원부터 영원까지 주는 하나님이시니이다.』(시 90:2) 죽도록 세월을 살고도 자신을 이 세상에 살게 하신 창조주를 알지도 못한 채 가는 사람들이 부지기수인데 이 얼마나 하나님의 영원하심에 대한 빼어난 진술인가. 『우리의 연수가 칠십이요, 강건하면 팔십이어도 그 연수의 힘은 수고와 슬픔이니, 그것이 곧 끊어지면 우리가 멀리 날아가나이다.』(시 90;10) 나이 80을 넘긴 사람도 이웃이나 친구들이 죽는 것을 보면서도 자신만은 영원히 살 것처럼 죽음에 대해 무감각한 사람들이 대부분인데, 이것은 또 얼마나 덧없는 생에 대한 솔직한 토로인가. 『그러므로 우리에게 우리의 날들을 세도록 가르치시어 우리의 마음이 지혜에 이르게 하소서.』(시 90:12) 풀이하면 하나님의 뜻을 행하거나 그분과 교제하면서 보내지 않은 시간은 계수되지 않는다는 사실을 깨닫게 하시어 지혜에 이르게 해 달라는 것은 또한 얼마나 겸허의 극치를 다한 간구인가. 신라의 제망매가가 동서남북도 모르고 칭얼거리는 어린애 같은 시라면, 모세의 시는 창조주와 자신의 근본을 알고 지혜를 갈망하는 장성한 사람의 시라 할 것이다.

가을이 깊을 대로 깊어 어느새 또 밤이 긴 계절이 우리를 찾아왔다. 사람은 누구나 어떻게 살았느냐에 따라 두 지점 중 하나의 도착점에 닿는다. 그대 아직도 자신의 도착점을 확인하지 못했는가? 아니면 그것은 그 누구도 알 수 없는 일이라고, 그곳에 가 보아야만 알게 될 일이라고 지레 단정하며 안심하고 있는가? 그렇다면 하루속히 이 지상에서 가장 오랜 책을 읽어 보라. 그리하여 그대 자신을 이 지상에 살게 하시고, 이제나저제나 하고 그대를 기다리고 계신 한 분을 서둘러 대면할 일이다. 그분의 입에서 '동작 그만!'이라는 최후의 준엄한 불호령이 떨어지기 전에.

찬송시 21

좋은 친구 있었네

요 15:13

1

나 아직 이 세상에 오기 전 먼먼 옛날
유대 땅 찾아오신 좋은 친구 있었네
인간의 낮고 천한 육신을 입으시고
태어나 구유에 누인 창조주가 있었네

2

나 아직 옛 조상의 허리에 있었을 때
날 먼저 사랑하신 좋은 친구 있었네
몸소 죄인이 되어 십자가에 달리사
그 귀한 보혈 흘려준 구속주가 있었네

3

나 처음 믿음으로 진리에 눈 떴던 날
내 안에 거하시는 좋은 친구 생겼네
어린애 같은 나를 때마다 깨우치며
나와 늘 동행하시는 위로자가 계시네

4

머잖아 저 공중에 나팔소리 들리는 날
나를 데리러 오실 좋은 친구 계시네
만왕의 왕이시며 만주의 주이신 분
영원히 함께 다스릴 통치자가 계시네

가장 위대한 친구

'친구'란 말은 성경 전체에서 100번에 걸쳐 검색되는 말인데, 그중 잠언이 19회로 가장 많다. 잠언의 구절 가운데는 『친구는 언제나 사랑해 주고, 형제는 역경을 위해 태어났느니라.』(잠 17:17)라는 말씀이 있고, 『여러 친구를 가진 사람은 친절하게 보여야 하나니, 형제보다 더 가까운 친구도 있느니라.』(잠 18:24)라는 말씀이 있는가 하면, 『마음의 순결함을 사랑하는 자는 은혜가 그의 입술에 있어, 왕이 그의 친구가 되리라.』(잠 22:11)는 말씀도 있다. 참된 형제는 어려운 때에 다른 형제를 돕도록 하나님께서 주신 사람이며, 육신의 형제가 없을 때에도 하나님께서는 곤경에 처했을 때 영적인 형제를 일으키신다.

다윗에게는 위기에 처한 그를 돕기 위해 요나단이 있었다. 다윗은 필리스티아의 골리앗을 돌과 물매로 이겨 그 목을 베어 돌아와 사울 왕의 환대를 받는다. 바로 이날부터 다윗과 요나단의 우정은 시작된다. 성경은 이 대목을 이렇게 기술한다. 『다윗이 사울에게 말하기를 마쳤을 때 요나단의 혼이 다윗의 혼과 굳게 결합되니, 요나단이 그를 자신의 혼과 같이 사랑하니라. …그때 요나단과 다윗이 언약을 맺었으니, 이는 요나단이 다윗을 자신의 혼과 같이 사랑함이더라.』(삼상 18:1,3)에서 보듯 다윗과 요나단의 우정은 출발부터가 남달랐다. 어느 날 사울 왕은 『사울이 죽인 자는 수천이요, 다윗이 죽인 자는 수만이라.』(삼상 18:3)고 여인들이 화답하는 말을 듣고 다윗을 자신의 왕국을 빼앗을 자로 지목한다. 그리하여 그날 이후 사울 왕은 여러 번 창을 던져 다윗을 벽에 박아 죽이려 하였으나 그때마다 실패를 하고 만다. 그러나 왕자인 요나단은 한결같이 자신의 아버지 앞에서 다윗을 변호하고, 음으로 양으로 보호하기를 마지않는다. 다윗이 사울 왕으로부터 떠나 들에 피신해 있을 때 요나단이 찾아와 만나는 장면은 두 사람의 우정이 어느 정도인가를 잘 보여준다. 『그 소년이 가자마자 다윗이 남쪽을 향한 자리에서 일어나 그의 얼굴을 땅에 대고 세 번 절한 후에, 그들이 서로 입맞추고 함께 울었으니, 다윗이 더욱 심하더라. 요나단이 다윗에게 말하기를 "평안히 가라. 우리 두 사람이 주의 이름으로 맹세하여 말한 바대로 주께서 나와 너 사이에, 또 내 씨와 네 씨 사이에 영원히 계시기를 원하노라." 하자, 다윗이 일어나 떠나고 요나단도 성읍으로 들어오더라.』(삼상 20:41,42)에서 보듯 요나단은 하나님께서 다윗을 돕기 위해 주신 사람이다. 사울 왕과 요나단이 필리스티아와의 전쟁에서 죽은 후 다윗은 그들을 애도하는 애가에서 『나의 형제 요나단이여, 내가 그대로 인하여 괴로워하노라. 그대는 내게 큰 기쁨이었으며 나에 대한 그대의 사랑은 놀라워서 여자들의 사랑을 초월하였도다.』(삼하 1:26)라고까지 술회하고 있음은 두 사람의 우정의 압권이라 하지 않을 수 없다.

나오미에게는 그의 노년을 돕기 위해 룻이라는 자매가 있었다. 재판관 시절 카나안 땅에 기근이 들었을 때 베들레헴유다의 엘리멜렉이 그의 아내 나오미와 두 아들을 데리고 모압 땅으로 이주했다. 거기서 엘리멜렉이 죽고, 그 땅에서 장가간 두 아들 말론과 킬리온도 차례로 죽어 나오미는 오르파와 룻이라는 두 이방인 며느리와 함께 남겨졌다. 이때 카나안 땅에 기근이 물러갔다는 소식이 들려 나오미는 두 며느리와 함께 귀향길에 올랐다. 그러나 나오미는 남편도 없이 자신을 따르는 두 며느리가 안쓰러워 그들에게 자신들의 동족에게로 돌아갈 것을 권유했다. 그러자 오르파는 쉽사리 제 동족에게로 돌아갔으나, 룻은 끝내 시어머니의 권유를 듣지 않았다. 오히려 『나로 어머니를 떠나라고 하거나, 어머니를 따르는 것에서 떠나 돌아가라고 강권하지 마소서. 어머니가 가시는 곳에 나도 가고 어머니가 유숙하시는 곳에 나도 유숙하리이다. 어머니의 백성이 내 백성이 되고 어머니의 하나님이 내 하나님이 되시리이다. 어머니께서 죽으시는 곳에서 나도 죽고 거기서 장사되리니, 죽음 외에 그 무엇이 어머니와 나를 떼어놓는다면 주께서 내게 벌을 내리시고 더 내리시기를 원하나이다.』(룻 1:16,17)라는 당찬 고백을 하기에 이르렀다. 이 고백은 성령께서 넣어주시지 않으면 도저히 인간 자신만으로는 할 수 없는 고백이었다. 하나님께서는 이 충직한 고백을 사랑하셨다. 그리하여 이 현숙한 이방의 여인으로 하여금 엘리멜렉의 친족 보아스의 아내가 되게 하시고, 오벳이라는 아이를 낳게 하시어 나오미의 품에서 자라게 하셨다. 이가 곧 다윗의 아비지인 이새의 아버지였다.

바울에게는 의사 누가와 아퀼라 프리스킬라 부부가 있었다. 누가는 누가복음과 사도행전을 기록한 사람으로 여러 해 동안 바울을 도운 의사였다. 바울은 고질병을 하나 가지고 있었다. 『지극히 위대한 계시들의 풍성함으로 인하여 내가 자고하지 않도록 육체에 한 `가시, 즉 사탄의 사자를 내게 주셨으니 그가 나를 쳐서 자고하지 못하게 하려 함이라.』(고후 12:7)는 말씀이 그 사실을 잘 말해준다. 바울이 가졌던 병이 무슨 병이었는지는 지금에 와서 자신 있게 말할 수 있는 사람은 없다. 그러나 하나 분명한 사실은 바울이 이 병 때문에 의사 누가의 도움을 거의 상시로 받아야 했다는 점이다. 아퀼라 프리스킬라 부부는 천막을 만들어 파는 사람들이었다. 바울은 이들과 함께 생업에 종사하면서 복음전파를 했다. 이 멋진 부부는 천막 만드는 일뿐만 아니라, 복음전파에도 바울의 훌륭한 조력자였다. 요한의 침례만 알고 있는 아폴로라는 유대인을 형제들에게 데려가서 하나님의 도를 알게 한 사람도 바로 그들 부부였다. 그 당시 동서양을 막론하고 여자들이 주로 음식을 맡아 요리했다고 본다면 십중팔구 프리스킬라는 많은 날 맛있는 요리로 병약한 사도 바울을 섬기기도 했을 것이다.

다윗을 끝까지 사랑했던 요나단, 일곱 아들보다 더 나은 나오미의 며느리 룻, 바울이 사랑하는 의사 누가와 아퀼라 프리스킬라 부부는 모두 성도들의 가장 위대한 친구의 모형이다. 그분은 우리를 위해 질고를 지셨고, 우리의 치유를 위해 채찍에 맞으셨으며, 우리의 죄악으로 인하여 상하셨다(사 53:4,5). 그분은 우리를 위해 모든 뼈가 어그러졌고, 심장은 밀초처럼 내장 가운데서 녹았으며, 몸의 기력이 질그릇 조각같이 마르도록 견디셨다(시 22:14,15). 그분은 우리 『불경건한 자』(롬 4:5)를 위하여 자신의 혼을 부어 죽음에까지 이르게 하셨다(사 53:12). 그러나 이 모든 희생은 그분의 연약함이나 무능함에서 비롯된 것이 아니었다. 그분은 기실 위대한 창조주이셨고, 구속주이셨으며, 멀지 않은 날 두려운 심판주로 오실 것이다. 그뿐이 아니다. 그분은 만왕의 왕 만주의 주로서 천년왕국과 영원세계를 그분 자신의 뜻대로 통치하실 것이다. 넓고 광대한 멸망의 길이 아닌 좁고 협소한 생명의 길을 가는 성도만이 그분을 친구로 모실 자격이 있다. 당신은 그 높고 크신 분을 친구로 소유했는가?

찬송시 22

빌라도 관정에서 채찍질 당하실 때

요일 2:2

1
빌라도 관정에서 채찍질 당하실 때
모두가 받아야 할 고난으로 여겼어도
우리의 죄로 인해 당하신 징계였네
온 세상 화평 위해 그 형벌 받으셨네

<후렴>
참 사람 참 하나님 유일하신 중보자
우리를 아버지와 화해하게 하신 주님

2
갈보리 십자가에 못 박혀 달리실 때
한 손은 셋째 하늘 하나님 손 붙드시고
다른 손 곧장 뻗어 우리 손 잡으셨네
마귀에 사로잡힌 우리 구해내셨네

3
심장이 몸속에서 밀초처럼 녹을 때
모든 뼈 어그러져 온몸이 쏟아져도
죽음의 모진 고통 끝까지 견디셨네
맡으신 구속 사역 온전히 이루셨네

영원의 주인이신 분께 구하라

악인들은 하나님의 존재를 알지 못한다. 따라서 자신들의 일거수일투족을 전능하신 분께서 보고 계시며, 가장 좋은 화질로 자신들의 전 생애를 실시간 녹화하고 계신 줄은 꿈에도 생각하지 못한다. 하나님께서는 무지한 악인들의 죄악을 결코 간과하시는 분은 아니시지만, 그렇다고 당장 어떤 죄과에 대해 응징을 가하시는 분도 아니다. 하나님의 이런 성품은 순전히 그분의 자비하심에 기인한다. 『하나님께서는 모든 사람이 구원을 받고 진리의 지식에 이르기를 원하시느니라.』(딤전 2:4) 이 말씀의 의미는 분명하다. 이러한 하나님의 뜻을 알지 못하는 악인들은 아무 거리낌 없이 죄를 짓고, 자신이 저지른 죄에 대하여 즉각적인 응보가 없음을 기화로 하나님은 없다고까지 큰소리치기 일쑤다. 그렇지만 그분께서는 악인들을 향해, 『주의 약속은 어떤 사람들이 더디다고 생각하는 것같이 더딘 것이 아니라 오직 우리에 대하여 오래 참으시어 아무도 멸망하지 않고 다 회개에 이르게 하려 하심이라』(벧후 3:9)고 보다 분명하고 자상하게 일러 주신다.

얼마 전 어느 지인의 집을 방문했는데, 주인이 거처하는 방에 모니터가 설치되어 있고, 집의 바깥 사면이 실시간 영상으로 실내로 중계되고 있는 것을 본 적이 있다. 특정한 시설물에서 유선TV를 사용하여 특정인만이 영상을 볼 수 있도록 한 TV로, 이른바 CCTV(closed circuit television)라고 불리는 장치였다. 요즘은 이 기기가 한껏 발달하여 대형 백화점이나 웬만한 마트의 매장에 설치되어 1초도 쉼 없이 상품 도난을 감시하고 있고, 특히 우범지역의 요소요소에 설치되어 범죄 예방이나 수사에 결정적인 역할을 해온 지 이미 오래다. 고속도로나 일반도로에서 과속이나 신호위반을 단속하는 카메라 역시 CCTV임은 두말할 나위가 없다. 눈여겨보면 도처에 CCTV들이 설치되어 있지만, 들리는 말에 의하면 아직도 설치할 곳은 많은데 예산이 턱없이 부족해 울상이라 한다. CCTV 설치 예산이 가파르게 상승곡선을 그리고 있는데도 불구하고 인간 범죄의 증가세를 따라잡기엔 역부족임을 드러내고 있는 것이다.

성경에는 이 지상의 상황이 하나님 계시는 셋째 하늘에 실시간 중계되고 있음을 보여주는 말씀들이 적지 않다. 예컨대 『내가 너희에게 말하노니, 이와 같이 죄인 하나가 회개하면 하나님의 천사들의 면전에 기쁨이 있느니라."고 하시니라.』(눅 15:10) 같은 말씀도 그중의 하나이다. 이 지상에서 구령자가 죄인 한 사람을 구령하여 이겨오면 그 순간 셋째 하늘 천사들의 얼굴에도 기쁜 빛이 나타난다는 것이다. 섬기는 영들인 천사들이 그렇다면 무소부재하시고 전지전능하신 하나님께서야 이 지상의 크고 작은 일들을 모르실 리가 더더욱 없는 것이다.

『또 내가 죽은 자들을 보니, 작은 자나 큰 자나 하나님 앞에 서 있는데, 책들이 펴져 있으며 또 다른 책도 펴져 있는데 그것은 생명의 책이라. 죽은 자들은 자기들의 행위에 따라 그 책들에 기록된 대로 심판을 받더라.』(계 20:12) 이 말씀은 천년왕국 뒤 최후의 큰 백보좌 심판에 대한 말씀으로 죽은 자들이 각각 자신들의 행위가 기록된 책들에 따라 심판을 받게 됨을 보여주고 있다. 그렇다면 대체 행위가 기록된 책들은 어떤 것일까? 필자로서는 그 책의 모습이나 재질은 알 길이 없지만, 그것은 적어도 오늘날 인간이 고안해낸 최고 화질의 비디오테이프보다 월등한 그 어떤 것이라고 생각한다. 평균 300억 개에 달한다는 인간 뇌세포의 복잡하고 불가사의한 회로를 창조하신 하나님께서 마련하신 장치가 설마하니 피조물인 인간이 만든 것보다 기록물의 용량이나 화질이 떨어질 리야 만무한 일 아니겠는가!

성경은 『경기장에서 달리는 사람들이 모두 달릴지라도 한 사람만이 상을 받는 것을 너희가 알지 못하느냐? 그러므로 너희도 상을 얻게 되도록 달리라.』(고전 9:24)라고 말씀한다. 여러 사람이 함께 출발하지만 결승 지점에서 테이프를 끊는 사람은 단 한 사람뿐이므로, 바로 그 한 사람처럼 되기 위하여 달리라는 말씀이다. 올림픽이나 세계육상선수권대회 같은 곳에서는 두 선수가 거의 동시에 결승점에 도달하는 경우도 흔히 있는 일이다. 이런 경우에는 비디오 판독까지 하는 것이 상례다. 그리고 그것은 몇 십 분의 일초까지 판독이 가능하므로 정확히 등수가 가려지게 마련이다. 성도에게 있어 경기장은 세상이고, 날마다의 삶이 경주의 과정이다. 전 지구의 방방곡곡이 경기장이므로 모든 천사들이 경기진행요원이 될 수밖에 없고, 심판위원장은 전지전능 무소부재의 하나님만이 가능할 것이다. 공평무사하며 누구도 이의를 제기할 수 없는 완벽한 채점 기준에 따라 채점표에 점수가 기록될 것이다. 마침내 그리스도의 심판석에서 천사장의 심사 발표와 함께 장엄한 팡파르 속에 심판위원장으로부터 면류관이 주어질 것이다.

하나님께서는 영원에 거하시는 높고 우뚝 솟은 분으로 바로 영원의 주인이시다(사 57:15). 현재 영원은 지구에서 진북 방향으로 약 3조 광년이나 떨어진 둘째 하늘과 셋째 하늘의 경계인 깊음의 바깥쪽, 곧 표면이 절대영도(-273.16도)로 얼어 있는 유리 바다(계 4:6, 15:2) 위 셋째 하늘에만 있다. 온도가 절대영도가 되면 모든 분자활동과 시간이 정지된 영원이 된다는 것은 피터 럭크만 박사가 욥기 주석서에 밝혀놓은 놀라운 계시다. 천년왕국을 지나 영원세계가 도래하면 셋째 하늘에만 있던 영원은 하나님의 뜻에 따라 전 우주로 확산되고, 성도들은 하나님의 아들들로서 그 영원의 수혜자요 주인이 될 것이다.

영생은 영원세계에서 영원히 삶을 누리는 일이다. 『이 영생의 소망은 거짓말하실 수 없는 하나님께서 세상이 시작되기 이전에 약속하셨다가 때가 되어 그의 말씀을 복음 전파를 통해 나타내셨는데, 이 일은 우리 구주 하나님의 명령에 따라 내게 맡겨진 것이라.』(딛 1:2,3) 여기에 나오는 영생의 약속은 세상이 시작되기 이전에 예수 그리스도께 주어진 것이었다. 『그가 주께 생명을 구하므로 주께서 그에게 주셨으니 곧 영원무궁토록 긴 날들이니이다.』(시 21:4) 바로 이 말씀이 디도서의 말씀을 잘 뒷받침해 준다. 영생은 영원의 주인에게서만이 얻을 수 있는 보화다. 그래서 주님께서는 『영생은 이것이니, 곧 사람들이 유일하시고 참 하나님이신 아버지와 아버지께서 보내신 예수 그리스도를 아는 것이옵니다.』(요 17:3)라고 단언하신다. 아버지 하나님과 죽음에서 부활하신 그분만이 영생을 소유하고 계시기 때문이다.

당신은 아직도 영생 같은 것은 없다고 지레 단정하고 어리석게도 멸망을 향해 가고 있는가? 영원한 생명은 영원의 주인이신 분께 구함으로써만 얻을 수 있다. 『오직 그분만이 불멸하시며』(딤전 6:16)라는 말씀은 하나님만이 영원의 주인이심을 너무도 잘 보여주고 있다. 다른 이에게는 구원이 있을 수 없다(행 4:12). 더 늦기 전에 영원의 주인이신 분께 영생을 구하라.

찬송시 23

먼 북녘 우주 끝에

히 9:24

1
먼 북녘 우주 끝에 놓여 있는 물 무더기
이 세상 사람들은 누구 하나 못 보아도
진리의 말씀들이 곳곳에서 증거하네
아득한 성운 그 너머 자리 잡은 큰 바다

2
표면이 얼어 있는 수정 같은 유리 바다
위대한 왕의 도성 시온 산이 거기라네
드높은 보좌 주위 네 짐승이 둘러서고
성삼위 일체 하나님 영광 중에 계시네

3
모세의 성막보다 더 온전한 하늘 성소
마귀와 죄인들은 얼씬할 수 없는 그곳
갈보리 보배 피로 그 큰 휘장 다 물들여
주 예수 우리를 위해 생명 길이 되셨네

4
이제 곧 우리 주님 공중 재림 하시는 날
죽은 자 산 자들의 이름들을 부르시면
홀연히 변화된 몸 셋째 하늘 이르겠네
주 친히 문이 되신 곳 열고 들어가겠네

바른 성경만이 바른 지도책이다

필자가 킹제임스신학교에 입학한 후 받은 가장 놀라운 충격은 우주와 그 바깥까지를 아우르는 정확한 성경 지식을 접한 일이었다. 그때의 나이가 무려 쉰아홉이었는데, 수명이 짧았더라면 진리를 접하지도 못한 채 이 세상을 떠나 지옥에 가 있을 수도 있었겠다는 생각을 하며, 나도 몰래 몸서리를 친 적이 있다. 그때까지 신앙에 대해 가졌던 생각은, 신앙이란 그저 이치를 따지지 말고 무조건 믿는 것이라는 인식 정도가 고작이었다. 그렇게 맹탕인 상태에서 럭크만 창세기 주석서를 통해 성경의 완벽한 우주관을 배우게 되자, 비로소 바른 신앙이란 바른 우주관을 동반하지 않고는 사상누각(砂上樓閣)에 불과하다는 사실을 깨닫게 되었던 것이다.

깊음(deep)은 성경대로 믿는 사람들이 주지하고 있다시피 우주의 중요한 구성 요소 가운데 하나로 두 번에 걸친 대 심판의 절대적 도구였다. 첫 번째 심판은 창세기 1장 2절에서 있었고, 두 번째 심판은 창세기 6-8장에 걸쳐 있었는데, 깊음이 두 심판의 도구였음을 증명이라도 하듯 두 곳에 공히 깊음이 등장하고 있음을 볼 수 있다. 『땅은 형체가 없고 공허하며, 어두움이 깊음의 표면에 있으며, 하나님의 영은 물들의 표면에서 거니시더라.』(창 1:2)에서 보듯, 깊음은 첫 번째 심판에서 땅이 형체가 없고 공허하게 된 원인이 되고 있으며, 깊음의 정체가 다름 아닌 "물들"임을 잘 보여준다. 두 번째 심판인 노아의 홍수에서도 『노아의 생이 육백 세 되던 해 둘째 달, 그달 십칠일, 그 날에 모든 큰 깊음의 샘들이 터지고 하늘의 창들이 열렸으니』(창 7:11)라는 홍수의 시작이나, 『깊음의 샘들과 하늘의 창들도 닫히고, 하늘에서 내리던 비도 그치니』(창 8:2)라는 홍수의 끝에서도 깊음은 어김없이 등장하고 있음을 볼 수 있다.

창세기 1장 1절의 최초의 창조와 1장 2절의 첫 번째 심판이 워낙 간단히 기술됨으로 말미암아 최초 심판의 도구가 된 깊음의 원래 위치는 절대 진리인 말씀이 침묵하는 한 한정된 인간의 추리로는 알 길이 없다. 그러나 두 번째 심판인 노아의 홍수에서는 깊음의 원래 위치를 알기에 그리 어렵지 않다. 웬만큼 성경을 읽어본 사람들은 최초 심판의 도구였던 깊음이 창세기 1장 6,7절에서 우주를 담는 용기(容器)가 되었음을 알고 있다. 즉 우주의 어느 방향으로 가든 그 가장자리에는 물들이 있는 것이다. 노아의 홍수에서는 바로 이 물들이 높은 산들이 남김없이 묻힐 만큼 지구로 건너와 홍수를 일으켰음은 의심의 여지가 없다.

그런데 피터 럭크만 이외의 대다수 성경 주석가들은 이 깊음에 대해 무지함으로 말미암아 두 번의 홍수 가운데 노아의 홍수만 인정하고, 바닷물과 지하수와 대기권의 수증기가 그 홍수를 일으켰다고 강변한다. 나아가 그러한 주장은 대개 변개된 성경을 사용하는 무리들에게 설득력 있게 받아들여지고 있다. 한 예로 2000년 무렵 기독교 출판문화상을 수상한 바 있는 그랜드종합주석 1권을 보면, 『창공 위에 있는 물들』(창 1:7), 곧 깊음을 두고 "대기권 속에 떠 있는 수분, 즉 구름이나 수증기 등을 가리킨다."고 정의하고 있다. 그리고 그 뒤에 이어 "대기권 중의 수분을 굳이 '궁창 위의 물'이라고까지 표현할 정도로 원시의 대기는 수분이 많았거나 오존층과 같은 일종의 수분층이 있어서 태양을 효율적으로 차단하여 지구 전체를 매우 살기 좋은 아열대 기후로 만들어 주었음을 암시하고 있다."라고 그럴듯하게 사족까지 달고 있다.

그러나 이 주석은 엄청난 자가당착(自家撞着)이다. 창세기 1장 14절을 보면, 『낮을 밤에서 나누기 위하여 하늘의 창공에 광명들이 있으라.』고 말씀하시는데, 그들의 주석은 "궁창 위의 물"이 "구름이나 수증기 등"이라고 했으니, 그 주장대로라면 지구와 대기권의 구름 사이에 해달별이 떠 있다는 말이 된다. 이 얼마나 무지하고 어처구니없는 주석이란 말인가.

바른 성경은 성경이 성경을 해석해 준다. 손목시계를 열어보면 크고 작은 수많은 톱니바퀴들이 서로 맞물려서 돌아가고 있음을 볼 수 있다. 그런데 알 것은 하나님의 영감으로 주어진 성경(딤후 3:16)은 그 어떤 시계보다도 훨씬 더 정교하게 구절들이 맞물려 짜여 있다는 사실이다. 예컨대 깊음과 유리 바다는 동일한 대상이지만 안과 밖의 차이에 따라 각기 다른 이름으로 불린다. 우주(둘째 하늘)가 깊음(물들)이라는 큰 용기 속에 담겨 있음을 창세기 1장 6,7절을 통해 이미 확인했거니와, 둘째 하늘과 셋째 하늘이 깊음을 경계로 해서 나뉘고 있음은 『그가 그 물들을 경계로 두르시니 낮과 밤이 끝나는 곳까지라.』(욥 26:10)는 말씀에서도 다시 확인이 된다. 그런데 이 깊음을 셋째 하늘 쪽에서는 『수정과 같은 유리바다』(계 4:6)라고 묘사한다. 왜인가? 그 이유가 욥기에 기록되어 있다. 『물이 돌로 된 것처럼 감추어졌고 깊음의 표면은 얼어 있도다.』(욥 38:30)에서 보다시피 그 어떤 금속보다도 더 단단히, 또 투명하게 표면(깊음의 바깥쪽)이 절대온도로 얼어 있기에 유리 바다라고 부르는 것이다. 바로 이 수정과 같은 유리 바다 위에 하나님의 보좌와 네 짐승(그룹)이 있다(계 4:6). 그렇다면 깊음의 안쪽(둘째 하늘 쪽)은 어떤 상태인가? 그곳은 물이 그냥 얼지 않은 상태로 있다. 그리고 『그는 깊음을 솥같이 끓이며 그는 바다를 향기름 솥같이 만드는도다.』(욥 41:31)라는 말씀에서 보듯 그 얼지 않은 물속을 꼬부라진 뱀 리비아단(마귀)이 격렬하게 헤엄을 치고 있는 것이다.

가령 이 일련의 깊음에 대한 조명에서 한 구절이 변개되면 어떻게 되겠는가? 그 결과는 끔찍하게도 성경이 성경을 해석해 주는 일은 불가능해지고 만다. 한 예를 들어보자. 욥기 38장 30절의 경우 개역성경은 "물이 돌같이 굳어지고 해면이 어느니라."라고 변개되어 있고, '바다의 수면을 가리키는 것이 아니라 갈릴리 호수와 같이 많은 수량을 가진 호수나 강의 수면을 가리키는 표현'이라고 엉터리 주석(그랜드종합주석)을 붙여놓고 있다. 이 구절은 바른 성경인 한글킹제임스성경에서 깊음의 바깥(셋째 하늘 쪽)이 "유리바다"라고 불리는 까닭을 밝혀주는 대목인데, 그 명쾌한 맥락이 보는 것처럼 완전히 끊겨 먹통이 되어버린다. 한 곳만 변개되어도 의미의 단절이 이처럼 심각한데, 개역성경은 신약만 해도 2,200여 군데가 틀리고 구약까지 합하면 36,000여 군데나 틀려 있으니, 그 폐해는 상상을 불허한다 할 것이다.

가짜 성경으로는 설사 그것을 통째로 외운다 해도 진리의 지식(딤전 2:4)에는 이를 수 없다. 하늘낙원으로 인도하는 바른 지도책은 오직 바른 성경뿐이다. 가짜로 판명되었는데도 오래 정이 들었다는 핑계로 결별을 주저한다면, 그이야말로 어찌 어리석은 사람이 아니겠는가!

찬송시 24

태초에 하늘과 땅 지으신 주 하나님

히 1:2

1
태초에 하늘과 땅 지으신 주 하나님
사람을 만물 중에 으뜸으로 창조하사
다산하고 번성하며 땅을 다시 채우고
정복하라 다스리라 친히 복을 주셨네

2
태초에 영광 중에 계셨던 주 하나님
불순종 죄를 짓고 멸망하는 사람 위해
하늘 영광 다 버리고 낮고 천한 몸 입어
보배 피 흘려주셨네 구속주가 되셨네

3
참되고 유일하신 아버지 주 하나님
그 아들 천지만물 상속자로 세우셨네
만왕의 왕 만주의 주 영광 중에 오실 때
면류관 벗어드리리 주께 경배 드리리

창조주를 찾아 그분을 섬기라

하나님께서는 우상에 관한 한 언제나 단호하시다. 『너희는 우상들에게로 돌이키지 말고 신상들도 부어 만들지 말라. 나는 주 너희 하나님이라.』(레 19:4) 『너희는 스스로 주의하여 주께서 너희와 맺으신 주 너희 하나님의 언약을 잊지 말고, 주 너의 하나님께서 네게 금지시키신 새긴 형상이나 어떤 것의 모습도 만들지 말지니라.』(신 4:23) 보는 것처럼 성경 그 어디를 보아도 우상에 관해서는 늘 강경일변도이심을 볼 수 있다. 아울러 우상숭배의 결과에 대해서도 하나님께서는 역시 사정을 두지 않으신다. 『네가 자식을 낳고 자식의 자식을 낳고 너희가 그 땅에서 오래 살다가 스스로 부패하여 새긴 우상이나 어떤 것의 모습을 만들어서 주 너의 하나님의 목전에 악을 행하여 주의 분노를 일으키면, 내가 오늘 하늘과 땅을 불러 너희에게 증거를 삼노니, 너희가 요단을 건너가서 소유할 그 땅에서……너희의 날이 길지 못하고 완전히 멸망하게 될 것이니라.』(신 4:25,26) 이렇듯이 선지자를 통해 기록한 말씀이 엄중하기 이를 데 없는데도 북왕국 이스라엘과 남왕국 유다는 기회 있을 때마다 우상 섬기기를 계속하다가 각각 앗시리아와 바빌론의 침공을 받아 나라가 망했을 뿐만 아니라, 민족 전체가 먼 이방으로 사로잡혀가는 비운을 당하고 말았다.

그렇다면 지키라고 자기 백성에게 주신 하나님의 말씀이 이렇듯 분명한데도 그들은 왜 하나님을 버리고 우상을 섬기다가 멸망을 자초했을까? 답은 의외로 간단하다. 에덴동산에서 불순종으로 아담의 영이 죽은 이후 모든 인류는 한 사람도 예외 없이 영이 죽은 채로 태어났는데 그 결과는 참담했다. 매 시대 선민의 역사가 배교로 끝난 사실이 그 점을 잘 말해준다. 이를테면 홍해를 마른 발로 건넌 이스라엘이 큰 기적을 몸소 겪은 지 얼마 되지 않았음에도 불구하고 르피딤에서 지도자 모세를 대항하며 불평한 일이라든지, 산에 오른 모세가 쉬 내려오지 않자 그 새를 못 참고 하나님께서 가장 싫어하시는 우상 금송아지를 만들었다든지 하는 일들이 그렇다. 성경은 그 까닭을 『이는 하나님을 알되 하나님께 합당한 영광을 돌리지 아니하고 감사치도 아니하며 도리어 그들의 상상들이 허망하여지고 그들의 어리석은 마음이 어두워졌기 때문』(롬 1:21)이라고 진단한다.

우상에 대한 성경의 정의는 너무도 적나라하다.『그들의 우상들은 은과 금이며 사람의 수공물이라. 그것들은 입이 있어도 말하지 못하며 눈이 있어도 보지 못하고 귀가 있어도 듣지 못하며 코가 있어도 냄새 맡지 못하고 손이 있어도 만지지 못하며 발이 있어도 걷지 못하고 목구멍을 통하여 말하지도 못하는도다. 그것들을 만드는 자들은 그것들과 같으며 그것들을 신뢰하는 모든 자들도 그러하도다.』(시 115:4-8) 이 얼마나 명쾌한 진술인가. 세상 사람들 가운데는 우상을 향해 절하고 합장을 하면서도 그 일이 스스로를 욕되게 하고 자신들의 창조주 하나님을 우롱하는 처사임을 알지 못하는 이들이 절대다수다. 그럼에도 불구하고 하나님께서는 우리 그리스도인들에게 우상이 헛것임을 알아볼 수 있는 안목을 주셨으니 실로 얼마나 다행하고 감사한 일인가!

그런데 명심할 일은 우상이란 존재가 금과 은으로 만든 수공물에 국한되지 않고 훨씬 그 범위가 광범위하다는 점이다. 심지어 성경은 형체가 없는 탐심까지도 우상숭배라고 단정하신다.

집 근처 산비탈에 몇 기의 무덤들이 있다. 그중에는 여러 해가 지나도 후손이 얼씬도 하지 않는 묵뫼가 있는가 하면, 한 달이 멀다하고 자식들이 찾아와 음식을 차려놓고 절을 한 다음 둘러앉아 담소를 나누며 나누어 먹는 무덤도 있다. 이 경우 크게 보아 조상숭배라 하겠으나, 비록 금과 은으로 만든 수공물은 아니더라도 선조의 뼈가 묻힌 무덤이 톡톡히 우상의 역할을 하고 있음을 알 수 있다.

조상숭배와는 성격을 달리하여 자연물이 숭배의 대상이 되어 있는 경우도 적지 않다. 마을 근처 산기슭에 주민들이 요긴하게 이용하는 약수터가 있다. 그런데 물을 받으러 가면 둘레에 누군가가 밝혀놓고 간 촛불이 타고 있을 때가 많다. 때로는 약수터 아래 공터에 고급 승용차를 주차해 놓고 푸닥거리를 하거나 치성을 드리는 사람들을 만날 때도 있다. 하루는 음식을 차려놓고 절하는 사람에게 무얼 섬기느냐고 물어보니 그는 서슴없이 "용왕 할머니"를 섬긴다고 했다. 어떤 때는 진흙으로 만든 용이 음식물과 함께 놓여 있을 때도 있었다. 약수터라는 자연물이 용이 사는 곳으로 인식되면서 톡톡히 우상의 역할을 하고 있는 것이다.

무덤이나 자연물이 아닌, 살아 있는 사람이 직접 우상 노릇을 하는 경우도 많다. 티베트에서 인도로 망명한 달라이 라마나 투르크메니스탄의 종신 대통령이었던 니아조프 같은 사람이 이에 해당한다. 그러나 세계에 유래가 없는 인간 우상은 한반도 북쪽을 차지하고 3대째 2,400만 인민의 추앙을 받는 김일성 왕조가 단연 챔피언급이다. 어느 날 우연히 인터넷에서 인민배우 전혜영이 부르는 "조선의 꽃봉오리"란 노래를 들은 적이 있다. 가사의 한 부분이 이랬다. "봄바람 불어와 날 피워 줄까/ 꿀벌 나비 날아와 날 피워 줄까/ 아니에요 아니 원수님 사랑/ 나를 방긋방긋 피워 주어요" 이 정도면 가히 광신적인 우상화라 할 만하다. 등소평이 생전에 북한을 방문하여 '개인숭배가 지나치다.'는 말을 했다지만, '원수님 사랑이 나를 방긋방긋 피워준다'는 거짓 찬사야말로 실로 소름끼치는 사람 숭배가 아닐 수 없다. 이 외에 우리 사회에도 인기 있는 예술가나 배우나 가수 가운데는 잡다한 인간 우상들이 어느 시대나 있어왔다.

끝으로 사람 스스로가 자신의 우상이 되어 있는 경우다. 얼마 전 먼 친척 벌의 노부부를 찾아가 구령을 시도한 적이 있었다. 그들은 소위 법 없이도 살 만한 사람으로 일컬어지는 분들이었는데, 두 분 다 귀가 먹어 의사전달이 용이하지 않았다. 부득불 큰 목소리로 10여 분간이나 소리를 지를 수밖에 없었는데, 돌아온 할아버지의 대답이 뜻밖이었다. 자신은 팔십 평생 양심을 지켜 살아왔으며, 악한 짓이라곤 한 번도 한 적이 없으므로 굳이 절대자를 믿을 필요를 느끼지 않는다는 것이었다. 성경은 진작부터 의인은 한 사람도 없다(롬 3:10)고 선언하고 있건만 그는 이쪽의 어떤 말에도 자신의 걸레 같은 의의 누더기를 벗어던지려 하지 않았다.

『민족들의 모든 신들은 우상이나 주께서는 하늘들을 지으셨음이로다.』(시 96:5) 참으로 후련하고 통쾌한 진리의 말씀이다. 우주 공간에 1천억 개의 은하와 각 은하마다 1천억 개씩의 별들이 있다 하더라도, 하늘들을 지으신 주께서 설마하니 우상숭배자들에게 불못 외에도 별 몇 개씩 더 나누어 주어 저승과 극락과 연옥, 혹은 미녀가 배꼽춤을 출 장소를 제공하시겠는가. 사람들이여, 아직 세상에서 살아 숨 쉴 때 참 하나님이신 창조주를 찾아 그분을 섬기라. 영생의 길이 바로 거기에 있다.

찬송시 25

이 세상 책 가운데

시 119:18

1
이 세상 책 가운데 단 하나 바른 말씀
오늘도 무릎 꿇고 마음으로 받습니다
안개와 흑암으로 가린 두 눈 밝히시어
주의 법 경이로움을 나로 보게 하소서

2
내 손에 들려주신 순수한 주의 말씀
한 구절 또 한 구절 가슴속에 새깁니다
영원한 생명으로 솟아나는 말씀의 물
내 영혼 메마른 땅을 흠뻑 적셔 주소서

3
빛이요 등불이신 의로운 주의 말씀
필요한 음식보다 내게 더욱 귀합니다
눈 뜨는 아침에도 잠시 틈이 날 때에도
마음에 새긴 말씀들 늘 뇌이게 하소서

4
영원히 저 하늘에 세워진 주의 말씀
저 등대 불빛처럼 항상 나를 이끕니다
잔잔한 호수든지 물결치는 바다든지
진리의 그 말씀 따라 저어가게 하소서

하나님께서 쓰시고 보존하신 성경

수년 전 성경대로 믿는 사람이 되고 난 후 시인으로 꽤나 유명한 개신교회 장로 한 분과 교제를 나눈 적이 있다. 무슨 이야기 끝에 자연스레 성경에 대한 이야기가 나왔다. 문득 그의 믿음이 궁금하여, 우리 성경대로 믿는 사람들은 성경 앞표지에서 뒤표지까지 이 우주를 창조하신 하나님의 말씀으로 믿는다고 밝히며, 넌지시 그의 성경에 대한 의견을 물어보았다. 그러자 그는 뜻밖에도 얼굴 표정 하나 바꾸지 않고 문학가다운 자신의 의견을 피력했다.

그의 주장은 이랬다. 아브라함, 이삭, 야곱의 삼대는 허구로, 결코 할아버지, 아버지, 손자의 관계가 아니라는 것이었다. 그 순간 필자는 속으로 장로라는 교회에서의 그의 위치를 생각하며 놀라움을 금치 못했다. 그러나 내색하지 않고, 그렇다면 그들 상호 간의 관계는 무엇이냐고 물어보았다. 그러자 그는, 아브라함, 이삭, 야곱은 각각 다른 지역에 살던 전설 속의 사람들인데, 창세기의 저자가 삼대인 것처럼 짜 맞추어 그럴듯하게 기록했다는 주장이었다. 환언하면, 고대에 아브라함 설화, 이삭 설화, 야곱 설화가 각기 다른 지역에 독립적으로 존재했던 것을, 기록자가 일관성 있는 픽션으로 집대성한 것이라는 이야기였다.

만약 창세기에 등장하는 아브라함, 이삭, 야곱의 생애가 그의 말처럼 모두 허구라면 첫머리에 기록되어 있는 창조기사도 허구일 것은 불문가지다. 또한 창세기가 전부 그렇게 허구라면 모든 성경이 허구가 될 수밖에 없고, 하나님의 존재나 예수 그리스도의 성육신도 모두 허구일 터이니, 그 결론은 결국 무신론에 귀착되고 만다.

성경에 대한 믿음은 크게 세 가지로 대별된다. 성경을 처음부터 끝까지 하나님의 말씀이라고 믿는 믿음, 성경에는 하나님의 말씀도 포함되어 있다는 믿음, 성경은 여타 신화나 전설에 지나지 않는다는 믿음이 그것이다. 이 가운데서 보면 전술한 개신교 장로의 믿음은 세 번째의 것으로 세상의 무신론자들에겐 가장 고상하고 세련된 것에 해당한다. 그러나 성경대로 믿는 사람들의 안목으로 볼 때 그 믿음은 가장 유치하고 저급한 믿음에 다름 아니다.

하나님께서 인간에게 주신 선물들 가운데 주 예수 그리스도와 성령님을 제외하고 가장 위대한 선물은 성경이다. 19세기 초 영국의 시인이자 소설가인 월터 스콧트(Walter Scott) 경은 수많은 장서를 소유한 사람이었지만, "세상에는 딱 한 가지 유일한 책이 있는데 그것은 성경이다."라고 했고, 남북전쟁 당시의 리(Robert E. Lee) 장군은 "바로 이것만이 참다운 책이다. 성경 같은 책은 없다."라고 했으며, 프랭크린(Benjamin Franklin), 제퍼슨(Thomas Jefferson) 등도 "성경은 이 세상 그 어떤 책과도 다른, 진정한 책이다."라고 증언했다. 그러나 우리나라 사람들 가운데는 성경에 대한 인식이 확고한 사람은 성경대로 믿는 사람들을 제외하고는 좀처럼 찾아보기 힘들다. 그것은 우리나라에는 처음부터 변개(變改)된 성경과 사회복음으로 기독교가 시작된 데 원인이 있다. 바른 성경이 없다 보니 시작부터 누룩(거짓교리)이 확산되었고, 애초부터 변개된 싱경을 저본으로 삼았기에 삭제된 부분에 "(없음)"이라는 말이 나와 있어도 그것을 그리 심각한 문제로 생각지 않았다. 예컨대 시편 12편 7절은 하나님께서 말씀보존을 천명하신 대표적 구절이다. 『오 주여, 주께서 이 말씀들을 간수하시리니 주께서 이 세대로부터 영원토록 그것들을 보존하시리이다.』 이 구절이 개역성경에는 "여호와여 저희를 지키사 이 세대로부터 영영토록 보존하시리이다"로 되어 있다. 즉 말씀을 "저희"라는 대명사로 변개시켜 그것이 무엇인 줄 알 수 없게 만들어 버린 것이다. 따라서 삭제된 부분에 이르러 "(없음)"이라는 표시를 보아도 오랜 세월 전해지다 보면 두루마리의 한 귀퉁이가 닳아 몇몇 구절 정도는 없어지기도 할 것이라는 인간적 추측에 머물러 사태의 심각성을 인식조차 못하게 되고 말았다.

그래서인가, 개신교회 교인들 가운데 성경말씀을 그리스도와 성령 다음으로 중요하게 생각하는 사람은 거의 없다. 사람들은 곧잘 기도 첫머리에 "주님의 거룩하신 이름을 찬양합니다."라는 헌사를 사용하기를 주저하지 않는다. 찬송가에도 "놀라운 그 이름 내 주 예수", "그 귀한 이름 예수", "주 예수 이름 귀하다" 등의 찬송가들이 있으며, 찰스 웨슬리가 작사한 찬송가에도 "내 주의 크신 이름이 날 위로하시고"라는 구절이 들어 있다. 이처럼 성도들이 주님의 크신 이름을 높이고 찬양하는 것은 너무도 당연한 일이다. 그러나 개신교 교인들 가운데 시편 138편 2절의 『이는 주께서 주의 말씀을 주의 모든 이름 위에 크게 하셨음이니이다.』라는 말씀을 기억하는 사람은 드물다. 이 부분은 개역성경에도 "이는 주께서 주의 말씀을 주의 모든 이름 위에 높게 하셨음이라"고 되어 있어 의미가 거의 온전히 보존되어 있음에도 불구하고 그들은 말씀의 비중을 전혀 깨닫지 못한다. 결국 시편 12편 7절의 치명적 훼손은 그 성경을 사용하는 1,000만 명을 고스란히 눈뜬장님으로 만들고 있는 것이다.

주님께서는 하늘과 땅을 말씀으로 창조하신 분이다. 우리가 사는 지구가 허공에 떠 있는 우주는 우리의 상상 이상으로 크고 광대하다. 그곳에는 1천억 개의 은하가 떠 있고, 각각의 은하는 1천억 개씩의 별들을 거느리고 있다. 따라서 우주 가운데 반짝이는 별들의 총합은 자그마치 1천억×1천억으로, 10에 0이 21개나 더 붙는 숫자이다. 그런데 시편 147편 4절은 놀랍게도 『그가 별들의 수를 헤아리시고 그들을 모두 그들의 이름으로 부르시는도다.』라고 말씀하신다. 그 무수한 별들을 낱낱이 제 이름으로 부르시는 분이 바로 하나님이신 것이다. 이런 분께서 다했자 66권의 말씀, 총1,189장, 총 31,102절, 총 788,258 단어(영어킹제임스성경 기준)의 성경을 보존하지 못하시겠는가!

오리겐 이후 수많은 성경 변개자들은 기회가 있을 때마다 하나님의 말씀을 삭제하고 변개하고 그 말씀에 첨가하기를 서슴지 않았다. 그러나 피조물인 인간이 하나님의 말씀을 궁극적으로 없애거나 거기에 변형을 가할 수 있는가? 변개된 성경들을 보면 일견 그 일이 가능한 것처럼 보인다. 그러나 단도직입적으로 말해 그것은 절대로 불가능하다. 하나님께서는 자신의 말씀을 영원히 하늘에 세워두셨기 때문이다(시 119:89). 뿐만 아니라, 그분께서는 수천의 필사본들을 통해 이 지상에도 그분의 말씀을 보존해 두셨다. 그리하여 1611년 킹제임스성경을 세계인의 성경으로 주시고, 우리 민족에게도 1994년에 한글킹제임스성경을 최종권위로 주셨다.

이제 한국의 기독교인들은 너나없이 각성해야 한다. 삼세번에 걸쳐 『하늘과 땅은 없어져도 내 말들은 결코 없어지지 아니하리라.』(마 24:35, 막 13:35, 눅 21:33)고 강조하신 말씀과 "(없음)"이라는 말로 대체된 부분을 대하는 순간, "가만있자, 하늘과 땅이 없어지지 않았는데 왜 이 구절이 먼저 없어졌지? 그렇다면 이것이야말로 바로 가짜 성경 아닌가!"하고 깨우쳐야 한다. 그리고 서둘러 유일한 바른 말씀 한글킹제임스성경을 저마다 일용할 양식으로 삼아 읽고 묵상하기를 주저하지 말아야 한다.

찬송시 26

길이 되신 주 예수

히 9:11,12

1

염소와 송아지의 피로 드린 옛 제사는
우리의 죄를 위한 참 제사가 아니었네
더 좋은 희생제물 드리신 어린양 피
의로운 그 죽음이 세상 죄를 제거했네

<후렴>

갈보리 십자가에 살이 찢겨 피 흘려
단 하나 살아 있는 길이 되신 주 예수

2

첫째 것 폐하시고 둘째 것을 세우심은
죽음의 큰 사슬을 벗겨주려 하심일세
드높은 하늘 보좌 대제사장 힘입어
영생의 주인이신 아버지께 나아가세

3

더 크고 더 온전한 셋째 하늘 참된 성소
오로지 자기 피로 단번 속죄 이루셨네
또 하나 붉게 물든 하늘 홍해 건널 때
그 은혜 찬송하며 천성 문에 이르겠네

모형과 원형

믿는다는 사람들 가운데서도 성경에 대한 올바른 인식을 가진 사람은 썩 드물다. 성경이 엄연히 『모든 성경은 하나님의 영감으로 주어진 것으로 교리와 책망과 바로잡음과 의로 훈육하기에 유익하니』(딤후 3:16)라고 명시하고 있음에도 불구하고, 『모든 성경은 하나님의 영감으로 주어진 것』이라는 말씀을 곧이곧대로 받아들이고 '아멘!'할 수 있는 사람은 성경대로 믿는 사람들 외에는 거의 찾아볼 수 없는 것이 현실이다. 성경은 이것을 대하는 사람 자신이 믿음이라는 첫 단추를 잘 끼워야 비로소 열려오는 책인데, 성경을 읽는 당사자가 거듭나지 못했거나 거듭났다 해도 육신적 그리스도인에 머물러 있을 때는 성경을 열어젖힐 만한 믿음의 열쇠를 소유하기가 그만큼 용이하지 않은 것이다.

성경에 구약과 신약이 있다는 사실을 모르는 사람은 거의 없다. 그러나 구약과 신약의 관계를 명확히 알고 있는 사람은 그리 많지 않다. 흔히 구약은 신약의 그림자라고 말하지만 무엇이 무엇의 그림자인지에 관해서 명확히 말할 수 있는 사람은 극소수에 불과한 것이다. 미국의 M.R 디한 박사가 지은 『창세기에 나타난 그리스도의 초상화들』이란 책이 있다. 이 책은 말 그대로 『창세기』에 나타난 그리스도의 그림자, 곧 모형을 찾아낸 것인데, 모두 23장에 걸쳐 각각 다른 그리스도의 그림자를 찾아내어 한 권의 책으로 묶고 있다. 모세의 첫 번째 책 『창세기』에서만도 각기 특징 있는 그리스도의 그림자가 23가지나 되고, 그것들을 풀이하여 한 권 분량으로 묶을 수 있다는 사실은 놀랍기 그지없다.

성경이 불경, 사서삼경, 코란 등 다른 경전들과 확연히 다른 점이 바로 이 점이다. 성경에는 모형과 원형이 무수히 존재하는 데 반해 내가 아는 한 다른 경전들에서는 이런 것이 단 한 건도 발견된 일이 없다. 단언컨대 이런 점이야말로 성경이 『하나님의 영감으로 주어진 것』(딤후 3:16)이라는 증거라고 본다. 물론 여러 종교의 경전들이 인간의 연구대상이 되어온 지는 오래다. 많은 사람들이 경전들을 연구하여 논문을 썼고, 그 논문을 통해 석사 또는 박사 학위까지 받아왔다. 그러나 원형과 모형이라는 점에 있어서만은 여타의 경전들이 결코 성경을 따라올 수가 없었다. 모형과 원형을 연결시키려면 예언이 필수적이고, 그래서 성경에는 요소요소에 800여 가지의 예언이 기록되어 있다. 그리고 그 중 300여 가지는 이미 이루어졌고, 500여 가지는 앞으로 속속 이루어질 것이라고 성도들은 믿고 있다.

출애굽기를 흔히 엑소더스(Exodus)라 하는데, 이것은 영어단어 exit(탈출)와 같은 뜻의 헬라어로, '많은 사람들이 동시에 특정 장소를 떠나는 상황'을 의미하는 말이다. 모세는 이집트 궁궐에서 왕자로

40년(행 7:23), 미디안 광야에서 목자로 40년(행 7:30)을 보낸 후, 80세에 노예생활을 하고 있는 이스라엘 민족의 지도자로 나선다. 목자생활을 거친 다음에 지도자가 된다는 것은 의미가 심장하다. 아벨과 아브라함과 이삭과 야곱이 모두 목자였고, 이스라엘의 위대한 왕 다윗도 목자였기 때문이다. 모세는 완고한 파라오 탓에 열 가지 재앙을 내린 후에야 파라오의 항복을 받아 이스라엘 민족을 이끌고 대장정에 오른다. 그러나 홍해를 눈앞에 둔 시점에서 마음이 변한 파라오의 추격을 받아 위기에 빠진다. 절체절명의 순간에 하나님께서는 바닷물을 갈라 이스라엘 민족으로 하여금 홍해를 마른 땅처럼 밟아 건너게 하시고, 파라오와 이집트 군사들은 수장시키신다. 인류 역사상 실로 믿기 힘든 미증유의 사건이지만 이 일은 누가 뭐래도 사실의 기록이다. 그런데 더욱 의미심장한 일은 바다 이름이 다름 아닌 홍해라는 점이다. 만일 이 대사건이 모형일진대 다가오는 미래의 원형은 과연 무엇일까?

200만 명이 홍해를 건넌 거대한 모형은 약 1,500년이 흐른 후, 예수 그리스도께서 세상에 오셔서 십자가에 달려 살이 찢기고 보혈을 흘리심으로써 비로소 원형을 이루기 위한 무대장치가 마련된다. 『그러나 그리스도께서는 다가올 선한 것들의 대제사장으로 오셔서, 손으로 짓지 아니한, 곧 이러한 건물이 아닌 더 크고 더 온전한 성막을 통하여 염소와 송아지의 피로 아니하고 오직 자신의 피로 한 번 성소에 들어가셔서 우리를 위하여 영원한 구속을 이루셨느니라.』(히 9:11,12) 모세가 하나님의 명령으로 만든 성막은 하늘들에 있는 것들, 곧 더 크고 온전한 성막인 우주의 모형이었다(출 25:40). 제사를 드리는 성막이 모형이었으므로 실물의 모형인 염소와 송아지의 피를 드려 제사를 드린 것은 자연스런 일이었다. 그러나 예수 그리스도께서 초림하시고 하늘에 있는 것들 그 자체를 성결케 하기 위해서는 더 좋은 희생제물이 필요했다(히9:23). 따라서 이 제물은 하나님께서 직접 마련하셔야 했는데, 바로 초림하신 예수 그리스도 자신이셨다. 성경은 이것을 『오직 자신의 피로 한 번 성소에 들어가셔서 우리를 위하여 영원한 구속을 이루셨느니라.』(히 9:24)고 말씀하신다. 예수 그리스도의 피 흘리심은 단순히 갈보리에 국한된 피 흘리심이 아니었다. 어디까지나 전 우주적인 피뿌림이었다. 그분께서는 더 좋은 희생제물인 어린 양이시자 우리를 변호하실 대제사장이셨으므로 자신이 흘리신 피를 직접 가지고 하늘 그 자체(우주)에 들어가신 것이었다(히9:24). 이때 태평양의 30억 배나 되는, 한 변이 1억 마일인 둘째 하늘과 셋째 하늘의 경계 유리 바다는 전체가 구세주의 피에 의해 붉게 물들었는데, 이것이 바로 더 크고 더 온전한 하늘 홍해이다. 일찍이 사도 요한은 이것을 두고 『불로 뒤섞인 유리 바다 같은 것』(계 15:2)이라고 묘사한 바 있었다.

3,500여 년 전에 있었던 엑소더스 모형은 다시 1,500 후에야 완벽하게 무대장치가 이루어졌건만 아직도 그 원형을 미래의 일로 남겨두고 있다. 과연 원형이 펼쳐질 날은 언제인가? 성경은 그 사실

을 이미 두 곳에 걸쳐 예언으로 기록해 두고 있다. 고린도전서 15장과 데살로니가전서 4장이 그것이다. 이것은 예수 그리스도의 지상 재림이 아닌 공중 재림으로, 셋째하늘 하나님의 보좌 우편에 대제사장으로 계시던 어린양이 자신의 신부를 데리러 오시는 전대미문의 사건이다. 이때 그분께서는 공중의 구름까지만 오셔서 사랑하는 신부의 이름을 부르신다. 『보라, 내가 너희에게 한 가지 신비를 말하노니 우리가 다 잠잘 것이 아니요 오히려 우리가 모두 변화될 것이니 마지막 나팔 소리에 눈깜짝하는 순간에 그러하리라. 나팔 소리가 나면 죽은 자들이 썩지 아니하는 몸으로 일으켜지며 우리도 변화되리라. 그리하여 이 썩을 몸이 반드시 썩지 아니할 몸을 입고 이 죽을 몸이 반드시 죽지 아니할 몸을 입으리라.』(고전 15:51-53) 사도 바울이 쓴 이 휴거의 계시는 구약에서는 전혀 언급되지 않았던 것으로 그때까지 감추어졌던 신비였다. 같은 사건을 다룬 또 하나의 기록은 이렇게 말한다. 『주께서 호령과 천사장의 음성과 하나님의 나팔 소리와 함께 하늘로부터 친히 내려오시리니 그러면 그리스도 안에서 죽은 자들이 먼저 일어나고 그리고 나서 살아남아 있는 우리도 공중에서 주와 만나기 위하여 그들과 함께 구름 속으로 끌려 올라가리니, 그리하여 우리가 영원히 주와 함께 있으리라.』(살전 4:16,17) 이 두 기록에 나타난 『마지막 나팔소리』와 『하나님의 나팔소리』는 『이리 올라오라.』(계4:1)고 성도들을 부르시는 하나님의 음성이다. 이때 성도들은 썩지도 죽지도 않는 영생불사의 몸을 입게 되는데, 그 부활의 순서는 죽은 성도들이 먼저이고, 그 다음이 살아남아 있는 성도들이다. "나팔 불 때 나의 이름, 나팔 불 때 나의 이름, 부를 그때 거기 참예하겠네."라는 찬송가 가사가 바로 그 휴거를 노래한 것임은 두말할 나위가 없다.

죽은 성도들과 살아남아 있는 성도들의 휴거가 완료되는 즉시 성도들은 공중의 구름 속에서 주님을 뵙고, 이어서 주님을 따라 3조 광년의 우주를 순식간에 날아 건너 말로만 들어왔던 유리 바다를 바라보게 될 것이다. 그 순간 성도들은 모두 주님의 보혈로 붉게 물들어 있는 아득한 하늘 홍해를 목격하고는 구속해 주시고 영생을 베풀어주신 그 은혜를 저도 몰래 찬양하게 될 것이다. 이어서 천성 문을 통과함으로써 성도들은 3,500년 전 홍해를 건넌 모형 엑소더스가 아닌 원형 엑소더스의 주인공이 되었음을 알고 감격하지 않을 수 없을 것이다.

6천 년의 긴 긴 역사 속에서 가장 노른자위라고 할 수 있는 마지막 때에 자신의 생을 부여받은 사람들은 복 받은 사람들이다. 죽음을 거치지 않고 주님을 뵐 수 있는 가능성이 그만큼 크기 때문이다. 그러나 구원의 선물을 받지 못한 상태라면 그게 무슨 소용이겠는가. 그대는 아직도 『조상들이 잠든 이래로 만물은 창조의 시작부터 그대로 있다.』(벧후 3:4)고 하려는가? 바야흐로 역사는 시시각각 막바지를 향해 치닫고 있다. 촌각을 다투어야 할 때란 바로 지금이다. 부디 서둘러 원형 엑소더스의 주인공이 될 마지막 기회를 놓치지 말라!

제3부
신실한 파수꾼으로 발견되라

찬송시 27

성도여 우리도

고후 2:15, 3:2, 5:20

1
꽃들이 바람에 은은히 풀어놓는
곱고 맑은 그 향기처럼
성도여 우리도 세상 사람들에게
그리스도의 향기라네
두 눈이 멀고 귀가 먹고
코와 혀 모두 캄캄한
불쌍한 혼들 향해
생명 향기 풍겨내세

2
새하얀 종이에 먹물로 쓴 긴 편지
두루마리가 아니어도
성도여 우리도 세상 사람들에게
그리스도의 편지라네
밝은 빛 찾아 이리저리
방황하는 이들에게
금보다 더 귀한 복음
가슴 가슴에 심어주세

3
이 세상 나라를 대표하는 대사도
존귀한 사람들이지만
성도여 우리도 세상 사람들에게
그리스도의 대사라네
대적 마귀의 종이 되어
하나님 등진 이들을
화해의 직분 맡아서
영생의 길로 인도하세

그리스도의 대사

대사라는 말은 성경에 10번 나오는데, 이를 세분하면 구약에 8번, 신약에 2번 나온다. '대사'라는 말의 사전적 의미는, '나라를 대표하여 다른 나라에 파견되어 외교를 맡아보는 최고 직급, 또는 그런 사람. 주재국(駐在國)에 대하여 국가의 의사를 전달하는 임무를 가지며 국가의 원수와 그 권위를 대표한다.'라고 풀이되어 있고, '전권대사', 또는 '특명전권대사' 등이 대사와 비슷한 뜻을 지닌 말이라고 덧붙여져 있다.

대사는 치외 법권을 가지는데, 이것은 '다른 나라의 영토 안에 있으면서도 그 나라 국내법의 적용을 받지 아니하는 국제법에서의 권리'라고 흔히 정의된다. 따라서 대사는 외교사절로서 그 주재국에서 누리는 국제법의 특권, 사절의 신체와 명예, 사무소의 주택 및 외교문서의 침해를 받지 않는 불가침권과 주재국의 재판권, 경찰권, 과세권 따위가 미치지 못하는 치외 법권이 있다. 이는 외교사절이 본국과 원수를 대표한다는 뜻으로 외교사절의 가족이나 국제기관의 직원들도 같은 특권이 있다. 대사가 누리는 이러한 권리를 '사신권', 또는 '외교사절의 특권'이라고도 한다.

'대사'라는 말이 성경에 처음으로 나오는 곳은 역대기하 35장 21절이다. 『그러나 느코가 대사들을 요시야에게 보내어 말하기를 "유다 왕이여, 내가 당신과 무슨 상관이 있나이까? 나는 오늘 당신을 치러 온 것이 아니라 내가 더불어 싸우는 그 족속을 치려는 것이니 이는 하나님께서 내게 명하사 속히 행하게 하셨음이니이다. 나와 함께하신 하나님께 간섭하지 마소서. 그래야 하나님께서 당신을 멸하지 아니하시리이다." 하더라.』 보는 것처럼 여기에 '대사'라는 말이 처음으로 나온다. 바로 앞 20절을 보면 『이 모든 일 후 요시야가 성전을 정돈한 후에 이집트의 느코왕이 유프라테스 옆 칼크미스를 치러 올라오므로 요시야가 그를 대적하여 나가더라.』라고 기록한 것으로 보아 느코의 침략 목표는 유다가 아니라, 유프라테스 옆 칼크미스였다. 그러나 요시야에게는 느코의 군대가 자기 왕국의 영토인 므깃도를 통과하는 일을 용인할 너그러움이 없었다. 그래서 요시야는 『하나님의 입으로부터 나오는 느코의 말에 경청하지 아니하고』(대하 35:22) 변장을 한 채 싸움에 임했다가 허망하게도 활 쏘는 자들이 쏜 화살에 맞아 죽고 만다.

우리가 아는 바대로 요시야는 열왕기상 13장 2절에서 『그가 주의 말씀으로 제단을 향하여 외쳐 말하기를 "오 제단아, 제단아, 주가 이같이 말하노라. 보라, 다윗의 집에 요시야라 이름하는 한 아이가 태어날 것이요, 그가 네 위에서 분향하는 산당의 제사장들을 네 위에 제사하리니 사람들의 뼈가 네 위에서 불살라지리라."』라고 그가 태어나기 300년 전에 이름이 거명된, 유다의 성군 중의 성군이었다. 그에 대한 평가도 여느 왕과 같지 않다. 『그가 주의 목전에 옳은 것을 행하며 그의 조상 다윗의 모든 길로 행하여, 오른편이나 왼편으로 돌이키지 아니하였더라.』(왕하 22:2)나, 『그의 앞에 어떤 왕도 그와 같이 모세의 율법에 따라 자기의 마음을 다하고 혼을 다하고 힘을 다하여 주께 돌이킨 자가 없었고, 그의 후에도 그와 같은 왕은 일어나지 아니하였더라.』(왕하 23:25)에서 보듯 최고의 평가였다. 이렇듯 훌륭한 왕인 그가 힘 한 번 써 보지도 못하고 39세의 젊은 나이로 화살에 맞아 허망하게 죽고 말았으니 이 얼마나 안타까운 죽음인가. 그가 범한 잘못은 하나님의 입으로부터 나오는 느코의 말에 경청하지 아니한 단 한 번의 교만이었다. 결과적으로 옥에 티라 할 이 교만이 그의 죽음을 재촉한 것이었다. 느코가 보낸 대사들의 말이 하나님의 뜻이라면, 변장하고 기어이 싸우려 한 것은 자신의 뜻이었다. 결국 하나님의 뜻을 무시하고 자신의 뜻을 고집하다가 그는 비극을 초래하고 만 것이었다. 요시야 왕의 느닷없는 죽음에 대해 어떤 사가(史家)들은 사람의 뜻이 하나님의 뜻에 앞선 탓이기도 하지만, 유다의 급격한 쇠락을 보지 못하게 하시려는 하나님의 사랑의 배려라는 해석을 하기도 한다. 아닌 게 아니라 그의 갑작스런 죽음 후 남왕국 유다는 이집트와 바빌론의 속국으로 급격히 전락하여 얼마간 유지되다가 바빌론의 느부캇넷살 왕에 의해 멸망하고 만다.

잠언에도 대사라는 말이 쓰였다. 잠언이 솔로몬 왕의 저작임을 감안해 볼 때, 성경 순서상으로는 비록 역대기 이후에 수록되어 있으나, 연대상으로는 역대기하 35장보다는 380년 정도 앞선 기록이다. 따라서 이것이 구약에서는 사실상 최초의 용례라 할 만이다. 『악한 사자는 재앙에 빠져도, 신실한 대사는 병을 낫게 하느니라.』(잠 13:17). 이 말씀은 보는 그대로 악한 사자와 신실한 대사를 대조적으로 표현하고 있다. 여기에 몇 자 사족을 덧붙이면, 악한 사자는 이세벨의 450명의 선지자들을 비롯하여 사람의 혼들을 무수히 지옥으로 끌어넣은 모든 사탄의 종들을 포괄하며, 신실한 대사는 바울, 베드로, 야고보, 요한 등 사도들을 위시하여 마틴 루터, 요한 웨슬레, 찰스 피니, 윌리암 케리, 아도니람 저드슨, 하랄란 포포프, 피터 럭크만 등으로 많은 사람들을 낙원으로 인도한 하나님의 종들이 될 것이다.

이 가운데 특히 바울은 로마의 감옥에서 기록한 옥중서신 에베소서에서 자신을 『사슬에 묶인 대사』(엡 6;20)라고 칭하고 있음을 본다. 대사의 다른 이름은 전권대사이다. 이는 왕의 메시지를 가지고 파송된 자를 의미한다. 다시 말해 이 말은 바울이 자신을 온 우주 만물을 통치하시는 만왕의 왕 예수 그리스도의 전권대사로 확신하고 있음을 보여준다. 그리하여 『나로 하여금 마땅히 할 말을 담대히 하게 하려는 것이니라.』(엡 6:20)는 서술은 비록 옥에 갇힌 신세였지만 로마에 모여든 여느 나라의 사신과도 비교가 안 되는 자신의 영광스런 직책에 대한 확신과 자신감에 다름 아니다. 그의 이러한 확신과 자신감은 막연한 추측이나 공상에 의한 것이 아니었다. 그는 이미 우주 저편 셋째 하늘 낙원을 직접 견학한 사람(고후 12:2-4)이었기 때문이다. 따라서 그에게는 죽는 한이 있더라도 왕이신 주님의 말씀을 사람들에게 증거해야만 했고, 그에 걸맞게 두려움 없이 담대히 복음을 전파할 각오가 불타오르고 있었던 것이다.

그런데 더욱 놀라운 것은 이 대사의 직책이 바울 한 사람에 국한되어 있지 않다는 사실이다. 『그러므로 이제 우리는 그리스도를 대신한 대사들로서 하나님께서 우리를 통하여 너희를 권면하신 것 같이 우리도 그리스도를 대신하여 너희에게 간구하노니 너희는 하나님과 화해하라.』(고후 5:20) 바로 앞 18절과 19절에서 『화해의 직분』과 『화해의 말씀』이 우리에게 맡겨졌고, 그 결과 여기 20절에서 우리 그리스도인들은 영광스럽게도 이 우주의 절대자이신 예수 그리스도를 대신한 대사가 되었다. 하나님과 어떻게 화해할 수 있는가를 세상에 전하는 사명이 바로 우리에게 맡겨진 것이다. 더구나 우리에게는 이 세상의 대사와는 비교할 수 없는 절대자로부터 오는 치외 법권이 있다. 『하나님의 능력으로 보호받고 있느니라.』(벧전 1:5)나 『예수 그리스도 안에서 보호받고』(유 1:1)라는 구절들이 그 사실을 잘 보여준다. 이 얼마나 영광스러우며 마음 든든한 직책이란 말인가!

찬송시 28

먼 순례길 갑니다

히 11:13

1
고향 땅 부모형제 결연히 뒤에 두고
충직한 늙은 종을 리브카가 따라가듯
지난날 귀하던 것 미련 없이 다 버리고
신실한 위로자 따라 먼 순례길 갑니다

2
변개된 지도들이 세상에 넘쳐나도
쓰시고 간수하여 전해주신 두루마리
날마다 펼쳐놓고 하늘 도성 사모하며
진리의 가르침 따라 먼 순례길 갑니다

3
무너질 이 세상과 세상에 있는 것들
내 어찌 욕심내어 호리인들 사랑하리
큰 상급 면류관이 기다리는 하늘 낙원
더 좋은 그 본향 바라 먼 순례길 갑니다

4
수많은 증인들이 지켜선 경주장에
힘들고 숨차다고 주저앉아 포기하리
하늘 문 결승점에 기다려 선 나의 주님
자비의 모습 우러러 먼 순례길 갑니다

순례자의 삶

'순례(巡禮)'라는 말은 한글킹제임스성경 기준 꼭 세 번 사용되었고, 이외 '순례길'이 한 번, '순례자'가 두 번 사용되었다. '순례'가 처음 언급된 창세기 47장 9절을 보면, 『내 생애의 세월이 짧고 험악하였으나 내 조상들의 순례의 날들, 곧 그들의 생애의 세월에는 미치지 못하였나이다.』라고 한 것으로 보아 '순례'는 '삶'이라는 의미에 가깝게 쓰인 듯하다. 그런데 이 '순례'를 국어사전에서 찾아보면, '종교의 발생지, 본산(本山)의 소재지, 성인의 무덤이나 거주지와 같이 종교적인 의미가 있는 곳을 찾아다니며 방문하여 참배함'이라고 정의되어 있는데, 이는 '성지순례(聖地巡禮)'의 의미와 대동소이한 풀이라 할 만하다. '더 좋은 본향을 향해가는 매일 매일의 삶'이 '순례'의 성경적 의미라면, 우리 국어사전의 풀이는 절대다수인 우상숭배자들에 의한 의미의 오염이 심각함을 알 수 있다. 로마카톨릭, 이슬람교, 힌두교, 불교, 라마교 등에서 성지순례는 오랜 세월 거의 절대적인 종교행위가 되어왔으며, 한국의 개신교들 역시 성경에 없는 성지순례를 거룩함에 이르는 필수 코스라도 되는 듯 열을 올려온 지도 어제오늘의 일이 아니다.

십수 년 전 여러 문학가들과 함께 몽골 고비사막을 여행한 일이 있다. 먼저 몽골 수도 울란바토로로 날아가 그 일대를 돌아보고, 다시 프로펠러가 달린 작은 비행기를 타고 고비사막으로 날아가 3박 4일간을 거기 머문 적이 있다. 나무가 없는 까만 바위산, 거칠고 황량한 대평원, 바위산을 따라 한없이 뻗어 있던 하얀 모래밭이 지금도 뇌리 속에 선명히 남아 있다. 뽀얀 먼지를 일으키며 하루 종일 달려가는 러시아제 지프차, 난생처음 보는 신기루가 아득히 아른거리고 이따금 몇 마리의 가젤이 차 앞을 가로지르곤 했다. 언뜻 보아서는 물도 없고 풀도 없는 듯하지만 자세히 살펴보면 아주 띄엄띄엄 돋아난 풀들이 있어, 그런 황원(荒原)에도 양과 염소를 치는 유목민들이 살고 있었다. 수백 마리의 양이나 염소 떼를 몰고 기다랗게 줄을 지어 이동하는 광경이 이채로웠다. 염소들이 길을 이탈하지 않도록 왔다갔다 몰이를 하는 검은 털의 목양견(牧羊犬) 역시 신기했다. 3일 동안 숙박을 한 곳은 각각 다른 장소였지만 숙소는 게르(Ger)라는 이름으로 불리는 몽골 특유의 천막이었다. 예상외로 둥근 천막 안은 넓어서 여러 사람이 둘러앉아 담소를 나눌 만한 공간이었다.

성경에는 목자로서 목축을 하며 산 사람이 여럿 있다. 카인에게 죽임을 당한 아벨을 위시해서 아브라함, 이삭, 야곱에다 가장 위대한 이스라엘의 두 지도자인 모세와 다윗도 역시 목자였다. 왜 하나님께서는 이집트인들이 가증하게 여기는(창 46:34) 목자들을 택하셨을까? 여기에는 아주 깊은 의미가 숨어 있다. 이곳저곳을 떠돌며 쉽게 치고 걷을 수 있는 천막이 바로 그들의 집이었다. 하나님께서 떠도는 목자를 택하신 것은 그들로 하여금 이 세상 삶이 순례자와 다름없으며, 덧없는 이 세상 삶 저 너머 영원한 세계가 있음을 깨닫도록 하기 위함이었다. 그런 의미에서 칼데아우르에서 하나님의 불러냄을 받은 아브라함이 한평생 목자의 삶을 살다가 간 것은 너무도 당연한 일이었다. 그리고 여기에는 한 가지 이유가 더 있다. 먼 거리를 이동하며 여러 해 동안 생계를 잇기에는 목축이야말로 농경 생활보다는 한결 용이하고 안성맞춤이었을 것이다. 아브라함은 바로 이 천막생활을 하면서 카나안 땅에 도착했고, 이집트에서 귀환 후 롯과 분리했으며, 소돔에 살다 사로잡혀간 롯을 당시 세계최강의 시날 연합군을 무찌르고 구출해 오기도 했다. 뿐만 아니라, 아브라함은 마므레 평지에서 세 천사를 대접했고, 소돔에 사는 조카 롯의 구원을 직접 주께 간청했으며, 주의 예언대로 그에게 정하신 때에 사라를 통해 독자 이삭을 얻었다.

목자의 삶은 타국인이자 순례자의 삶이다. 이러한 삶은 아브라함에서 이삭으로, 이삭에서 야곱으로 차례로 이어졌다. 이 대대에 걸친 나그네 삶을 히브리서 기자는 『믿음으로 그는 타국 땅에 있는 것같이 약속의 땅에 기거하여 그와 함께 그 동일한 약속의 상속자들인 이삭과 야곱과 더불어 장막에서 살았느니라. 이는 그가 기초들이 있는 한 도성을 기다렸음이니 그것을 세우시고 만드신 분은 하나님이시니라. …이들은 모두 믿음 안에서 죽었으나 모두가 그 약속들을 받은 것은 아니로되 멀리서 그것들을 보았고 확신하여 소중히 간직하였으며, 또 이 땅 위에서 타국인이요 순례자라고 고백하였느니라.』(히 11:9,10,13)고 기술하고 있다. 그러나 아브라함이 기다린 『기초들이 있는 한 도성』은 아직도 오지 않았다. 하나님께서는 모세에게 『너희는 타국인이요 나와 함께 체류하는 자들임이라.』(레 25:23)고 말씀하셨고, 다윗 역시 『나의 모든 조상들이 그러하였듯이 나도 주께 타국인이요, 체류자』(시 39:12)라고 고백하고 있다. 아브라함이 아들 이삭, 손자 야곱과 더불어 대대로 기다린 이 도성은 결국 기록된 말씀대로 일곱 번째 천년인 천년왕국 시대에야 비로소 비옥한 초생달 지역에 건설되어 유대인들에게 주어질 것이다.

그런데 성경에는 또 한 부류의 타국인이요 순례자들이 있다. 아브라함의 육체적 혈통을 이어받은 유대인들이 아닌, 아브라함의 영적 후손인 은혜 시대의 구원받은 성도들, 곧 그리스도인들이다. 창조주께서 인간의 몸을 입고 세상에 오셨을 때 땅 위에는 그분이 머무실 집이 없었듯이 그분의 성도들도 그분처럼 타국인이요 순례자가 될 수밖에 없다. 그리고 그들 역시 또 하나의 도성을 향해가고 있다. 『이는 이런 것들을 말하는 사람들은, 자신들이 본향을 찾고 있음을 분명히 나타낸 것임이라. 만일 그들이 실로 떠나온 고향을 생각하였더라면 되돌아갈 기회가 있었겠지만, 이제 그들이 사모하는 곳은 더 좋은 본향, 곧 하늘에 있는 것이라. 그러므로 하나님께서는 그들의 하나님이라 불리는 것을 부끄러워하지 아니하시니 이는 그들을 위하여 한 도성을 예비하셨음이라.』(히 11:14-16)에서 보는 것처럼 그리스도인들이 사모하는 더 좋은 본향은 하늘에 있는 새 예루살렘 성이다. 이 도성은 우리 주 예수 그리스도께서 『내 아버지 집에는 많은 저택들이 있느니라. 그렇지 아니하면 내가 너희에게 말하였으리라. 나는 너희를 위하여 처소를 마련하러 가노라.』(요 14:2)라고 직접 약속하셨던 그 하늘의 도성이다. 모든 그리스도인들은 바로 이 도성을 향해 멀고 먼 순례의 길을 가고 있다.

세상 사람들은 어제나 오늘이나 세상의 일들에만 골몰한다. 그들은 자신이 어디서 와서 무엇 때문에 살고, 죽은 다음에 어디로 가는지를 알지 못하며, 또 알려고도 하지 않는다. 어떻게 하면 현세상에서 더 많이 차지하고 더 많이 누릴 것인가에 오로지 자신들의 눈과 온 마음을 집중한 채 살아간다. 그래서 성경은 그들을 멸망하는 짐승(시 49:12)과 같다고 말씀한다. 그러나 그리스도인들은 이들과는 딴판의 삶을 살아간다. 뉴스미디어들이 앞다투어 백세건강시대니 웰빙이니 하며 세상이 점점 좋게 되어간다고 떠들어도 그런 이슈에 호리만큼도 미혹되지 않는다. 그보다는 하루가 다르게 『이 세상의 형체가 사라져 감』(고전 7:31)을 훤히 꿰뚫어 보며 자신의 삶을 가다듬는다. 세상 사람들이 너나없이 무너질 세상 집을 짓기에 여념이 없을 때 그리스도인들은 기꺼이 타국인이요 순례자임을 고백하며 날마다 오실 주님을 고대하여 마지않는 것이다.

찬송시 29

주 예수 그리스도 머릿돌 기초 위에

고전 3:14

1
주 예수 그리스도 머릿돌 기초 위에
우리는 너도나도 집을 짓는 일꾼들
한 분 주 경배하고 온 영광을 돌리면
빛나는 정금으로 집을 짓는 성도라네

<후렴>
나무 짚 그루터기 옛 본성 다 버리고
오로지 주님 위해 내 모든 것 드리세
주께서 지은 집 불로써 시험할 때
태워도 타지 않으리 면류관을 얻으리

2
주 예수 그리스도 머릿돌 기초 위에
우리는 너도나도 집을 짓는 일꾼들
만나는 사람마다 주 십자가 전하면
정결한 순은으로 집을 짓는 성도라네

3
주 예수 그리스도 머릿돌 기초 위에
우리는 너도나도 집을 짓는 일꾼들
수많은 사람들을 주께로 이겨오면
눈부신 보석으로 집을 짓는 성도라네

그리스도의 심판석에 설 준비

그리스도의 심판석(롬 14:10, 고후 5:10)은 모든 그리스도인들이 자신들의 이름을 부르는 주님의 음성과 동시에 휴거되어 셋째 하늘에서 받게 될 심판의 자리이다. 지상에서 전무후무한 7년 대환란이 진행되는 동안 휴거된 성도들은 공중에서 사모하던 주님을 뵙고 셋째 하늘에서 그리스도의 심판석을 거쳐 어린양의 혼인식에 신부의 자격으로 참가한다. 성경대로 믿는 사람들은 그리스도의 심판석과 백보좌 심판이 같지 않고 다르다는 것을 너무 잘 알고 있지만, 개신교 프로테스탄트들은 이 두 가지 용어에 공히 심판이라는 말이 들어 있음으로 해서 이것이 저것인가, 혹은 저것이 이것인가 하고 혼란스러워하며 구분하지 못하는 경우가 허다하다.

그리스도의 심판석과 백보좌 심판은 우선 그 시기부터 크게 차이가 있다. 그리스도의 심판석이 대환란 직전 구원받은 성도들이 휴거 후 어린양의 혼인식이 있기 전에 반드시 거쳐야 하는 심판의 자리인데 반해, 백보좌 심판은 7년 대환란 후 천년왕국의 끝에 현재의 하늘과 땅이 다 사라진 다음 허공에서 있을 최후의 심판이다. 따라서 이 둘은 시기적으로 천 년 이상의 시차가 있다. 이 두 심판은 대상에 있어서도 확연한 차이가 있다. 그리스도의 심판석은 구원받은 성도들이 받을 심판으로, 그리스도인이 그리스도를 위해 살았던 섬김의 삶에 대해 상이 주어지는 자리이다. 이와 달리 백보좌 심판은 지옥에 있던 모든 죄인들과 환란 기간에 믿음과 행위로 구원받은 사람들과 천년왕국 기간에 행위로 구원받은 사람들이 두루 결산을 보는 자리이다. 그 외에도 그리스도의 심판석은 상과 유업에 관계될 뿐 구원을 잃어버리거나 하는 심판은 아니며, 백보좌 심판은 구원받지 못한 죄인의 경우 행위가 기록된 책에 따라 영원한 멸망이 확정되어 불못에 던져지는 최후의 심판이다.

그리스도의 심판석은 고린도전서 3장 11-15절에 아주 자세하게 세부사항이 기록되어 있다. 『이 닦아 놓은 기초 외에 아무도 다른 기초를 놓을 수 없나니 이 기초는 예수 그리스도시라. 이제 누구든지 이 기초 위에 금이나 은이나 보석이나 나무나 짚이나 그루터기로 지으면 각 사람의 일한 것이 나타나게 되리니 그 날이 그것을 밝힐 것이라. 이는 그것이 불로써 드러나고 또 그 불은 각 사람의 일한 것이 어떤 종류인지를 시험할 것이기 때문이라.』(고전 3:11-13) 여기를 보면 그리스도인들은 모두 집을 짓는 일꾼들이다. 집을 짓는 장소는 예수 그리스도라는 머릿돌 위다. 재료는 각자가 조달해야 하는데, 금과 은과 보석과 나무, 짚, 그루터기 들이다. 그리고 집을 짓는 기간은 이 지상에 살아 있는 동안이다. 성경을 별로 읽지 않고 피상적으로 이 글을 읽는 사람들은 하루 벌어 하루 먹고살기도 힘 드는데 금과 은이 어디 있고 보석이 어디 있느냐고 할 사람도 있을 것이다. 그러나 여기서의 금과 은과 보석은 그런 의미가 아니다. 먼저 금으로 짓는다는 것은 자신의 모든 일보다 하나님을 최우선적으로 섬기고 그분께 모든 영광을 돌려드리는 일을 말하고, 은으로 짓는다는 것은 구원받지 못한 죄인들에게 때를 얻든지 못 얻든지 복음을 전파하는 일을 말하며, 보석으로 짓는다는 것은 믿지 않는 혼들을 그리스도께로 이겨오는 일을 말한다.

그리스도의 심판석에 대해 성경은 『이는 우리 모두가 반드시 그리스도의 심판석 앞에 나아가서 선이든지 악이든지 각자 자기가 행한 것에 따라, 자기 몸으로 행한 것들을 받을 것이기 때문이라.』(고후 5:10)고 말씀한다. 보는 것처럼 그리스도인들에게 그리스도의 심판석은 반드시 통과해야 하는 두려운 과정이다. 그것도 『선이든지 악이든지 각자 자기가 행한 것에 따라 자기 몸으로 행한 것들을 받을 것』이라는 내복에 이르면 여간 심각한 문제가 아닌 것이다. 그런데 더욱 문제는 이 말씀을 자세히 풀어 이야기를 해주어도 성도들의 얼굴을 보면 그리 심각한 표정을 보이지 않는다는 점이다. 그래서 나는 그런 성도들의 내면을 나름대로 추리해 본 적이 있다. 그것은 '구원받고 지옥을 면했을 뿐만 아니라 하늘나라에 가면 됐지, 까짓 머리에 쓰는 면류관과 유업 정도 없으면 어때?' 하는 생각을 하고 있는지도 모른다는 것이었다.

면류관에는 다섯 가지가 있다. 생명의 면류관(약 1:12, 계2:10), 영광의 면류관(벧전 5:4), 자랑의 면류관(살전 2:19, 빌 4:1), 의의 면류관(딤후 4:8), 썩지 않을 면류관(고전 9:25) 등이 그것들이다. 세상에서 허투루 살지 않았던 사람들은 그리스도의 심판석 이후 보통 3개 정도의 면류관을 쓸 것이고, 사도 바울처럼 다섯 개의 면류관을 쓸 사람도 적지 않은데, 하나의 면류관도 받지 못한 채 맨머리로 영원세계를 말 그대로 영원히 살아간다고 생각해 보라. 이는 부끄러움도 이만저만한 부끄러움이 아닐 것이다. 그리고 유업 문제도 그렇다. 다른 성도들은 열 성읍, 혹은 다섯 성읍씩 맡아 다스리는데 아무런 유업도 없이 초라한 몰골로 천년을 지낸다고 생각해보라. 이 역시도 웃어넘길 일은 아닐 것이다.

우리가 받을 상과 그 상에 대한 우리의 자세에 대하여 사도 바울은 확실한 지침을 우리에게 남기고 있다. 『경기장에서 달리는 사람들이 모두 달릴지라도 한 사람만이 상을 받는 것을 너희가 알지 못하느냐? 그러므로 너희도 상을 얻게 되도록 달리라. 이기려고 애쓰는 사람은 누구나 모든 일에 자제하나니 이제 그들은 썩어질 면류관을 받으려 하지만 우리는 썩지 않을 면류관을 받고자 함이라.』(고전 9:24,25) 보다시피 바울은 『너희도 상을 얻게 되도록 달리라.』고 명령한다. 이래도 그만 저래도 그만이 아니라, 눈에 불을 켜고 상을 얻게 되도록 달려야 한다는 것이다. 그리고 『모든 일에 자제』해야 한다고 충고한다. 세상의 모범적인 운동선수들도 자신의 경기력 유지를 위해 담배와 술을 자제하는 것을 흔히 보는데, 하나님의 일을 하는 그리스도인으로서 담배나 술을 끊지 못하는 사람이 있다면 그는 크게 반성할 필요가 있다. 자신의 나쁜 버릇을 제어하지 못하는 그리스도인이라면 애초부터 이기기 위한 경주에 나설 자격이 없기 때문이다. 그런데 바울은 여기에서 그치지 않고 『또 이기려고 애쓰는 사람이 규칙대로 하지 아니하면 면류관을 얻지 못하리라.』(딤후 2:5)고까지 충고하기를 잊지 않는다. 여기에서 규칙대로 한다는 것은 운동선수가 자기 레인을 지켜야 하듯이 성도는 성경 말씀에 따라 경주해야 함을 가리키는 말임은 두말할 나위가 없다.

마지막 때를 살고 있는 성도들이여! 그대들은 시시각각 다가오는 그리스도의 심판석에 서기 위해 지금 어떤 집을 지어가고 있는가.

찬송시 30

큰 우주 긴 역사의 주인이신 하나님

사 64:8

1
큰 우주 긴 역사의 주인이신 하나님
사람이 진토임을 처음부터 아시지만
진흙이 제 자신을 내맡기지 않으면
그분은 어떤 그릇도 빚으실 수가 없네

2
수많은 물레들을 소유하신 하나님
매 세대 걸작들을 빚어내신 솜씨로도
말씀의 정한 물로 이겨지지 않은 흙
그 또한 어떤 작품도 빚으실 수가 없네

3
단 한 분 아버지요 토기장이이신 주
돌 같은 네 흙덩이 속속들이 부수어서
자비의 그 손길에 온전히 맡기어라
주께서 새 그릇으로 너를 빚어 주시리

토기장이 하나님께 너를 맡기라

하나님께서는 에덴동산에 아담을 살게 하시고, 『동산의 모든 나무에서 나는 것을 네가 마음대로 먹을 수 있으나 선과 악의 지식의 나무에서 나는 것은 먹지 말라. 네가 거기서 나는 것을 먹는 날에는 반드시 죽으리라.』(창 2:16,17)고 말씀하셨다. 즉 하나님께서는 인류 최초의 조상 아담에게 두 가지 가운데 하나를 택할 수 있는 자유의사를 주시고, 그 선택에 따른 응분의 책임을 지게 하셨다. 그리하여 멀지 않은 곳에 먹으면 영생에 이르는 생명나무의 열매가 있음에도 불구하고 하나님께서 금하신 선과 악의 지식의 나무의 열매를 먹었을 때, 그 날로 아담은 하나님의 형상대로 지어진 몸과 혼과 영 가운데서 영이 그 즉시 죽어야 했으며, 그 실수에 따른 책임을 지고 낙원에서마저도 쫓겨나야 했다.

이러한 하나님의 원칙은 아담으로부터 약 2,550년 후인 모세의 마지막 책인 신명기에서도 계속되고 있음을 볼 수 있다. 『내가 오늘 하늘과 땅을 불러서 너희에 대하여 증거를 삼아 네 앞에 생명과 죽음, 복과 저주를 두었은즉, 그러므로 너와 네 자손이 살려면 생명을 택할지니라.』(신 30:19) 보는 것처럼 생명과 죽음, 곧 복과 저주를 앞에 나란히 놓아두고 너와 네 자손이 살려거든 생명을 택하라고 말씀하신다. 물론 이렇게 분명한 말씀에도 불구하고 하나님의 선민인 이스라엘은 얼마간의 영광을 거두었을 뿐 끝내는 생명과 복 대신 죽음과 저주를 택하여 모든 민족 가운데서 속담거리와 이야깃거리(대하 7:20)가 되는 비운을 겪었다.

하나님의 자유의사에 의한 선택의 원칙은 신약시대에 와서도 변함없이 지속된다. 『사랑하는 형제들아, 너희가 하나님을 선택한 것을 아노라.』(살전 1:4) 보는 바대로 선택권은 하나님이 아니라 사람 쪽에 여전히 주어져 있다. 그런데 이것이 개역성경에는 "하나님의 사랑하심을 받은 형제들아 너희를 택하심을 아노라"라고 되어 있어 사람이 아닌 하나님이 선택권자가 되어 있다. 그러나 한글킹제임스성경이 절대적으로 옳은 것은 성경이 스스로 그 사실을 증명해 준다. 바로 몇 구절 뒤에 『너희가 어떻게 우상으로부터 하나님께로 돌아서서』(살전 1:9)라고 되어 있는 것이다. 이 진술은 너희(데살로니가교회 성도들)가 의지를 발휘하여 우상으로부터 하나님께로 돌아섰다는 의미이지, 하나님께서 무조건적으로 그들을 선택하여 우상으로부터 돌아서게 했다는 의미가 아니기 때문이다. 여기에서 우리는 에덴동산에서부터 인간에게 주어진 자유의지가 4천 년 구약시대를 거쳐 신약시대에도 여전히 인간에게 유효함을 알게 되는 것이다.

우리가 그리스도의 대사로서 믿지 않는 혼들을 구령할 때 마지막 단계에 이르면 언제나 그의 자유의사에 따른 선택을 질문을 통해 확인한다. "예수 그리스도를 당신의 구세주로 선택하고 생명의 길을 가시겠습니까, 아니면 예수 그리스도를 외면하고 멸망의 길을 가시겠습니까?" 이것이 그리스도의 대사들에겐 너무도 익숙한 질문이지만 개개의 혼들에겐 난생처음으로 듣는 기상천외한 질문이다. 그러나 바로 이 순간의 선택에 따라 한 사람의 운명이 '생명과 복과 영생이냐, 죽음과 저주와 멸망이냐'로 결정된다는 사실은 놀랍다.

사람들은 곧잘 왜 하나님은 생명나무의 열매와 선과 악의 지식의 나무의 열매를 두셔서 하필이면 죽음 쪽을 택하도록 하셨는가 하고 불평들을 한다. 물론 하나님은 전능하신 분이니 우리 사람을 주파수가 고정된 북한의 라디오처럼 창조할 수도 있으셨을 것이다. 그런데 하나님께서는 굳이 그로봇 같은 인간의 사랑을 마다하고 자유의사를 부여하여, 인간이 자신의 의지에 따라 창조주를 사랑할 수도 있고 미워할 수도 있도록 지으셨다. 그리고 그 자유의사에 따라 모든 사람이 그분 자신과 밀착하기를 간절히 고대하셨다. 우리 인간을 사랑의 짝으로 지으셨기 때문이다. 남자와 여자가 서로 만나 사랑하여 결혼을 한다. 그 사랑이 귀하디귀한 것은 남자는 수많은 여자 가운데 한 여자를 택했고, 여자 또한 수많은 남자 가운데 한 남자를 택했다는 데 있다. 하나님께서도 우리 인간들에게 바로 그런 사랑을 원하시는 것이다.

토기장이의 비유에서도 인간의 자유의사는 그대로 지속된다. 『토기장이가 같은 진흙덩이로 하나는 귀히 쓸 그릇을, 하나는 천하게 쓸 그릇을 만들 권한이 없겠느냐?』(롬 9:21) 이 말씀을 피상적으로 보면 마치 하나님의 뜻이 절대적인 것처럼 기술되어 있다. 물론 하나님은 토기장이이시므로 흙덩이들을 귀하게도 만들고 천하게도 만들 권한을 갖고 계신다. 다만 그 전에 흙덩이가 어떻게 하느냐에 따라 귀한 그릇이 될 수도 있고 천한 그릇이 될 수도 있다. 왜냐하면 각각의 흙덩이들은 아담으로부터 물려받은 자유의사를 가지고 있기 때문이다. 다시 말해 흙덩이인 개개인이 자신의 자유의사를 적극 발휘하여 예수 그리스도를 구세주로 영접하고 구원을 받으면 하나님께서는 그를 귀한 그릇으로 빚어 금과 은과 보석 같은 것들이 담기게도 하시고, 반대로 예수 그리스도를 구세주로 영접하기를 끝내 거부할 경우는 천한 그릇으로 대충 빚어 방치하다가 종당에는 지옥 쓰레기장에 내던져 버리기도 하시는 것이다.

그러나 우리가 믿는 그분은 실로 자비의 하나님이시기에 배은망덕한 흙덩이들이라도 절대로 쉽게 버리는 법이 없으시다. 『하나님께서 그의 진노를 나타내시고 또 그의 능력을 알게 하시려고 멸하기에 합당한 진노의 그릇들을 심히 오래 참음으로 인내하시며 영광에 이르도록 예비된 자비의 그릇들에게 그의 영광의 풍요함을 알게 하고자 하셨다면 어찌하겠느냐?』(롬 9:22,23) 보는 것처럼 하나님께서는 멸하기에 합당한 진노의 그릇들임에도 불구하고 심히 오래 참음으로 인내하며 기다리시는 분이다. 그리하여 언제라도 그가 돌이키면 즉시 유용한 그릇으로 빚기 위해 만반의 준비를 하고 계신다. 필자는 젊은 날 너무도 완고하고 자만에 찬 한 사람이 순전히 오래 참음으로 인내하시는 하나님의 자비 덕분에 늘그막에 놀라운 은혜를 입어 그분의 영광의 풍요함에 이른 실화를 알고 있다. 그는 인생의 황금기를 자신만을 위해 탕진한 뒤라 그 상태에서 폐기처분을 당해도 하등의 불평이 있을 수 없는 입장이었다. 그러나 그는 운이 좋게도 은총을 입었고, 막차로나마 성경대로 믿는 사람들의 대열에 합류할 수 있었다.

사람은 누구나 뜻하지 않은 때에 흙으로 돌아갈 진토(시 103:14)이다. 자신이 진토로 돌아갈 날과 때를 아는 이는 이 지상에 한 사람도 없다. 하나님께서는 우리가 그런 덧없는 진토임을 처음부터 알고 계신다. 또한 그러기에 그분을 두려워하는 자들을 늘 측은히 여기시고 자비를 베푸시려 이제나저제나 기다리고 계신다. 아직도 구원을 얻지 못한 사람들이여. 혹은 구원을 얻고도 흔쾌히 자신을 맡기지 못한 채 미적대는 사람들이여. 때가 얼마 남지 않았다. 더 늦기 전에 서둘러 토기장이이신 분께 그대 흙덩이 전부를 맡기지 않으려는가.

찬송시 31

저 공중 구름 속에

살전 4:16,17

1
저 공중 구름 속에 우리 주님 오셔서
하나님의 나팔 소리 복된 귀를 울릴 때
주 안에서 잠든 성도 먼저 일어나겠네
영광스런 몸을 입고 모두 일어나겠네

2
저 공중 구름 속에 우리 주님 오셔서
하나님의 나팔 소리 복된 귀를 울릴 때
살아 있는 우리 몸도 홀연히 변하겠네
옛 성도들 뒤를 따라 들려 올라가겠네

3
저 공중 구름 속에 우리 주님 오셔서
하나님의 나팔 소리 복된 귀를 울릴 때
죄와 사망 승리 속에 삼킨 바가 되겠네
썩어짐의 속박 없는 자유의 몸 입겠네

휴거, 그 놀라운 영광의 날

휴거를 의미하는 "Rapture"는 라틴어 랍토(Rapto)에서 유래했으며, 그 뜻은 "강력한 힘으로 붙잡다."로, "독수리가 낚아채 가다."와 같은 의미다. 휴거는 세 번에 걸쳐 일어난다. 구약성도들의 휴거, 교회의 휴거, 환란성도들의 휴거가 곧 그것이다. 구약성도들의 휴거는 마태복음 27장에서 일어났으며, 대환란 직전의 교회의 휴거와 대환란 끝의 환란 성도들의 휴거는 아직 일어나지 않았다. 그러나 일곱으로 일하시는 하나님의 경륜으로 볼 때 이미 일곱 번째 천년에 들어선 지도 여러 해가 지났으므로 교회의 휴거가 그리 먼 미래는 아닐 것이 분명하다.

다만 그 날과 시간에 관해서는 오직 아버지만 아신다(마 24:36)고 하신 주님의 말씀을 무시하고, 마귀의 거짓 속삭임에 귀를 내어준 다미선교회 무리들이 자신들 임의로 휴거의 날을 특정해놓고 큰 소동을 벌여 세상의 웃음거리가 되는 바람에, 휴거를 말하면 무조건 이단시하는 풍조가 현재 이 나라의 교계에 만연한 것도 사실이다.

그러나 휴거를 의미하는 "Rapture"는 지극히 성경적인 용어이고, 휴거에 대해서도 성경 여러 곳에 성령님께서 세세히 기록해 두신 만큼 진정으로 성경을 믿는 성도들이라면 휴거는 라오디케아인들의 교회 시대에 하루도 잊어서는 안 되는 소망이 되어야 마땅한 일이다. 성경은 분명히 다섯 가지 면류관 가운데 하나인 의의 면류관이 『그의 나타나심을 사모하는 모든 사람에게도 주실 것』(딤후 4:8)이라고 약속하고 있기 때문이다.

휴거의 교리에 관한 가장 위대한 말씀은 고린도전서 15장이다. 『마지막 나팔 소리에 눈 깜짝하는 순간에 그러하리라. 나팔 소리가 나면 죽은 자들이 썩지 아니하는 몸으로 일으켜지며 우리도 변화되리라. 그리하여 이 썩을 몸이 반드시 썩지 아니할 몸을 입고 이 죽을 몸이 반드시 죽지 아니할 몸을 입으리라.』(고전 15:52,53) 보는 것처럼 이 말씀은 직서적(直敍的) 표현으로 읽는 그대로 받아들이면 되는 말씀이지 은유나 풍유적으로는 해석할 필요가 없는 문장이다. 다만 죽음이 끝인 줄 아는 사람들에게는 쉽게 믿을 수 없는 엄청난 말씀임에는 틀림이 없다. 그러나 『너희는 모두 나를 따르는 자가 되라.』(빌 3:17)고까지 한 교회시대 최고의 그리스도인인 사도 바울이 공연한 상상이나 거짓말을 성경에 기록했을 리는 만무하다는 사실을 생각해 볼 때, 우리 그리스도인들은 이 말씀에 대해 일말의 의심도 있어서는 아니 될 것이다.

휴거의 교리에 관한 두 번째로 위대한 말씀은 데살로니가전서 4장 16,17절이다. 『주께서 호령과 천사장의 음성과 하나님의 나팔 소리와 함께 하늘로부터 친히 내려오시리니 그러면 그리스도 안에서 죽은 자들이 먼저 일어나고, 그리고 나서 살아남아 있는 우리도 공중에서 주와 만나기 위하여 그들과 함께 구름 속으로 끌려 올라가리니, 그리하여 우리가 영원히 주와 함께 있으리라.』 이 역시도 지극히 직서적인 표현이다. 만일 이 말씀이 미래에 이루어질 예언이 아닌, 한갓 황당한 상상의 산물이라면 바로 이어지는 『그러므로 이러한 말로 서로 위로하라.』(살전 4:18)라는 말씀이야말로 얼마나 허무맹랑한 권면이 되겠는가.

지상 재림 때 그리스도께서는 땅에 내려오시지만, 휴거 때에 주님께서는 땅을 밟지는 않고 공중까지만 내려오실 것이다. 이 상황은 솔로몬의 노래 2장에 잘 나타나 있다. 『나의 사랑하는 이는 노루나 어린 사슴 같나니, 보라, 그가 우리의 벽 뒤에 서서 창문으로 들여다보며 창살을 통해 몸을 내보이는도다. 나의 사랑하는 이가 내게 일러 말하기를 나의 사랑, 나의 어여쁜 자야, 일어나 떠나자.』(솔 2:8,9) 보는 것처럼 이 부분은 휴거의 예표가 되는 부분으로 2,000년 교회시대가 끝난 뒤 주님께서 자신의 신부인 그리스도인들을 은밀히 데리러 오시는 모습을 너무도 잘 보여주고 있다.

휴거는 그리스도인들에겐 최고로 영광된 날이다. 보지 못했으나 사랑했던 창조주이자 구속주이신 그분(벧 1:8)을 비로소 뵙는 영광도 영광이려니와, 그날 우리가 입게 될 몸 또한 너무도 큰 영광이기 때문이다. 『사랑하는 자들아, 이제는 우리가 하나님의 아들들이라. 우리가 어떻게 될 것인지는 아직 나타나지 아니하였으나 그가 나타나시면 우리가 그와 같이 되리라는 것을 아노니, 이는 우리가 그분 그대로 그분을 볼 것이기 때문이라.』(요일 3:2) 여기에서 『그가 나타나시면 우리가 그와 같이 되리라는 것』은 무슨 의미인가? 그것은 바로 뒤 『우리가 그분 그대로 그분을 볼 것이기 때문』이라는 말씀에서 보다 확실한 의미를 알게 된다. 예수 그리스도께서 부활하셨을 때 그 몸은 공간이동이 자유롭고 단단한 고체도 통과할 수 있는 33세 반의 몸이었는데, 믿음 하나로 구원받은 우리가 예수 그리스도의 그 놀라운 몸, 남녀를 불문하고 모두 33세 반의 남성의 몸을 입게 된다는 것이다. 이것은 분자활동이 정지된 절대영도의 셋째 하늘에서 온 몸이며, 모든 열역학 법칙에서 제외된, 늙지도 병들지도 않는 불사의 몸이다. 이 세상 삶이 끝이라고 생각하는 세상 사람들은 퇴직을 하면 그때부터 죽을 때까지 틈날 때마다 세계일주여행을 하는 경우가 적지 않다. 우리 그리스도인들도 사람인 이상 나이아가라 폭포, 그랜드캐니언, 빅토리아폭포, 실크로드, 사하라사막 등 세계적 명승지를 한 번쯤 구경하고 싶은 생각이야 왜 없겠는가. 그러나 굳이 무리해서 여행을 떠나지 않는 것은 머잖아 주님과 함께 왕 노릇 할 천년왕국 시대가 우리 앞에 펼쳐질 것이기 때문이다. 비행기, 배, 기차, 버스, 여행비, 때마다 먹어야 하는 음식 등에 구애받음이 없는 그 자유로운 천년이 말이다.

휴거의 때는 언제가 될지 우리 인간으로서는 알 길이 없다. 그러나 그 시기만은 5-6월경이 되리라는 예측들을 많이 한다. 대전제는 이것이 막연한 인간적 추측이 되어서는 안 되고 어디까지나 성경 말씀으로 뒷받침되어야 함은 물론이다. 『보라, 겨울도 지나고 비도 그쳐 사라졌으며, 땅에는 꽃들이 피고 새들이 노래하는 때가 왔도다. 산비둘기의 소리가 우리의 땅에서 들리는도다.』(솔 2:11-12) 이 구절을 보면 휴거가 일어나는 때는 분명 봄이다. 봄 중에서도 성령께서 강림하신 오순절 때가 될 가능성이 크다. 성령 강림으로 3천 명이 구원받은 때가 오순절일진대 바로 이 시기에 휴거가 있고 성령님의 지상 사역도 끝날 가능성이 크기 때문이다.

물론 주님의 계획은 이러한 틀에 굳이 매이지 않으실 수도 있다. 그렇게 본다면 한두 달 앞당길 수도 있고, 두세 달 늦추실 수도 있을 것이다. 중요한 사실은 대환란 전에 반드시 휴거가 있을 것이라는 점이다. 이 마지막 때, 시시각각 가까워지고 있는 휴거의 그 날을 당신은 얼마나 간절히 고대하고, 또 예비하며 살고 있는가?

찬송시 32

주님 다시 오실 날

살전 5:3

1
방주에 여덟 식구 들어가던 그날까지
사람들 장가가고 시집가고 하였지만
산들을 묻어버릴 깊음의 큰 물덩이
우주의 저편에서 건너오고 있었네

<후렴>
주님 다시 오실 날 시시각각 다가오네
빛의 자녀 성도들아 늘 깨어 준비하세

2
소돔과 고모라가 진노 아래 놓이던 날
사위들 롯의 말이 농담인 줄 알았지만
두 천사 그 가족을 성읍 밖에 두시고
때 되자 어김없이 유황불 내리셨네

3
모두가 평안하다 안전하다 말하여도
날 가고 달 갈수록 더해가는 세상 죄악
아이 밴 여인에게 진통이 임하듯이
드높은 이 바벨탑 홀연히 무너지리

주님 만날 준비를 하자

카인이 아벨을 죽인 이래로 인간이 짓는 죄 가운데는 살인도 늘 있어 왔다. 만일 사회진화론이 맞는다면 카인이 범한 살인의 학습효과로 하여 인류 역사에서는 더 이상 살인이 없었어야 마땅하다. 그러나 인간 사회에는 역사가 축적될수록 살인은 오히려 그 빈도수가 기하급수적으로 증가해 왔다. 역사가 흐를수록 인간은 선량해지는 것이 아니라 점점 더 악해지고 있음을 여실히 보여주고 있는 것이다. 성경은 애초부터 이러한 인간에 대해 인간 자신만으로는 희망이 없음을 단언하고 있다. 『기록된 바와 같으니 의인은 없나니 없도다, 한 사람도 없도다.』(롬 3:10)라고 천명한 다음, 『그들의 목구멍은 열린 무덤이요, 그들이 자기 혀로는 속였으며 그들의 입술 아래는 독사의 독이 있고 그들의 입은 저주와 독설로 가득 차고 그들의 발은 피 흘리는 데 빠른지라 …그들의 눈앞에는 하나님을 두려워함이 없도다.』(롬 3:13-18)라고 자세히 그 실상을 기술하고 있다. 특히 요즈음은 하루가 멀다 하고 살인 사건들이 뉴스의 첫머리를 장식하고 있다. 이에 비해 일반적인 범죄들은 그리 많이 뉴스에 오르내리지 않는다. 그렇다면 살인이 늘어난 반면 일반 범죄는 줄어들었다는 얘기인가? 결코 그렇지 않다. 모든 범죄가 다 증가하되 끔찍한 살인사건이 너무 빈번하게 일어나다 보니 자살이나 강도, 사기 같은 범죄는 너무 시시해서 뉴스 축에도 끼지 못하는 시대가 된 데 그 원인이 있는 것이다.

살인에 대하여 구약성경은 고의적으로 사람을 죽인 자와 부지중에 살인을 범한 자(민 35장, 신 19장, 수 21장)로 구분하여 도피성 제도를 두고 있으며, 신약성경은 아비를 죽이는 자들, 어미를 죽이는 자들, 살인자들 이렇게 세 종류(딤전 1:9)로 살인자들을 구분하고 있다. 이 중 후자의 경우, 현실적으로 용돈 문제로 아비를 죽이거나 어미를 죽이는 자들이 날로 증가하고 있으며, 층간소음, 욕설, 애정 문제, 사소한 말다툼 등으로 순간적인 분노를 억제하지 못해 살인을 범하는 예들도 비일비재하다.

흔히들 살인 사건의 증가 원인으로 살인범들의 사형 보류를 꼽는다. 사실 두 좌파 정권이 들어선 이후 사형이 선고된 사람들에게 사형을 보류하는 바람에 지금도 사형수 60여 명이 국가 예산을 축내면서 그보다 훨씬 더 많은 죽은 사람들의 인권을 송두리째 무시한 채 퍼렇게 목숨들을 이어가고 있다. 하기는 살인을 하더라도 자유는 제한이 될지언정 목숨 하나는 고스란히 남는 판이니 사람들이 사람 죽이는 일에 겁이 없어질 만도 하다. 그러나 살인사건의 증가가 꼭 그 한 가지 원인에만 귀결되는 것은 아니다.

성경은 에덴동산에서의 단 한 번의 범죄 이래 아담이 소유했던 세상의 왕권을 사탄에게 넘기고 말았음을 여러 곳에서 기록하고 있는데, 누가복음 4장 6절도 그중 하나다. 『그것이 나에게 넘겨졌으므로 내가 원하는 자에게 줄 수 있느니라.』에서 보는 것처럼 사탄은 예수님을 시험하면서 세상의 모든 권세와 그것들의 영광이 자신에게 넘겨졌음을 공공연히 말하고 있다. 세상이 아담의 범죄 이래 사탄의 지배 아래 놓여 있음은 여러 가지 죄악들로 점철된 인류 역사가 그 사실을 잘 말해 준다. 인류는 6천 년 동안 무수히 평화를 외쳤지만 한 번도 평화로운 세계를 이룬 적이 없었다. 세상이 분란과 악의 근원인 사탄의 지배 아래 줄곧 놓여 있었기 때문이다. 『이는 마귀가 자기 때가 얼마 남지 않았음을 알고 크게 분노하며 너희에게로 내려갔음이라.』(계 12:12) 이것은 그 시기가 대환란 때에 해당하는 말씀이지만, 그 대환란이 시시각각 현실로 다가오고 있는 지금, 자기 때가 얼마 남지 않은 줄 마귀가 모를 리가 없다. 따라서 마지막 때가 가까울수록 사탄의 활동이 더욱 극성을 부리리라는 것은 불문가지다. 세상이 하루가 다르게 여러 가지 범죄들로 피폐해지고 IS(이슬람 극단주의 무장단체) 같은 악의 세력들이 기존 국가들의 존립을 위협하고 있는 것이 바로 그 증거다.

성경은 『형제들아, 너희가 스스로 지혜 있는 체하지 않게 하기 위하여 이 신비를 너희가 모르기를 내가 원치 아니하노니 이는 이방인들의 충만함이 차기까지는 이스라엘의 일부가 완고하게 된 것이라.』(롬 11:25)고 말한다. 여기에서 '이방인들의 충만함이 차기까지'라는 말은 '이방인들의 죄가 충만해지기까지'라는 의미이다. 이것과 관련하여 창세기에 『그러나 사 대 만에 그들이 이곳으로 다시 돌아오리니, 이는 아모리인들의 죄악이 아직 다 차지 않았음이라.』(창 15:16)는 말씀이 나오는데, 이는 하나님이 공의의 하나님이심을 잘 보여준다. 선민인 이스라엘이 돌아온다고 해서 무조건 명분도 없이 아모리인들을 쫓아내는 것이 아니라, 그들의 죄악이 하나님께서 정해놓으신 어떤 수위에 도달했을 때에야 비로소 그들을 카나안에서 쫓아내고, 대신 이스라엘을 그 땅에 심으신다는 것이다. 바로 이와 마찬가지로 이방인들의 죄가 충만해지면 그때까지 이방인들에게 열렸던 구원의 문이 닫히면서 대환란 직전에 그리스도의 신부들을 대상으로 하는 휴거가 일어나고, 이어서 대환란의 시작과 함께 이스라엘 민족에게 구원의 문이 열려 이 기간에 주로 이스라엘 열두 지파에서 144,000명이 구원을 받는다는 것이 위대한 성경의 예언이다.

진화론자들이나 그들의 주장을 곧이곧대로 믿고 살아가는 세상 사람들은 세상의 종말 같은 것은 없다고 주장한다. 대신 그들은 교육과 그들 자신의 노력으로 이 지상에 완전한 평화를 이룰 수 있다고 생각한다. 이에 관한 한 성경은 매우 비관적이다. 왜냐하면 성경은 세상의 종말을 매우 여러 곳에서 말씀하고 있기 때문이다. 『형제들아, 내가 이것을 말하노니 때가 얼마 남지 않았으니 이제부터 아내가 있는 사람들은 없는 것같이 하며 또 우는 사람들은 울지 않는 것같이 하고 기뻐하는 사람들은 기뻐하지 않는 것같이 하며 또 물건을 사는 사람들은 소유하지 않은 것같이 하라. 그리고 이 세상을 이용하는 자들은 다 이용하지 못할 것처럼 하라. 이는 이 세상의 형체가 사라져 감이라.』(고전 7:29-31) 이 얼마나 멋없고 소극적이며 암담한 말씀인가. 부지런히 돈을 벌어 빌딩도 사고 아름다운 여자를 만나 천년만년 즐거움을 누리며 살고 싶은데 성경은 너무 재미없게도 마치 질그릇 바구니를 바위 위에서 뒤엎은 듯 그 모든 희망을 여지없이 산산조각으로 만들고 있으니 말이다.

그러나 절대 진리인 성경은 권면한다. 『우리가 음란과 정욕과 술 취함과 방탕과 연락(宴樂)과 혐오스런 우상 숭배를 행하여 이방인들의 뜻을 행한 것은 지난날의 생활로 충분하도다.』(벧전 4:3) 그렇다. 빛의 자녀인 성도들이여, 지난날 우리가 누린 세상 즐거움은 이미 그것만으로 충분하니 세상이 죄악으로 충만할수록 깨어서 주님 만날 준비를 하자. 오늘 저녁이든 내일 아침이든 주님께서 오시면 즉시 모든 것을 두고 떠날 준비를 하자.

찬송시 33

주께는 어려워 못하실 일 없나이다

렘 32:17

1
백 살의 아브라함 아흔 살 사라에게
생명의 때를 따라 아들을 주시었네
하늘의 별과 같이 셀 수 없는 큰 민족
이삭이 나기도 전에 미리 약속하셨네

<후렴>
큰 권능 펴신 팔로 하늘땅을 지으신
주께는 어려워 못하실 일 없나이다

2
이스라엘 백성이 이집트를 떠날 때
동풍을 불게 하사 바다를 가르셨네
왼쪽과 오른쪽에 일어서 벽이 된 물
홍해를 마른 땅처럼 건너가게 하셨네

3
아모리 사람들을 무찌르던 그날에
여호수아 기도로 태양이 멈추었네
이스라엘 백성이 원수를 갚기까지
태양이 거의 종일을 내려가지 않았네

전능하신 하나님

성경은 『태초에 하나님께서 하늘과 땅을 창조하셨느니라.』(창 1:1)라는 위대한 선언으로 시작된다. 이것은 태초라는 시간에 하나님이 하늘이라는 광대한 공간을 창조하시고, 그 공간 속에 땅(지구)을 창조하셨음을 전해준다. 그러나 이 태초의 세상에는 누군가에 의한 어떤 반역 사건이 있었고, 그로 말미암아 땅은 물들(깊음)로 심판을 받아야 했으며, 그 결과 땅은 물들 속에 잠긴 채 어두움에 덮여 있었다(창 1:2). 우리는 이 기간이 얼마였는지 알 길이 없다.

『하나님께서 말씀하시기를 "빛이 있으라." 하시니, 빛이 있더라.』(창 1:3) 이것은 재창조의 첫날에 해당하는 기사다. 우리는 여기서 "빛이 있으라."는 하나님의 명령과 동시에 빛이 생겨났음을 확인하게 된다. 이 대목은 무에서 말씀 하나로 유를 이루시는 하나님의 전능하심을 보여준다. 이 빛은 햇빛이 아니다. 태양은 넷째 날에야 빛과 별도로 창조되기 때문이다. 따라서 성경은 『주께서는 빛과 해를 예비하셨으며』(시 74:16)에서 보듯 둘을 엄연히 구별하신다.

하나님의 전능하심을 생각할 때, 우리는 편의상 초거시적 세계의 창조와 초미시적 세계의 창조로 나누어 생각해 볼 수 있다. 먼저 초거시적 세계의 창조다. 『하나님께서 말씀하시기를 "물들 가운데 창공이 있으라. 창공으로 물들에서 물들을 나누게 하라." 하시니라. 하나님께서 창공을 만드시고 창공 위에 있는 물들에서 창공 아래 있는 물들을 나누시니 그대로 되니라.』(창 1:6,7) 이것은 하나님께서 현재의 우주(하늘)를 만드신 기록이다. 이 말씀은 창 1:2에서 깊음(물들)에 잠겨 있던 지구를 중심으로 『물들 가운데 창공이 있으라.』는 하나님의 명령에 따라 현재의 우주가 생겨났음을 보여준다. 그러니까 깊음(물들)으로 된 거대한 용기(容器) 속에 광대한 우주가 담겨 있는 것이다. 그런데 이쯤에서 생각해 볼 것은 인간의 두뇌로는 상상조차 하기 어려운 우주의 크기이다. 피터 럭크만의 『욥기 주석서』에 의하면 지구에서 정북(正北) 방향으로 자그마치 3조 광년 저편에 우주를 담은 용기의 윗면이 자리해 있다고 말한다. 이 우주의 윗면을 성경은 '부어 만든 거울 같은 하늘'(욥 37:18), '큰 물 무더기'(합 3:15), '유리 바다'(계 4:6, 15:2) 등으로 부르는데, 이것의 현재 상태는 물이 돌로 된 것처럼 감추어졌을 뿐만 아니라, 그 표면이 절대온도(-273.16도)로 얼어 있다고 말한다(욥38:16). 피라미드 모양의 우주가 물들(깊음)로 된 용기 속에 담겨 있고 지구는 그 우주의 중심에 위치해 있다. 그렇다면 지구와 해와 달과 별들이 담겨 있는 우주의 정북(正北)에서 정남(正南)까지의 거리는 무려 6조 광년의 거리라는 계산이 나온다. 1광년이 빛이 1년 동안 가는 거리임을 감안해 볼 때, 설령 인간이 어느 미래에 빛만큼 빠른 우주선을 만든다 하더라도, 우주의 정북 끝에서 정남 끝까지 가자면 6조 년이 걸리는 거리라는 것이다. 6조 광년, 이것은 분명 칠십 년이나 팔십 년을 살다가 가는 인간으로서는 상상이 미치지 않는 거리이다. 실로 얼마나 넓디넓은 우주란 말인가! 하나님은 이렇듯 크나큰 우주를 말씀으로 창조한 전능하신 분이다.

다음은 현미경으로 보아야 보이는 초미시적 세계의 창조다. 성경에는 '우수의 구성요소'(벧후 3:10,12)라는 말이 나온다. 모든 물질의 기본 구성요소는 원자라는 미세한 입자이다. 이 입자 속에는 양전하를 띤 양자가 있고, 음전하를 띤 전자가 있으며, 전하를 띠지 않은 중성자가 있다. 양자와 전자 및 중성자는 서로 힘의 균형을 이루는 가운데 제 자리를 지키고 있다. 이 힘의 균형이 무너지면 원자는 폭발과 동시에 엄청난 에너지를 발산한다. 핵물질이 무서운 위력을 갖는 것은 이 때문이다. 따라서 원자 내 입자들의 세력 균형이 유지되도록 어떤 힘이 양자와 전자와 중성자를 창조 당시의 상태대로 붙잡고 있지 않으면 안 된다. 성경은 이에 대해서 『그의 능력의 말씀으로 만물을 붙들고 계시며』(히 1:3)라고 말씀한다. 바로 여기서 우리는 최초에 원자를 만드신 분도, 이 원자의 질서를 유지하고 있는 분도 곧 말씀이신 예수 그리스도이심을 알게 된다.

우리 몸의 왼쪽 가슴 속에서 한시도 쉬지 않고 뛰는 심장과 온몸에 퍼져 있는 핏줄과 피의 순환을 예로 들어보자. 우리 생명의 주 엔진인 심장은 크기는 주먹만하고 무게는 300그램 내외인데도 매분마다 70번 정도 펌프질을 하여, 맥박 수가 하루에 10만 번, 70년이면 무려 26억 번에 이른다고 한다. 가늘고 긴긴 실핏줄에 밤낮 쉼 없이 신선한 피를 보내는 심장이야말로 얼마나 놀라운 엔진인가! 우리 몸의 세포 수는 대략 100조 개 정도 된다고 한다. 이 100조 개의 세포 하나하나를 하나도 빠뜨리지 않고 연결한, 정교하기 이를 데 없는 배관들이 실핏줄이다. 이 실핏줄들을 모두 연결하면 그 길이가 지구 둘레 두 바퀴 반이나 된다고 하는데, 이 정교하고 초미시적인 배관기술은 얼마나 놀라운가! 그뿐이 아니다. 가늘고 긴긴 실핏줄 터널 속을 달려 세포 하나하나에 산소와 양분을 공급하고 온몸의 구석구석에서 노폐물들을 실어 신장으로 운반하는 혈액은 또 얼마나 불가사의한 화물열차인가!

우리가 믿는 하나님은 초미시적이든 초거시적이든 전능하신 창조주다. 99세의 할아버지 아브라함과 89세의 할머니 사라에게 이삭을 잉태케 한다는 것은 사람의 의학적 상식으로는 불가능한 일이다. 그러나 하나님께 있어 그 일은 결코 어려운 일이 아니다. 아들 하나님이신 예수 그리스도께서는 죽어서 무덤에 장사되어 나흘이나 된, 악취가 진동하는 베다니의 나사로를 『나사로야, 나오너라.』(요 11:43)는 권위 있는 명령으로 다시 살려내셨기 때문이다. 아마도 살아 있는 할아버지 할머니로 하여금 아들을 잉태케 하여 낳게 하는 일보다 죽어서 썩는 냄새가 나는 나사로를 살려내는 일이 더욱 어려웠으면 어려웠지 쉬운 일은 아니었으리라.

밤새도록 강한 동풍이 불게 하여 홍해의 바닷물을 갈라 이스라엘 민족으로 하여금 마른 땅을 밟아 건너게 하신 일(출 14:29)도 인간 세상에서는 믿기 힘든 일이다. 그래서 인본주의자들은 이 대목에서 머리를 짜내어 이스라엘 민족은 단지 바닷가의 갈대밭을 건넜을 뿐이라고 애써 인간적인 해석을 한다. 그러나 하나님께 있어 그 일은 그리 어려운 일은 아니다. 노아의 홍수 때 그분은 우주의 3조 광년 저편 깊음의 물들을 끌어와 산들을 다 잠기게 한 후 도로 제 자리로 돌아가게 하시지 않았던가. 여호수아가 아모리인들을 칠 때 태양이 기브온 위에 머무르게 한 일(수 10:12)은 역시 인본주의자들에겐 믿기 힘든 일로, 이것이야말로 황당무계한 거짓말이 틀림없다고 여길 것이다. 그러나 하나님께는 이 일처럼 쉬운 일은 다시없었을 것이다. 왜냐하면 지구의 자전과 달의 움직임을 거의 하루 정도만 정지시키면 될 테니까 말이다.

당신은 아직도 성경이 믿어지지 않는가? 먼저 주 예수 그리스도를 믿고 그분을 구주로 영접하라. 믿음의 첫 단추를 제대로 끼우는 순간 모든 말씀은 진리가 되어 성큼 열려올 것이다.

찬송시 34

큰 파도 밀려오는 밤바다 한가운데

요 6:17

1
큰 파도 밀려오는 밤바다 한가운데
믿음의 배를 타고 노 젓는 성도들아
아침 해 돋을 때가 시시각각 다가온다
어둡다 겁먹지 말고 더욱 힘을 내어라

2
빛 한 점 뵈지 않는 밤바다 한가운데
말씀의 등을 켜고 노 젓는 성도들아
깊음과 별을 넘어 우리 주님 곧 오신다
풍랑을 두려워 말고 더욱 힘을 내어라

3
무서운 파도 소리 밤바다 한가운데
성령의 인도 속에 노 젓는 성도들아
이제 곧 날이 새어 아침의 별 떠오른다
소망의 주님을 향해 더욱 힘을 내어라

신실한 파수꾼으로 발견되라

오병이어의 기적을 행하신 후 사람들이 억지로 데려다가 왕으로 삼으려 하자 주님께서는 홀로 산으로 가신다. 『저녁때가 되어 제자들이 바다로 내려가서 배를 타고 카퍼나움을 향하여 바다를 건너가는데, 날이 이미 어두워졌으나, 예수께서는 아직 그들에게로 오시지 아니하더라.』(요 6:16,17) 이 장면만 보아서는 산으로 가신 주님께서 오시지 않는 까닭을 알 수 없다. 그러나 마태복음에서 같은 장면을 묘사한 부분을 보면 그 까닭을 비교적 소상히 알 수 있다. 『그리고 나서 곧 예수께서 제자들을 재촉하여 배를 타고 먼저 건너편으로 가게 하시고, 그동안 주께서는 무리를 보내시더라. 무리를 보내신 후 주께서는 기도하러 따로 떨어져 있는 산으로 올라가셨는데, 저물었을 때에 거기에 홀로 계시더라.』(마 14:22,23) 우리는 여기서 주님께서 제자들에게로 오시지 않은 이유가 자신을 왕으로 삼으려는 사람들을 피해 혼자 산에 올라가셔서 아버지 하나님께 기도를 드리는 일 때문이었음을 알게 된다.

『날이 이미 어두워졌으나, 예수께서는 아직 그들에게로 오시지 아니하더라.』(요 6:17) 언뜻 보면 이 구절은 단순하고 평범한 서술같이 보인다. 그러나 이 구절이 암시하는 바를 알고 보면 이 구절만큼 의미심장한 구절도 드물다는 사실에 동의하게 된다. 날이 이미 어두워졌다. 지금 제자들은 배를 타고 가퍼나움을 향하여 갈릴리 바다를 건너가고 있다. 그런데 정작 예수님께서는 그들과 함께 계시지 않는다. 이 상황에서 우리는 문득 이상한 낌새를 느낀다. 그것은 바로 우리 역시도 어두운 밤바다를 건너가고 있다는 동류의식이다. 왜냐하면 어두운 밤이 교회시대 2천 년을 암시하고 있다면 가퍼나움을 향하여 배를 저어가는 제자들이야말로 주님의 다시 오심을 사모하며 하루하루를 살아가는 우리 자신들의 모습이기 때문이다.

『바다에 강풍이 불므로 파도가 일더라.』(요 6:18) 이 장면을 마태복음에서 보면 보다 구체적으로 묘사되어 있다. 『한편 그 배는 이제 바다 한가운데 있었는데, 바람이 거슬러 불므로 파도에 시달리고 있더라.』(마 14:24) 그러니까 제자들은 지금 갈릴리 바다 한가운데 거슬러 부는 바람 속에서 높은 파도에 시달리고 있다. 바람이 더욱 빨라지고 파도가 점점 더 거세게 뱃전을 때린다. 어떤가, 지금 더도 덜도 말고 우리의 처지가 영락없이 그런 것 같은 느낌이 들지 않는가? 그렇다. 지금 우리는 교회시대, 곧 거슬러 부는 바람에 풍랑이 일어 금방이라도 타고 있는 배가 뒤집힐 것 같은 어두운 밤바다 한가운데 있다. 산 위에서 기도하시는 예수님은 현재 셋째 하늘에서 성도들을 위해 중보하고 계시는 대제사장의 좋은 그림이며, 현시대는 칠흑 같은 밤중으로 바람은 항상 맞은편에서 거세게 불어와 성도들을 괴롭히고 있는 것이다.

인간의 안목으로 보아 위기라고 해서 주님께서는 미리 정해 놓으신 때를 당기시거나 미루시지는 않는다. 주님께서는 시간과 공간의 주인이시므로 자신의 때에 정확히 나타나신다. 주님의 다시 오심을 두고 성경은 『그 날과 시간에 관해서는 아무도 모르나니, 징녕 하늘에 있는 천시들도 모르고 아들도 모르며 오직 아버지만 아시느니라. 너희는 주의하여 깨어 기도하라. 이는 너희가 그때가 언제인지 모르기 때문이라.』(막 13:32,33)고 말씀하신다. 그리고 네 가지 경점을 제시하신다. 『그러므로 깨어 있으라. 그 집주인이 언제 올는지, 저녁일는지, 밤중일는지, 닭이 울 때일는지, 아니면 아침일는지 너희가 모르기 때문이라.』(막 13:35) 여기에서 저녁(첫 번째 경점)은 6-9시로 A.D 33-1000년, 밤중(두 번째 경점)은 9-12시로 A.D. 1000-1500년, 닭이 울 때(세 번째 경점)는 12-3시로 A.D. 1500-1900년, 아침(네 번째 경점)은 3-6시로 A.D. 1900년-휴거 때까지에 해당한다. 일곱으로 일하시는 하나님의 경륜으로 볼 때 지금 시간은 6번째 천년이 지나고 7번째 천년에 들어선 지도 벌써 18년이 지난 시점이므로 네 번째 경점의 최 말미에 다다라 있는 셈이다. 여유 시간이 그리 많이 남아 있지 않은 것이다.

더 늦지도 더 빠르지도 않게 나타나시는 주님을 성경은 이렇게 묘사한다. 『밤 제사경에 예수께서 바다 위를 걸어서 그들에게 다가오시니』(마 14:25) 같은 대목을 요한복음은 또 좀 다르게 묘사함을 볼 수 있다. 『그때 그들이 노를 저어 이십오 내지 삼십 스타디온쯤 갔을 때, 예수께서 바다 위로 걸어서 배로 다가오시는 것을 보고 두려워하더라.』(요 6:19) 1스타디온(펄롱)은 201.17m이므로 삼십 스타디온은 약 6㎞ 남짓한 거리이다. 주님의 제자들이 노를 저어, 그것도 마주 불어오는 강풍 속을 거슬러 6㎞정도나 이동했다는 것은 이른 저녁부터 새벽 제4경까지 그야말로 상당히 먼 거리를 악전고투했음을 보여준다.

『파수꾼아, 밤이 어떻게 되었느냐?』(사 21:11) 여기에서 파수꾼은 예수님 당시로 보면 바람을 거슬러 풍랑과 싸우는 제자들에 해당한다. 그러나 교회시대 막바지인 현시점으로 보면 이 파수꾼은 그리스도를 대신한 대사(고후 5:20)들, 곧 성경대로 믿는 사람들에 다름 아니다. 파수꾼은 자신을 파수꾼으로 세워준 분을 위해 언제 어디서든 힘차게 나팔을 불어야 한다. 그리하여 그 결과 『그가 나팔 소리를 듣고 경고를 받아들이지 아니하면 그의 피는 그의 머리로 돌아갈 것이나 그 경고를 받아들이는 자는 그의 생명을 구할 것이라.』(겔 33:5)고 성경은 말씀한다. 그런데 파수꾼에게는 더욱 막중한 책임이 있다. 『그러나 그 파수꾼이 칼이 임하는 것을 보고서도 나팔을 불지 않아 백성들이 경고를 받지 못하여 칼이 임하여 그들 가운데 어떤 사람을 제거하게 되면 그는 그의 죄악 중에서 제거되지만 그의 피는 내가 파수꾼의 손에서 구할 것이니라.』(겔 33:6) 보는 것처럼 파수꾼 자신이 나팔을 불지 못해 누군가가 피해를 입는다면 하나님께서는 파수꾼의 손에서 그 피를 요구하신다는 것이다. 이 얼마나 엄중한 경고인가!

나라가 공산화되면 신앙의 자유가 없어질 것은 불문가지(不問可知)다. 그러나 공산주의의 무서움을 모르는 젊은이들은 이 나라를 피땀 흘려 건설한 어른들을 고리타분한 꼰대들이라고 매도하며 북쪽 공산주의에 우호적인 세력을 오히려 일방적으로 편들고 있다. 실로 기현상으로 이 나라에겐 건국 이래 최대 위기가 아닐 수 없다. 그러나 공의를 행하고 진리를 구하는 한 사람만 있어도 그 성읍을 용서하시리라(렘 5:1)는 약속이 아직도 퍼렇게 살아 있거늘, 성경대로 믿는 사람들이 1천 명 안팎이나 있는 이 나라를 하나님께서 허망하게 버리실 리는 만무하다. 중요한 것은 성도들이 아무리 세상이 어둡고 험악하더라도 주님께서 맡기신 일을 얼마나 의연히, 또 신실하게 감당하느냐가 관건이다. 주 예수 그리스도께서는 때가 되면 자신의 소중한 신부를 데려가시려 홀연히 오실 것이다. 샛별(day star)(벧후 1:19)이자 아침의 별(morning star)(계 22:16)이신 주님께서는 바다(깊음)를 건너오시는 즉시 『내니, 두려워 말라.』(요 6:20)고 위로하며 우리를 셋째 하늘로 옮기실 것이다. 밤이 어두울수록 아침은 가까운 법이다. 더 열심히 말씀 읽고 더 열심히 기도하자. 그리고 더 넘치게 주님의 일을 하자.

찬송시 35

주님께서 사랑하는 남은 자

롬 11:5

1
아합왕과 이세벨이 선지자 다 죽일 때
바알에게 한 번도 그 무릎 꿇지 않고
입 맞추지 아니한 신실한 칠천 명을
주님은 남겨두셨네 엘리야가 모르도록

<후렴>
남은 자 주님께서 사랑하는 남은 자
그 앞길 인도하시네 항상 지켜주시네

2
유대인이 바빌론에 포로 되어 있을 때
형상에 경배하지 아니한 세 사람을
칠 배나 더 뜨거운 불 속에 던졌어도
주님은 보호하셨네 머리카락 한 올까지

3
몸의 양식 풍요해도 영의 양식 귀한 때
사방을 둘러봐도 어둠만 가득한데
적은 수의 남은 자 은혜로 선택하사
주님은 늘 비추시네 이 땅 가득 진리의 빛

당신은 이 시대의 남은 자인가

한글킹제임스성경 전체에서 "남은 자"라는 말은 120개 구절에서 총 123번 검색된다. 그러나 그 가운데 "남은 자"로 표기되어 있어도 지금 논하고자 하는 "남은 자"와는 거리가 먼 "남은 자"가 있고, 성경에서 굳이 "남은 자"라는 문자로 표기되지 않아도 "남은 자"에 해당하는 많은 인물들이 있다. 노아, 욥, 에스겔, 다니엘, 사드락, 메삭, 아벳느고, 모르드캐, 에스더, 에스라, 느헤미야, 침례인 요한, 안나, 시므온 등의 인물들이 바로 그들이다.

"남은 자"는 하나님의 말씀을 신뢰하고 무슨 일에나 하나님을 의뢰하는 사람이다. 따라서 그들은 사람을 두려워하지 않고 오직 하나님만을 두려워한다. 바빌론의 느부캇넷살왕이 높이 육십 큐빗, 너비 여섯 큐빗의 금 형상을 만들어 두라 평원에 세우고, 모든 고관들과 총독들과 군대대장들과 각 지방의 치리자들을 낙성식에 오게 하여, 그것에 경배하게 했다. 그런데 바빌론 지방의 정사를 다스리라고 세운 사드락과 메삭과 아벳느고라는 세 유대인들은 경배를 하지 않았다. 이 보고가 올라가자 분노한 느부캇넷살왕은 이들을 불러, 『오 사드락과 메삭과 아벳느고야, 그것이 사실이냐? 너희가 내 신들을 섬기지도 않으며 내가 세운 금상에 경배하지도 않느냐? 이제라도 …내가 세운 형상에 경배하면 좋거니와, 만일 너희가 경배하지 아니하면 너희는 즉시 불타는 뜨거운 용광로 속으로 던져질 것이니 그러면 내 손에서 너희를 구해 낼 신이 누구겠느냐?』(단 3:14,15)라고 하자, 이들은 『만일 그렇게 된다 해도 우리가 섬기는 우리의 하나님께서는 불타는 뜨거운 용광로에서 우리를 구해 내실 수 있으며, 오 왕이여, 그분께서는 우리를 왕의 손에서 구해 내실 것이니이다. 그러나 만일 그렇게 되지 아니할지라도, 오 왕이여, 우리가 왕의 신들을 섬기지 아니할 것이며 왕께서 세우신 금상에 경배하지도 아니할 것을 왕께서는 아소서.』(단 3:17,18)라고 대답한다. 그리하여 그들은 평상시보다 칠 배나 더 뜨겁게 한 용광로 속에 던져졌다. 그러나 그 순간 놀랍게도 성육신 이전의 주님께서 오셔서 그들을 구해 주셨는데, 용광로에서 나왔을 때 그들은 머리카락 한 오리도 상한 데가 없었다.

하나님께서는 매세대마다 남은 자를 부르셨다. 이스라엘의 아합왕은 오므리의 아들로 시돈인들의 엣바알 왕의 딸 이세벨을 아내로 삼아 바알을 섬기고 경배했을 뿐만 아니라, 사마리아에 바알의 신전을 건축하고 제단을 쌓아 이스라엘의 역대 모든 왕보다 하나님을 격노케 했다. 엘리아가 칼멜 산에서 바알의 선지자 450명과 대결하여 이겨 그들을 키손 시냇가로 끌고 내려가 죽이자 왕비 이세벨이 엘리야에게 사자를 보내어 『내가 내일 이맘때까지 네 생명을 그들 중 하나의 생명같이 만들지 아니하면 신들이 내게 벌을 내리고 더 내리기를 원하노라.』(왕상 19:2)라고 했다. 칼멜 산에서는 그렇게도 용감하게 바알의 선지자들과 담대히 싸워 대승리를 거두었던 엘리야가 이세벨의 이 위협에는 어쩐 일인지 의기소침하여 브엘세바로 줄행랑을 놓고, 다시 광야로 하룻길을 더 가, 향나무 아래서 기진맥진하여 앉아 하나님께 죽기를 구한다. 그러니 하나님의 음식공급으로 다시 기운을 차린 뒤 사십일 밤낮을 가서 하나님의 산 호렙에 이르고, 거기 한 굴에서 유숙하게 되는데, 이때 하나님의 말씀이 그에게 임했다. 『엘리야야, 네가 여기서 무엇 하느냐?』(왕상 19:9),(왕상 19:13) 하나님께서는 산 위에서도 이와 똑같은 질문을 하셨다. 그러자 엘리야 역시 두 번에 걸쳐 같은 대답을 한다. 『"내가 만군의 주 하나님으로 인하여 심히 질투하였사오니, 이는 이스라엘 자손이 주의 언약을 버리고 주의 제단을 헐었으며 주의 선지자들을 칼로 죽였음이니이다. 나, 오직 나만이 남았는데, 그들이 내 생명도 앗아가려고 찾고 있나이다."』(왕상 19:10), (왕상 19:14) 보는 것처럼 토씨 하나 틀리지 않는 두 번의 대답이다. 오직 하나님만을 두려워하며 승승장구하던 엘리야가 여기서는 마귀의 하수인인 이세벨이 두려워, 모든 선지자가 다 죽고 오직 자신만 남았다고 하나님 앞에 하소연하고 있는 것이다. 이런 엘리야에게 하나님께서는 다시 사명을 부여하신 다음 『그러나 내가 나를 위하여 이스라엘에 아직 칠천 명을 남겨 두었나니, 곧 바알에게 꿇지 아니한 모든 무릎과 바알에게 입 맞추지 아니한 모든 입이라.』(왕상 19:18)고 말씀하신다. 여기서 보면 엘리야 자신도 남은 자이지만 칠천 명의 『꿇지 아니한 모든 무릎과 바알에게 입 맞추지 아니한 모든 입』 역시 하나님께서 부르신 남은 자임이 분명하다.

하나님께서는 매세대마다 남은 자를 부르셨다. 우리가 잘 아는 대로 남왕국 유다는 B.C. 606년에 느부캇넷살 왕의 군대에 예루살렘이 함락됨으로써 전 민족이 바빌론으로 잡혀갔다. 예레미야 25장 11절을 보면 『그리하면 이 온 땅이 황폐함과 경악거리가 되며 또 이 나라들은 바빌론 왕을 칠십년간 섬기리라.』는 하나님께서 예정하신 포로 기간이 나오는데, 바빌론 포로로 잡혀간 유대인들의 귀환은 바로 이 70년이 지난 후에 이루어진다. 에스라 2장과 느헤미야 7장 등에 수많은 귀환자들의 이름이 기록되어 있고, 그 온 회중의 총합이 42,360명이라고 명시되어 있다. 이들이 모두 하나님께서 부르신 남은 자들임은 이론의 여지가 없다.

하나님께서는 이 시대에도 남은 자들을 부르신다. 남은 자는 언제나 다수가 아닌 소수이다. 남은 자가 소수라는 증거는 마태복음 7장 13,14절을 보아도 명백하다. 『너희는 좁은 문으로 들어가라. 이는 멸망으로 인도하는 문은 넓고 그 길이 광대하여 그리로 들어가는 사람이 많으나 생명으로 인도하는 문은 좁고 그 길이 협소하여 그것을 찾는 자가 적음이니라.』 여기서 "좁은 문"은 성경대로 믿는 믿음을 말한다. 보는 것처럼 이 문은 좁고 그곳으로 들어가는 길은 협소하여 찾는 자가 적다고 한다. 그런데도 사람들은 자신이 다니는 교회의 큰 건물과 교인 수를 자랑하기 일쑤다. 우리나라 기독교인 숫자가 1,000만 안팎이나 된다면 넓은 문과 광대한 길이라야 맞을 것 같은데 왜 이렇게 정반대의 말씀을 기록하셨을까? 그렇다면 주님께서는 훗날 인구의 폭발적 증가도 예상하지 못하셨단 말인가? 그러나 결코 그렇지 않다. 우리가 전능하신 하나님과 그 말씀을 믿는다면 그분이 좁은 것을 좁다 하셨고 협소한 것을 협소하다 하셨음도 마땅히 믿어야 한다.

교회시대 남은 자는 구원받은 성도들로 마음을 다하고, 혼을 다하고, 생각을 다하고, 힘을 다해 하나님을 사랑하는 사람들이다. 날마다 주의 말씀을 사랑하고 묵상하며, 구령의 열정을 지닌 바로 그들이다. 당신은 어떤 사람인가? 자신이 이 시대의 남은 자라는 확신이 있는가?

찬송시 36

구원의 투구를 머리에 쓰고서

엡 6;11

1
구원의 투구 쓰고서 화평의 복음 두 발에 신고서
주의 전신 갑옷을 떨쳐입은 용사여
굶주려 울부짖는 사자처럼 삼킬 자를 찾아 두루 헤매는
저 힘센 세상 신이 바로 우리 적일세

<후렴>
싸우세 구하세 마귀에게 결박당한 혼들
씩씩한 믿음의 용사 아니면 구 누가 그들을 구하랴
싸우세 구하세 지옥으로 끌려가는 혼들
이겨오는 그 혼들 우리들이 받을 면류관일세

2
믿음의 방패 한 손에 들고서 말씀의 칼을 한 손에 잡고서
주의 깃발 들고서 씩씩하게 나가세
그 이름 전사이신 주 예수님 우리의 군대 대장이 되시니
대적 마귀 두려워 뒷걸음을 칫겠네

3
진리의 허리띠 굳게 매고 의의 흉배 가슴에 붙이고
최후의 승리 때까지 앞만 보고 나가세
사기가 충천하는 주의 용사 일당백이 거뜬한 주의 보병
저 마귀 겁을 먹고서 뒷걸음을 치겠네

영적 전쟁과 말씀의 칼

나는 성경대로 믿는 사람이 되기 전에 영적 전쟁이라는 말을 결코 들어 본 적이 없다. 장로교, 감리교 등을 전전하며 50년을 보냈지만, 영적 전쟁이라는 말이 있다는 사실조차 몰랐다. “십자가 군병 되어서”, “마귀들과 싸울 지라”, “십자가 군병들아”, “앞에 가신 주를 따라갑시다” 등의 찬송가를 어린 시절부터 알고 있었고, 또 무수히 부르기도 했으나 정작 그것들이 영적 전쟁을 묘사하는 가사인 줄은 까맣게 알지 못했다. 하기는 마귀가 변개한 성경을 가지고 마귀라는 아비 밑에서 죽 안주하고 있었으니, 지금 생각해보면 그럴 수밖에 없는 것이 당연했다는 생각이 든다.

그러나 성경대로 믿는 사람들의 대열에 속하면서부터 상황은 급변했다. 바른 성경 한글킹제임스 성경이 손에 들어오자 마귀의 실체가 백일하에 드러나고, 세상은 예수 그리스도 편과 마귀 편으로 양분되어 중간지대라곤 없으며, 이쪽과 저쪽의 접경지대에는 삶과 죽음이 비일비재하고 화약 냄새가 진동하는 전선이 형성되어 있다는 사실을 알게 되었다. 특히 거리설교는 총알이 빗발치는 최전선이었고, 나는 바로 그 전선에 투입된 군사였음을 자연스레 알게 되었다. 특히 가슴 뿌듯했던 일은 예수님과 사도 바울이 모두 거리설교자였으며, 보잘것없는 나 역시도 그 대열에 속하여 혼들을 이겨오는 사람이 되었다는 사실이었다. 『전쟁에 임하는 자는 아무도 이생의 일들에 얽매이지 아니하나니 이는 자기를 군사로 뽑은 자를 기쁘게 하려 함이라.』(딤후 2:4) 지금도 거리설교에 나가는 날이면 바로 이 말씀을 마음에 되새기며 결의를 다지곤 한다.

얼마 전 대구에서 시인들의 모임이 있었을 때다. 회의 겸 식사가 끝나고 찻집으로 자리를 옮겨 P 시인과 둘이서 마주 앉았다. 이런저런 이야기 끝에 화제는 자연스레 내가 성경대로 믿는 사람이 된 일로 옮아갔는데, 그는 자신처럼 시 쓰는 일에만 열중하던 내가 하루아침에 돌변하여 자신과는 전혀 다른 사람이 된 일을 두고 못내 아쉽다는 뜻을 말했다. 즉 자신처럼 오로지 시에 최고 가치를 두고 시나 부지런히 쓰면서 살면 더 큰 명예가 자연스럽게 따라오게 마련인데, 왜 그 좋은 길을 마다하고 엉뚱한 목회를 한다고 난리냐는 것이었다.

그러면서 그는 댄 브라운이 지은 픽션인 다빈치코드의 이야기를 들고나와 예수 그리스도가 막달라 마리아의 남편으로 후손을 남긴 평범한 한 남자에 지나지 않는다는 주장을 폈다. 이에 대해 나는, 예수님은 태어나기 400-1,000년 전에 그분이 오실 것이라는 48가지의 예언이 구약성경에 기록되었는데, 바로 그 예언대로 이 세상에 오신 분이라는 사실과 48가지의 예언들이 오직 한 사람에게 성취될 확률은 10의 157승분의 일로 경포대 해수욕장에서 작은 모래알 하나를 택하여 5미터 깊이의 모래구덩이 속에 묻었다가 다시 파헤쳐 애초의 그 모래알을 찾아낼 확률과 같다는 이야기를 들려주었다.

이어서 나는 그에게 『만물은 그에 의하여 지은 바 되었으며, 이미 지음 받은 것 가운데 그가 없이 지어진 것은 아무것도 없더라.』(요 1:3)라는 말씀을 인용하며 그분이야말로 창조주시라는 사실과, 『그는 하나님의 영광의 광채시며 그분의 인격의 정확한 형상이시고, 그의 능력의 말씀으로 만물을 붙들고 계시며, 친히 우리의 죄들을 정결케 하시고 높은 곳에 계신 위엄 있는 분의 오른편에 앉으셨으니』(히 1:3)라는 말씀에서 보듯 현재도 그 창조하신 만물을 붙들고 계신 분이라는 사실을 말했다. 그리고 바로 이분이 세상에 오신 궁극적인 목적은 한 사람 아담의 범죄로 말미암아 죄인으로 태어난 보는 사람을 지옥의 저주로부터 구원하시기 위해서인데, 자신의 피조물 가운데 하나인 막달라 마리아라는 여자를 아내로 삼아 밤마다 잠자리를 같이하고 후손까지 남겼다는 것은 어불성설이며, 만일 예수님이 그런 분이라면 『그는 하나님의 영광의 광채시며 그분의 인격의 정확한 형상』이 되실 수 없을 뿐만 아니라, 『친히 우리의 죄들을 정결케 하』실 수도 없으셨을 것이라고 말해 주었다.

40분 정도 갑론을박하는 사이 기차역에 손님을 태워다주고 온 M 시인이 우리와 합석했다. 그 순간 1대1의 싸움이 갑자기 1대2의 싸움으로 전환되었다. 그때 화제는 노아 홍수 쪽으로 옮아가 있었는데, 내가 우주 저편의 "깊음"의 물이 지구로 건너와 홍수를 일으켰음을 말하자 P 시인은 각 민족마다 홍수 신화가 존재한다는 말을 했다. 나는 그 사실이야말로 인류가 모두 노아의 후손임을 보여주는 증거라는 말을 해 주었다.

이 언저리에서 화제는 다시 예언으로 옮아갔다. 나는 성경에는 800여 가지의 예언이 기록되어 있는데, 그중 300여 가지는 이미 이루어졌고 나머지 500여 가지는 미래에 성취될 예정이라고 말했다. 그러자 P 시인은 노스트라다무스의 예언이 있는데 그동안 많은 부분이 이루어졌고, 역사가 진행됨에 따라 더 많은 예언들이 속속 이루어지고 있다고 했다. 나는 세상에 존재하는 여타의 예언서들이 바람에 따라 시시각각 모습이 변하는 아라비아사막의 작은 모래언덕이라면 성경의 예언들은 에베레스트 산처럼 우뚝한 위치에 있다고 들려주었다. 그러나 P 시인이나 M 시인은 그 말에 승복하지 않았다. 단지 그들의 말끝마다 내가 성경의 말씀들을 들이대자 M 시인은 최고의 잣대인 철학과 과학을 제쳐두고 왜 자꾸만 성경 구절들을 끌어대느냐고 볼멘소리를 했다.

그 순간 문득 나의 뇌리에 예수님께서 마귀에게 시험받으시는 장면이 떠올랐다. 마귀는 예수님에게 돌들에게 명하여 빵이 되게 하라는 제안, 성전 꼭대기에서 뛰어내려 보라는 제안에 이어, 네가 내게 엎드려 경배하면 세상의 모든 나라들과 그것들의 영광을 너에게 주리라는 제안을 하는데, 우리가 아는 바대로 예수님께서는 세 번 다 신명기의 말씀을 인용하여 마귀의 시험을 물리치신다. 문제는 전지전능한 하나님이신 그분이 그냥 즉흥적으로 말씀하셔도 충분할 것 같은데 왜 굳이 세 번 다 기록된 말씀을 인용하여 마귀의 시험을 물리치셨는가 하는 점이다. 여기에는 인간을 향한 그분의 깊은 뜻이 숨겨져 있다고 본다. 즉 원본이 영원히 하늘에 세워진 66권의 말씀을 인간에게 주시고, 성도들로 하여금 그 말씀을 통해서 마귀의 시험을 이길 수 있는 모범을 몸소 보여주신 것이다.

가령 태권도를 잘하는 사람이 유도를 잘하는 사람과 싸운다고 할 때 각기 자신의 장기대로 싸울 일이지 태권도로만 하자, 혹은 유도로만 하자는 것은 말이 되지 않는다. 골리앗이 칼과 창과 방패를 가지고 나올 때 다윗은 매끄러운 돌 다섯 개를 담은 목자의 자루와 물매를 가지고 그에게 다가간다. 그리고 외견상 무기의 절대적인 열세에도 불구하고 다윗은 그 날의 싸움에서 통쾌한 승리를 거둔다. 따라서 세상 사람들이 그 잘난 과학과 철학을 무기로 우리를 대적할 때 그리스도인이 기록된 말씀의 칼로 싸우는 것은 너무도 당연하지 않은가!

찬송시 37

흉악한 악의 세력 마지막 때를 맞아

신 31:6

1

흉악한 악의 세력 마지막 때를 맞아
바닷가 모래처럼 운집해 진을 쳐도
강건하고 담대하라 내가 너를 지키리라
오래 전 말씀을 통해 주님 약속하셨네

2

수많은 저 원수들 우리를 에워싸고
창과 칼 번뜩이며 날마다 위협해도
너 두려워하지 말라 내가 함께 있으리라
확실한 말씀을 통해 주님 들려주셨네

3

저 마귀 하수인들 천이고 만이어도
하늘 땅 주인이신 주 예수 그리스도
내가 너를 단념치도 버리지도 않으리라
예언의 말씀을 통해 굳게 다짐하셨네

바른 성경이 바른 믿음을 낳는다

하나님께서는 그분의 말씀을 영원히 하늘에 세워두시고(시 119:89), 이 지상에서도 그 말씀을 그분만의 독특한 방법으로 간수하시고 보존해오셨다(시 12:7). 그리고 무려 세 번이나 『하늘과 땅은 없어져도 내 말들은 결코 없어지지 아니하리라.』(마 24:35, 막 13:31, 눅 21:33)고 천명하셨다. '하늘과 땅이 없어진다.'는 것은 성경대로 믿는 사람들이 아닌 세상 사람들로서는 도저히 믿기 힘든 일이지만, 실제로 요한계시록 20장에서는 현재의 하늘과 땅이 사라져 버림을 볼 수 있다. 물론 그때에도 하나님의 말씀은 새 하늘에 우뚝 서 있을 것이다. 하나님은 우주의 주인이시며 아무것도 불가능한 일이 없는 전능한 분이시기 때문이다.

영국은 중세시대 로마 카톨릭의 지배 아래 있었다. 그러기에 그곳에는 변개된 라틴어 성경만 있었고, 그것도 성직자들만 그 성경을 접할 수 있었을 뿐, 일반 사람들은 그마저도 접할 수가 없었다. 하나님께서는 이 영국에 그분의 각별한 뜻을 가지고 계셨다. 엘리자베스 1세 시절에 스페인의 무적함대를 무찌르게 하시고, 빅토리아 여왕 시절에 그 나라를 해가 지지 않는 세계 최강의 나라가 되게 하셨을 뿐만 아니라, 영어가 세계 공용어가 되도록 역사하셨다. 이어 제임스 1세 치하에서는 구약 히브리 맛소라 원문과 신약 헬라어 표준원문을 당시 세계 최고인 옥스퍼드대학과 케임브리지대학의 54명의 학자들을 통한 완벽한 번역으로 마침내 세계인을 위한 성경인 킹제임스성경이 영어로 출간되게 하신 것이다.

하나님께서 간수하고 보존하신 바른 성경을 가장 싫어하는 자는 마귀이다. 하나님께서 섭리적으로 출간되게 하신 킹제임스성경이 그의 제1차 타깃이 되지 않을 리가 없다. 왜냐하면 바른 성경은 마귀의 맨얼굴(덮는 그룹(겔 28:14,16), 꼬부라진 뱀(욥 23:13) 꼬부라진 뱀 리비야단(사 27:1), 루시퍼(사 14:12), 이 세상의 신(고후 4:4) 등)을 가장 적나라하게 드러내고 있기 때문이다. 자신의 정체가 만천하에 생생하게 드러날수록 그의 먹이인 인간의 혼들을 지옥으로 끌어넣는 일에 막대한 지장을 초래할 것은 불문가지다. 그래서 마귀는 소위 학자들이라는 그의 하수인들을 동원, 하나님이신 예수 그리스도의 신성을 격하시키거나 자신의 정체를 숨기는 일에 줄곧 혈안이 되어왔다. '루시퍼'를 계명성(사 14:12)으로, '리비야단'을 악어(욥기 41:1)로, '비히못'을 하마(욥기 40:15)로 변개시킨 것이 바로 그 증거이다.

마귀는 한 번 싸움에서 자신이 졌다고 절대로 대상을 포기하지 않는다. 쉼 없이 밀려갔다가 다시 밀려오는 파도보다도 더 끈질기다. 모든 종파를 초월해서 킹제임스성경 한 가지로 예배를 보던 영국에서 변개된 성경이 마침내 얼굴을 드러냈다. RV(영어 개역본, 1884)가 그것이다. 바로 이때부터 정확히 영국에서 말씀의 기근이 시작되었고, 하나님의 축복이 그 나라에서 떠나기 시작했다. 대신 하나님께서는 그분의 말씀을 지키고 따르는 무리들을 새로운 땅으로 옮기는 거대한 프로젝트를 가동시키셨다. 킹제임스성경을 가슴에 안고 메이플라워호에 승선한 청교도들이 그 세1신이다.

1620년 9월 6일, 180톤의 메이플라워호는 102명의 청교도들을 태우고 영국의 플리머스 항구를 출항하여 9주간만인 11월 11일에 북아메리카 동해안에 무사히 도착하였다. 이들은 상륙 지점인 지금의 보스턴 근방에 플리머스(자신들이 출항한 추억의 땅, 영국의 플리머스를 기념하여 지은 이름) 식민지를 건설하였다. 바로 이들이 훗날 '필그림 파더스(Pilgrim Fathers, 순례 시조)'라 불리게 된 사람들이다. 그들은 오로지 신앙의 자유를 찾아 떠났으나 신대륙에서 그들을 기다리고 있었던 것은 낙원이 아니라 자연의 혹독함이었다. 북아메리카 대륙의 모진 추위로 그해 12월 말부터 다음 해 봄에 이르기까지 일행 중 약 절반이 죽었다. 식량이 떨어져 굶주리는 그들에게 인디언들이 옥수수를 나누어 주어 겨우 연명하며 겨울을 났다. 이듬해 봄, 살아남은 사람들은 힘을 합쳐 신대륙의 식민지 건설에 힘을 쏟았다. 해안에서 언덕에 이르는 길 양쪽에는 초가지붕의 집이 세워졌고, 처음으로 지어진 집회소에서 감사 예배를 드렸다. 그들은 새로운 땅을 개간하는 한편, 자유로운 신앙생활을 위해 교회당을 지었고, 청교도 정신에 입각하여 경건한 생활을 영위하며 여러 가지 어려움들을 극복했다. 시간이 흐르면서 영국에서 이주해 오는 사람이 점점 더 많아졌는데, 나중에는 청교도뿐 아니라 퀘이커 교도와 구교도들도 많았다. 18세기에는 그들을 중심으로 신대륙에 13개 주 식민지가 성립되었고, 마침내 영국과의 독립전쟁에서 승리하여 미합중국이라는 국가가 생겨났다.

미국은 킹제임스성경의 기초 아래 세워진 나라였다. 요한계시록 2,3장에 걸쳐 나오는 일곱 교회 중 여섯 번째 교회인 필라델피아교회가 가장 찬란하게 꽃 핀 나라가 미국이었다. 7차에 걸쳐 미 대륙을 휩쓴 대각성 운동이 있었고, 금주령이 제정되었으며, 그동안에 감옥이 텅텅 비었다. 조나단 에

드워드, 찰스 피니, D.L. 무디, 빌리 선데이 등의 복음 전파자들이 '열린 문(계 3:8)' 시대를 열었고, 대통령 당선자는 누구든지 킹제임스성경에 손을 얹고 선서를 했다. 하나님께서는 성경 말씀을 지키고 하나님을 두려워하는 이 나라를 축복하셔서 불과 170여 년 만에 세계 제1의 슈퍼파워가 되게 하셨다. 그러나 현재는 미국도 NKJV, ASV, NRSV, NIV, NEB 등 변개된 성경의 출현과 함께 1890년 이래 대배교를 거듭하고 있다.

복음은 사도 바울의 2차 선교여행 이후 서쪽으로, 서쪽으로 전파되었다(행 16:6-9). 유럽을 거치고, 대서양을 건너고, 미 대륙을 횡단하고, 현재는 태평양을 건너 한반도의 남쪽을 비롯하여 아시아를 가로지르는 중에 있다. 사도 바울 이래 최고의 그리스도인 피트 S. 럭크만 목사를 통해 성경대로 믿는 믿음이 이송오 목사에게 고스란히 전수되고, 그가 번역한 바른 성경 한글킹제임스성경의 확산과 더불어 한국에도 1천 수백 명의 성경대로 믿는 사람들이 생겨났다.

현재 이 나라는 휴전선을 중심으로 1백만이 훨씬 넘는 대군이 대치상태에 있고, 북한 공산주의자들이 핵실험이다, 미사일실험이다 하며 연일 위협과 협박을 해대는 세계에서 손꼽히는 위험지역이다. 그러나 예레미야 선지자가 너부캇넷살 왕의 남왕국 예루살렘 함락 때 기록해 둔 하나님의 뜻이 있다. 『공의를 행하고 진리를 구하는 누군가가 있다면, 내가 그 성읍을 용서하리라.』 (렘 5:1) 여기에서 공의를 행하고 진리를 구하는 사람이란 이 시대로 치면 바로 성경대로 믿는 사람 아니겠는가. 그렇다면 인간이 볼 때는 위험천만해 보여도 성경대로 믿는 사람들 1천 수백 명이 포진한 한반도 남쪽이야말로 이 지상에서는 가장 안전한 곳임이 분명하다.

찬송시 38

저 하늘 생명책에 그대 이름 있는가

계 20:12

1
저 하늘 생명책에 그대 이름 있는가
이 세상 부귀영화 누릴 대로 누려도
그 책에 그대 이름 기록되지 않으면
공중에 주님 오셔도 들림 받지 못하리

2
저 하늘 생명책에 그대 이름 있는가
이 세상 높은 권세 오를 대로 올라도
그 책에 그대 이름 기록되지 않으면
하나님 의로운 심판 피할 길이 없으리

3
저 하늘 생명책에 그대 이름 있는가
이 세상 온갖 명예 떨칠 대로 떨쳐도
그 책에 그대 이름 기록되지 않으면
불타는 형벌의 장소 벗어나지 못하리

4
저 하늘 생명책에 그대 이름 있는가
주 예수 그리스도 구주로 영접하여
그 책에 그대 이름 기록되어 있으면
영원한 새 예루살렘 주와 함께 살겠네

빌립을 본받아

2월의 마지막 날, 함안 사는 처제에게서 일 년 중 바닷물이 가장 많이 나가는 썰물 때라는 연락이 왔다. 우리 부부는 마침 무료하던 참이라, 바닷가에서 바람도 쐬고 조개도 캘 겸 해서 다음날 바로 떠나기로 계획을 짰다.

저녁 무렵이 되자 갑작스레 창원교도소에 복역 중인 죄수 J가 생각났다. 그는 두 해 전 K 시인이 낸 시 해설집에서 우연히 거기 수록된 나의 시를 읽고 마음에 들어 썼다는 편지를 보내온 이후 줄곧 소식을 주고받고 있는 죄수이다. 나는 그에게 언젠가는 복음을 전해야겠다는 뜻을 세우고, 우선 시를 배울 것을 권유하여 달마다 시작법을 보내주었는데, 그는 이따금씩 자신이 쓴 습작시를 보내오곤 했다. 나는 그에게 그동안 한 번 편지로 복음을 전했었다. 그러나 그에게서 돌아온 대답은 차차 생각해보겠다는 것이었다. 지난해 창원에 사는 구순의 처이모 병문안 차 들렀을 때 그를 면회하려 했으나, 병문안과 거리설교, 점심식사까지 하느라 시간이 흘러 버려 아쉽게도 실천에 옮기지 못했었다. 그런데 이번에 나들이가는 길에 겸사겸사 해서 면회를 해야겠다는 생각이 문득 떠오른 것이다. 나는 순간 그 생각이 성령님께서 내게 넣어주신 생각임을 직감했다.

다음날 일정을 고려하여 저녁에 평소보다 조금 일찍 잠자리에 들며, "하나님 아버지, 내일 아침나절에 그를 면회하고자 합니다. 면회를 순조롭게 인도해 주시고, 부디 그 불쌍한 혼을 구원해 주십시오." 하고 다시 한번 하나님께 간절히 기도했다.

이튿날 9시에 창원교도소에 전화를 했다. 면회 예약은 안 되고, 다른 사람이 내가 가는 동안 J에게 면회신청이 없으면 면회가 가능하다는 대답이었다. 경주에서 창원까지는 승용차로 약 두 시간의 거리, 나는 마음속으로 기도하며 차를 몰았다. 교도소는 창원시 마산회원구 회성동에 있었다. 내비게이션은 정확하게 그곳으로 나를 인도해 주었다.

교도소 주차장에 차를 세우고 면회소로 들어가 즉시 면회신청을 했다. 다행히. 아무도 당일에 J에게 면회를 신청한 사람이 없어 면회가 가능했다. 직접 전달이 가능한 줄 알고 종합비타민 한 통과 책 일곱 권을 가져갔는데, 약은 반입이 불가능했고 책은 접수해 두고 가면 전해주마고 해서 맡겼다. 마침내 J와의 역사적 대면이 시시각각 현실로 다가오고 있었다. 20여분 기다리는 동안 나는 그 혼을 불쌍히 여겨 달라고 몇 번이고 간절히 기도했다.

이윽고 대기실의 화면에 번호가 떠오르면서 1번 면회실로 입장하라는 방송이 나왔다. 한 평이 채 못 되는 면회실에 들어서자 유리 저편에 J가 서 있었다. 좀 마른 보통 체격에 갸름한 얼굴이었다. 면회할 수 있는 시간은 총 15분이었다.

간단히 인사를 주고받은 후 나는 가지고 들어간 성경에서 창세기 1장 1절을 폈다.『태초에 하나님께서 하늘과 땅을 창조하셨느니라.』작은 열쇠 하나도 저절로 만들어지지 않는데 하물며 이 오묘한 하늘과 땅이 저절로 만들어지겠느냐고 한 다음, 하나님이 바로 하늘과 땅을 창조하신 분이며, 이것(성경)이 그분께서 우리 인간에게 주신 말씀이라고 전해주었다. 이어서 로마서 5장 12절과 19절을 펴서 읽은 다음, 아담의 모든 후손이 죽게 된 연유와 한 분 예수 그리스도께서 십자가에 피 흘려주심으로 말미암아 다시 살 수 있는 길이 열렸음을 말했다. 다시 에베소서 2장 8절을 펴서 읽어주고 구원이 그냥 믿음으로 받으면 자기 것이 되는 하나님의 선물임을 인지시켰다. 마침내 결정적인 순간이 다가왔다. 나는 로마서 10장 9,10절을 펴서 천천히 또박또박 읽었다.『네가 네 입으로 주 예수를 시인하고 또 하나님께서 그를 죽은 자들로부터 살리신 것을 네 마음에 믿으면 구원을 받으리라. 이는 사람이 마음으로 믿어 의에 이르고 입으로 고백하여 구원에 이르기 때문이라.』나는 유리 저쪽의 그를 응시하며 물었다. "○○씨는 예수 그리스도를 구세주로 영접하시겠습니까?" 나는 그가 촉박한 시간에 미적대면 어쩌나 하고 조마조마 기다렸다. 그런데 의외로 쉽게 단호한 목소리가 유리 저편에서 들려왔다. "예, 저는 예수 그리스도를 저의 구세주로 영접하겠습니다." 나는 다시 그에게 말했다. "예 좋습니다. 그러면 지금부터 나를 따라서 기도하십시오. '위대하신 하나님, 저는 오늘 제가 멸망 받을 죄인인 것을 알았습니다. 그리고 예수님께서 하나님이시면서도 비천한 인간의 몸을 입고 세상에 오셔서 인류의 죄들을 제거하시기 위해 십자가에 못 박혀 피 흘려 죽으시고 사흘만에 다시 부활하신 사실을 알았습니다. 이제 예수님을 저의 구세주로 영접하오니 제 안에 들어오셔서 제 혼을 구원해주십시오. 제 혼을 구원해 주셔서 감사합니다. 이후로는 하나님의 말씀에 따라 살기 원합니다. 아멘.' " 그는 여기까지 분명한 목소리로 나를 따라서 고백했다. 나는 그를 향해 선언했다. "이제 이 고백으로 ○○씨는 지은 모든 죄를 사함 받고 영적으로 하나님의 아들로 새로 태어나셨습니다." 나는 시계를 내려다보았다. 15분 가운데 14분이 훌쩍 흘러 마지막

1분이 남아 있었다. 그는 자신이 18년 동안 복역한 장기수인데 현재는 빵 만드는 기술을 공부 중이라는 소식을 전해주었다. 나는 그에게 오늘부터는 성경을 한두 장씩이라도 매일매일 읽어야 한다고 말했다. 그 순간 시간이 다 되었다는 부저가 요란하게 울렸다. 그와 나는 환하게 웃으며 유리를 사이 두고 서로 손을 흔들며 작별을 고했다.

창원교도소를 나와 바로 고속도로로 차를 올려 함안의 처제 집으로 향했다. 문득 나의 머릿속에 사도행전 8장의 사건이 떠올랐다. 빌립이 예루살렘에서 가자에 이르는 길까지 가라는 주의 천사의 명령을 듣고 성령님의 축지법으로 이동하여 에디오피아의 큰 권세를 지닌 내시를 만나 그를 구령한 역사적 사건이다. A.D. 34년의 일이니 지금부터 꼭 1980년 전의 일이다. 그런데 바로 그 장면에 나의 그날의 발걸음이 오버랩되고 있었다.

빌립이 주의 천사의 음성을 듣고 성령님의 신속무비한 축지법으로 예루살렘에서 가자까지 이동한 것에 비해서는 많이 못 미치지만, 생각으로 넣어주신 성령님의 계시와 시속 100킬로미터 정도의 현대판 축지법인 승용차로 경주에서 창원까지 이동시키신 일이 흡사하다면 아주 흡사했다. 빌립이 이방의 내시를 구령한 데 비해 나는 동족의 죄수 한 사람을 구령했으니 이 또한 흡사한 그림이 아닐 수 없었다.

빌립이 귀로 들은 그 당시 내시의 고백은 확실했다. 『나는 예수 그리스도가 하나님의 아들이신 것을 믿나이다.』 나는 이 고백이 비록 길이의 차이는 있을망정 바로 그날 죄수 J가 나의 귀에 들려준 고백과 정확하게 동일한 것임을 안다. 그리고 그날은 우리가 유리를 사이에 두고 만났으나 언젠가는 주님과 함께 주님 앞에서 서로 손을 맞잡고 얼굴과 얼굴로 대면할 날이 있을 것(고전 13:12)을 믿어 의심치 않는다.

찬송시 39

이리 올라오라 주께서 부르실 때

고전 15:52,53

1
나팔 소리 울리듯 우렁찬 음성으로
이리 올라오라 주께서 부르실 때
오실 이 기다리다 약속 안에 잠든 성도
다시는 썩지 않을 몸으로 일어나리

2
나팔 소리 울리듯 우렁찬 음성으로
이리 올라오라 주께서 부르실 때
날마다 오실 이를 기다리던 우리들도
영원히 썩지 않을 몸으로 변화되리

3
나팔 소리 울리듯 우렁찬 음성으로
이리 올라오라 주께서 부르실 때
옛 성도 뒤를 따라 구름 위로 솟구치리
못 자국 그 손 그 발 만왕의 왕 뵈오리

그리스도의 신부와 환란 전 휴거

휴거라는 말은 성경에 직접 나오지는 않지만, 지극히 성경적인 용어이다. 영어로 휴거는 "rapture"인데 이 단어는 라틴어 랍토(rapto)에서 유래했으며, 그 의미는 "무엇을 멀리 옮기거나 재빨리 옮겨버린 상태"를 의미한다. 예수 그리스도의 공중 재림 때에 성도들이 공중으로 끌려 올라가는 것은 주님의 강제적인 힘에 의해 일어나는 초자연적인 사건이다. 주님께서 자신의 피로 사신 성도들을 환란 전에 안전한 장소로 옮기는 일은 이치에 맞는 일이다. 사랑하는 신부를 사지(死地)에 내버려 두는 신랑은 어디에도 없을 것이기 때문이다.

성경을 읽어보면 휴거는 세 번에 걸쳐 일어남을 알 수 있다. 우리가 잘 아는 바대로 이미 한 번의 휴거는 A.D. 30년경에 일어났다. 마태복음 27장에 기록된 구약성도들의 휴거가 그것이다. 『그런데, 보라, 성전의 휘장이 위에서 아래까지 둘로 찢어지고 땅이 흔들리며, 바위들이 갈라지고 무덤들이 열리며 잠들었던 많은 성도들의 몸이 일어났으며 주께서 부활하신 후에 무덤에서 나와 거룩한 도성으로 들어가 많은 사람들에게 나타나더라.』(마 27:51-53) 이 말씀은 신약성경 가운데 가장 어려운 부분에 속한다. 고린도전서 15장에서 신약성도들의 휴거가 제시되기 전에 전대미문의 사건을 기록하고 있다는 점에서다. "바위들이 갈라지고 무덤들이 열리며 잠들었던 많은 성도들의 몸이 일어났으며"라는 진술은 실로 예사로운 진술이 아니다. "잠들었던"이라는 말은 죽은 상태를 의미하는데, 이처럼 죽었던 많은 수의 구약성도들의 몸이 삽시간에 부활했음을 이 말씀은 전해주고 있다. 그리고 이 성도들이 주님의 초자연적 능력에 의해 셋째 하늘로 옮겨졌기에 이를 두고 흔히 구약성도들의 휴거라고 부르는 것이다.

그런데 성경에는 아직 일어나지 않은 두 번의 휴거가 예언으로 기록되어 있다. 신약성도들의 휴거와 환란성도들의 휴거가 그것이다. 신약성도들의 휴거는 고린도전서 15장, 데살로니가전서 4장, 솔로몬의 노래 2장 등에 기록되어 있다. 편의상 한 곳만 인용해 보자. 『주께서 호령과 천사장의 음성과 하나님의 나팔 소리와 함께 하늘로부터 친히 내려오시리니 그러면 그리스도 안에서 죽은 자들이 먼저 일어나고 그리고 나서 살아남아 있는 우리도 공중에서 주와 만나기 위하여 그들과 함께 구름 속으로 끌려 올라가리니, 그리하여 우리가 영원히 주와 함께 있으리라.』(살전 4:16,17) 보다시피 이 말씀은 휴거의 상황과 순서를 일목요연하게 보여준다. 아울러 "하나님의 나팔소리"는 하나님께서 친히 말씀하시는 음성으로 요한계시록의 조명에 따르면 『이리 올라오라.』(계 4:1)이다. 이 음성을 듣는 순간 "그리스도 안에서 죽은 자들"이 먼저 일어나고, 이어 "살아남아 있는 우리"도 구름 속으로 끌려 올라간다는 것이 이른바 대환란 직전에 신약성도들에게 일어날 휴거의 전말(顚末)이다.

끝으로 환란성도들의 휴거는 신약성도들의 휴거가 있은 후 약 7년 뒤에 일어나는 마지막 휴거다. 『그때 장로 가운데 한 사람이 대답하여 나에게 말하기를 "흰옷을 입은 이 사람들이 누구며, 어디서 왔느냐?" 하기에 내가 그에게 말씀드리기를 "주여, 당신이 아시나이다." 하니 그가 내게 말하기를 "이들은 대환란에서 나온 사람들이며 자기들의 옷을 씻어 어린양의 피로 희게 하였느니라. 그러므로 그들이 하나님의 보좌 앞에 있으며 그의 성전에서 그를 밤낮 섬기고, 보좌에 앉으신 분께서 그들 가운데 거하시리라.』(계 7:13-15) 여기에 나오는 흰옷 입은 사람들이 대환란의 끝에 휴거된 순교자들, 곧 환란성도들이다. 신약성도의 구원은 오직 믿음에 의해서 얻지만 환란성도의 구원은 구약성도들처럼 믿음에 행위가 따라야 얻는다. 인용된 말씀에서 보듯 그들의 옷은 어린 양의 피로 희게 되었다. 이것은 어린 양의 피로 구원받았거나 어린 양의 피로 씻겼다는 의미가 아니다. 어디까지나 그들은 그들의 옷을 씻어서 어린 양의 피로 희게 하였다는 의미이다. 따라서 이들은 행위로써 자신의 믿음을 뒷받침한 사람들로 대환란의 끝에 이삭줍기로 휴거된 환란성도들인 것이다.

우리나라 기독교인들은 이 환란성도들의 휴거에 대해 대체로 무지하다. 그들은 고린도전서와 데살로니가전서에 나오는 휴거를 요한계시록에 나오는 환란성도들의 휴거와 동일한 것으로 혼동한다. 그래서 그들은 휴거라고 하면 환란 전 휴거는 없고 으레 환란 후 휴거만 있는 것으로 생각하는 것이다. 5,6년 전쯤 전 목포에 사는 구원파 신자 한 사람이 우리 교회를 찾아온 적이 있었다. 이튿날이 마침 주일이었는데 휴거에 대한 설교를 하면서 그리스도의 신부인 교회는 대환란 전에 휴거 된다고 했더니, 며칠 후 장거리 전화로 환란 전 휴거가 대체 성경 어디에 있느냐고 물어왔었다. 그들 역시 여느 기독교인들처럼 성도가 환란을 통과한다고 굳게 믿는 사람들이었던 것이다. 실제로 그들은 전국 곳곳에 논밭을 사들이고 농장을 만들어 대환란 때를 대비해 왔다. 이것은 일종의 집단적 미혹이다. 그리스도의 신부인 교회가 환란을 통과하는가에 대한 혼란은 공중 재림과 지상 재림을 구별하지 못하는 데서 대부분 기인한다. 공중 재림은 말 그대로 주님께서 대환란 전에 자신의 이방인 신부인 신약성도들을 데리러 오시는 사건이고, 지상 재림은 주님께서 셋째 하늘로부터 지구로 성도들과 함께 내려오시는 사건이다. 여기서 환란 전 휴거냐 환란 후 휴거냐 하는 문제는 자연스럽게 가닥이 잡힌다. 신약성도들이 주님과 함께 지상으로 재림하자면 그 전에 주님께로 휴거되는 일이 선행되어야만 하고, 이어서 그리스도의 심판석(고후 5:10)과 어린양의 혼인식(계 19:7)을 거쳐야 하기 때문이다. 이런 구도에서 볼 때 환란의 말미에 휴거되는 사람들은 결코 그리스도의 신부가 아니다. 이들은 어디까지나 "어린양의 혼인 잔치에 초대된 그들(계 19:9)"에 해당하는 사람들인 것이다.

성경은 그리스도의 몸인 교회(신약 성도들)가 진노(대환란)를 거쳐야 할 이유가 없음을 여러 곳에서 밝혀놓고 있다. 『그러므로 이제 그의 피로 의롭게 되었으니 더욱더 우리가 그를 통하여 진노로부터 구원받게 되리라.』(롬 5:9)나, 『이는 하나님께서 우리가 진노를 받도록 정해 놓으신 것이 아니라 우리 주 예수 그리스도를 통하여 구원을 받게 하셨기 때문이라.』(살전 5:9) 같은 구절이 거기에 해당한다. 그뿐이 아니다. 『슬프도다! 그 날이 크므로 어떤 때도 그와 같지 않나니 그 날은 야곱의 고난의 때라. 그러나 그는 그 고난에서 구원을 받으리라.』(렘 30:7) 같은 구절도 그 좋은 예다. 여기에 나오는 "야곱의 고난의 때"는 곧 대환란을 말하는데, 이는 적그리스도의 박해 속에서 이스라엘이 자기들의 죄에 대해 받는 심판이므로 교회 시대의 성도들이 그 심판을 거쳐야 할 이유가 없다. 따라서 그리스도의 몸은 야곱의 고난의 때가 오기 전에 옮겨지는 것이 마땅한 것이다.

이 외에도 성경은 여러 모형적인 가르침을 통해 이방인 신부인 교회가 환란 전에 휴거되어야 함을 보여주고 있다. 먼저 요셉은 그리스도의 가장 대표적 모형이다. 그는 형들에게 버림받은 후 이집트에서 총리대신의 자리에 올라 기근(대환란의 모형)이 닥치기 전에 이방인 신부인 아스낫과 결혼한다. 다음으로 모세도 그리스도의 충실한 모형이다. 그는 형제들인 유대인들에게 배척받은 후 미디안 광야로 도망가서 파라오로부터 시련(대환란의 모형)을 겪기 전에 이방인 신부 십포라를 아내로 맞이한다. 끝으로 조금 다른 구도이긴 하지만 노아의 증조부인 에녹 역시도 죽음을 보지 않고 휴거될 많은 신약성도의 틀림없는 모형이다. 그는 대환란의 모형인 대홍수 이전에 휴거되었다(창 5:24). 여기에 이르러 신약성도들의 환란 전 휴거는 직접적 서술보다도 더욱 분명해졌다.

해를 거듭할수록 그 날이 가까워지고 있다. 아무쪼록 이 글을 읽는 사람 모두 빛의 자녀들(살전 5;5)로서 놀랍고 복된 휴거의 주인공이 되기를 바라 마지않는다.

제4부
가식 없는 형제 사랑의 길

찬송시 40

저 마귀 세력들이 마지막 때를 맞아

에 7:3

1
저 마귀 세력들이 마지막 때를 맞아
이 나라 이 민족을 죽음으로 몰아가네
만국을 다스리는 만왕의 왕이시여
이 생명 이 백성을 우리에게 주소서

2
마귀의 하수인인 저 하만의 무리들
이 나라 이 민족을 멸망에게 주려하네
저 높은 하늘보좌 전능한 왕이시여
땀 흘려 가꾼 터전 우리에게 두소서

3
주께서 저 마귀를 누르지 않으시면
이 나라 이 민족이 그 어디로 가오리까
깊음과 별을 넘어 다시 오실 왕이시여
이 땅의 남은 자들 부디 지켜 주소서

인간 쇠락의 법칙을 피하려면

여호수아가 죽고, 여호수아보다 오래 산 장로들도 죽은 뒤, 하나님께서 이스라엘을 위하여 여러 가지 이적과 기적을 행하셨던 일을 조상들로부터 들었던 사람들마저도 죽자, 이스라엘은 자신들을 카나안 땅으로 인도했던 주와 모세가 기록한 율법책마저 잊어버렸다. 대신 이스라엘은 하나님의 선민답지 않게 다른 민족들의 신과 우상들을 섬기기 시작했다. 그런 맥락에서 재판관기는 이스라엘 민족의 생생한 배반의 일대 파노라마라 할 만하다. 하나님께서는 이스라엘이 그들의 하나님을 잊어버리고 이방 신과 우상들을 섬기면 다른 민족의 혹독한 지배 아래 방치하시고, 그들이 회개하고 돌이키면 재판관들을 보내어 구원하시는, 시종 비슷한 패턴을 반복하는 것이 재판관기 구성의 특징이다. 그리하여 하나님께서는 때마다 옷니엘의 날에 사십 년, 에훗의 날에 팔십 년, 기드온의 날에 사십 년 등 카나안 땅에 안식을 주셨다고 기록하고 있다. 일찍이 럭크만 목사는 이런 재판관기를 두고 모든 역사를 총괄하는 '인간 쇠락의 법칙'을 보여주는 책이라고 설파한 바 있다. 환언하면 역사 속의 모든 경륜들이 점점 더 좋아지는 것이 아니라, 항상 쇠락하여 배교로 끝난다는 것이다. 『그 당시에 이스라엘에 왕이 없었으니 사람마다 자기 눈에 옳은 대로 행하였더라.』(판 21:25)라는 대목에서 보듯이 말씀이 없는 상태에서는 척도가 없음으로 해서 타락한 아담의 본성으로 회귀할 수밖에 없었음을 알 수 있다.

그런 의미에서 『그가 자신의 왕국의 보좌에 앉으면 그는 레위인 제사장들 앞에 있는 책에서 이 율법서 한 권을 베껴 그와 함께 두고 평생 동안 그것을 읽어서 그가 주 그의 하나님을 두려워함을 배우게 하고 이 율법의 모든 말씀들과 이러한 규례들을 지켜 그것들을 행하게 할지니라.』(신 17:18,19)라는 말씀은 인간 쇠락의 법칙을 피할 수 있는 비결이라 할 만하다. 그런데 이것이 모세가 자신의 백성에게 주는 단순한 명령이 아니라, 미래에 있을 예언이기도 하다는 점에서 자못 의미가 심장하다. 『그가 자신의 왕국의 보좌에 앉으면』에서 '그'는 먼 훗날 자기 민족을 다스릴 사람, 곧 왕을 지칭한 대명사이기 때문이다. 당시 이스라엘 민족은 하나님의 직접적인 신정통치를 받는 백성이었음에도 불구하고, 보는 것처럼 모세는 자기 백성의 후손들이 먼 훗날 왕국을 세우게 될 것을 미리 내다보고, 바로 그 왕국의 왕에게 이 엄중한 명령을 하달하고 있는 것이다. 그렇다면 『그는 레위인 제사장들 앞에 있는 책에서 이 율법서 한 권을 베껴 그와 함께 두고 평생 동안 그것을 읽어서 그가 주 그의 하나님을 두려워함을 배우게 하고 이 율법의 모든 말씀들과 이러한 규례들을 지켜 그것들을 행하게 할지니라.』라는 이 말씀을 통해 모세가 미리 내다본 이면적 의미는 무엇일까? 우리는 그것을 성경에 기록된 역사를 통해 쉽게 확인해 볼 수 있다. 그것은 모세가 염려했던 대로 역대의 대다수 왕들이 율법서 한 권을 베끼지 않았고, 또한 율법서가 곁에 없음으로 해서 평생 동안 그것을 읽을 수가 없었으며, 나아가 그 율법서를 읽지 못함으로 해서 그것들을 마음에 두고 행할 수도 없었다는 사실이다.

모세의 이스라엘 민족에 대한 이러한 우려는 그의 후계자 여호수아에게도 고스란히 이어지고 있음을 볼 수 있다. 『그러므로 너희는 매우 담대하게 모세의 율법책에 기록된 모든 것을 지켜 행하고, 그로부터 오른편이나 왼편으로 돌이키지 말며 너희는 너희 가운데 남아 있는 이들 민족들 가운데 가지 말며 그들의 신들의 이름도 부르지 말고, 그것들을 두고 맹세하지도 말며 그것들을 섬기지도 말고, 그것들에게 절하지도 말라. 오직 주 너희 하나님께 밀착하되 너희가 오늘까지 행한 것처럼 하라.』(수 23:6-8) 보다시피 여호수아의 이 마지막 당부도 그 이면적 의미가 모세의 당부의 그것과 크게 다르지 않다. 여호수아가 이스라엘 모든 지파를 세겜에 모으고 주 하나님만을 섬길 것을 주지시킬 때, 그들은 『우리도 주를 섬기리니, 이는 그분이 우리 하나님이심이니이다.』(수 24:18)라고 다짐한다. 하나님의 계시로 먼 미래를 미리 생생히 내다본 여호수아가 너희가 주를 섬기지 못할 것이라고 다시 전해주는데도 불구하고, 백성들은 『아니니이다. 우리는 주를 섬기리이다.』(수 24:21)하고 재차 맹세하기를 마지않는다. 이들의 다짐은 당대에는 확실히 효력이 있었다. 『이스라엘은 여호수아의 모든 날과 여호수아보다 오래 산 장로들의 모든 날과 그분께서 이스라엘을 위하여 행하신 주의 모든 일을 알았던 날 동안 주를 섬겼더라.』(수 24:31)고 성경이 분명하게 기록하고 있기 때문이다. 그러나 재판관기에서 보듯이 이스라엘은 너무도 쉽게 번번이 배교의 길을 가고 말았다.

대한민국이 건국한 해는 이스라엘공화국과 같은 1948년으로 올해로 만 71년이 된다. 남과 북이 분단된 상황에서도 이승만이라는 위대한 건국 대통령이 있어 국가의 기틀을 잘 다졌고, 건국 5년

째에 터진 6.25전쟁이라는 국가 존망의 위기 속에서도 혈맹 미국의 절대적 도움으로 나라를 수호해 낼 수 있었다. 전후(戰後) 세계 최빈국이라는 역경 속에 놓였지만 다시 박정희라는 걸출한 대통령이 나와 공업입국의 방향을 설정함으로써 부국의 길을 열어 오늘에 이르렀다. 10만 제곱킬로미터가 채 못 되는 좁은 국토에 인구 5천만의 소국이지만, 2018년 현재 세계 GDP(국내총생산) 순위 11위를 기록하고 있다. 유엔 가입 193국 중 우리나라보다 앞선 나라는 미국, 중국, 일본, 독일, 영국 등 10개국뿐이며, 러시아, 호주, 스페인, 멕시코 등이 모두 우리나라 뒤에 포진하고 있다. 이런 놀라운 발전을 하게 된 데는 미국이 우리나라에 군대를 주둔시켜 공산주의 세력으로부터 안보를 책임진 결과임은 두말할 나위가 없다.

필자의 초등학교 시절 5.16군사혁명이 일어나 혁명공약을 제정하여 학생들로 하여금 외우게 한 일이 있었다. 그 첫 번째 공약이 "반공(反共)을 국시(國是)의 제일의(第一義)로 삼고 지금까지 형식적이고 구호에만 그친 반공태세를 재정비 강화한다."는 것이었다. 당시에는 어려서 그 참 의미를 속속들이는 몰랐으나 돌이켜보면 마귀가 창안한 악랄한 공산주의로부터 풍전등화 같은 이 나라를 지켜낼 수 있었던 것은 많은 부분 이 공약과 관련법을 잘 제정하여 시행한 덕분임을 부인할 길이 없다. 우리 자신의 굳건한 정신적 무장이야말로 국가 발전의 또 하나 중요한 밑바탕이기 때문이다.

재판관기를 통해 볼 때 인간 쇠락의 법칙은 누구에게도 예외는 없다. 카나안 땅에서 이스라엘이 적을 무찌르고 안식을 누린 것이 때마다 40-80년 사이였음을 감안해 본다면, 6.25전쟁 후 어언 65년이 흘러 이 나라 역시 쇠락의 법칙에 휘둘리는 것은 어쩌면 당연한 귀결인지도 모른다. 그동안 민주화라는 미명 아래 국민의 표를 도둑질한 좌파 대통령들이 세 번이나 뽑혔고, 그 추종자들이 야금야금 법과 제도를 허물어, 현재는 나라를 송두리째 공산주의자들에게 도둑맞을 절체절명의 위기에 처해 있다. 그러나 이 난국을 타개할 방법은 쉽게 보이지 않는다. 바야흐로 이 시대의 남은 자들인 그리스도인들이 인간 쇠락의 법칙의 주인이신 분께 자주 꿇는 무릎과 눈물로 다가설 때가 왔다.

찬송시 41

나의 몸 주님 지신 십자가에 못 박혀도

갈 2:20

1
나의 몸 주님 지신 십자가에 못 박혀도
여전히 죽지 않고 이 세상에 살아 있네
하나님 귀한 보혈 나를 위해 흘려주신
단 한 분 구속주께서 내 안에 사심일세

2
이 세상 하고많은 거듭나지 못한 사람
그 몸이 살았어도 영이 모두 죽었으나
주 예수 구세주로 맞아들인 사람들은
도리어 죽은 몸 안에 영이 살아 있다네

3
겨자씨만한 믿음 그 믿음을 귀히 여겨
내 몸을 성전 삼고 거하시는 그리스도
그 순간 나의 영을 천상에도 옮기시어
거룩한 주님 몸 안에 밀어 넣어 주셨네

4
저 마귀 먹이 찾아 울부짖는 마지막 때
갈수록 이 세상은 죄악으로 넘쳐나도
성도를 구별하사 방패 들어 지키시는
나의 주 나의 하나님 그분 위해 살겠네

주의 말씀을 마음에 간직하라

지난 가을 몇 명의 사람들과 함께 만나서 의논할 일이 있어 어떤 모임에 참석했을 때였다. 한 시간 남짓의 회의를 마치고 점심식사를 하게 되었다. 비로소 맞은편에 앉아 있는 50세 정도 되어 보이는 교수와 통성명을 하고 대화를 나누었는데, 알고 보니 그의 나이가 나와 꼭 동갑이었다. 순간 겉으로 내색은 하지 않았지만 속으로 무척 놀랐다. 그래서 단도직입적으로 그렇게 젊음을 유지하는 비결이 무엇이냐고 묻지 않을 수 없었다. 그랬더니 매일같이 헬스를 해온 지가 30년이 넘었고, 주말에는 자주 등산을 한다는 대답이 돌아왔다.

지난해부터 체력이 급격히 떨어지고 있어 이러다간 주님께서 맡기신 일도 제대로 못하고 갈 것 같다는 생각을 이따금씩 해오던 터라, 그 교수의 대답이 예사롭지 않았다. 그래서 나는 바로 이튿날로 집 근처 헬스와 목욕탕을 겸하는 곳에 등록을 했다. 그리고 날마다 운동을 한 지가 어느새 4년째로 접어들었다. 요즈음은 전과 달리 몸이 훨씬 가볍고, 계단이나 산길을 올라보아도 확연히 달라졌다는 것을 스스로 느끼곤 한다.

헬스장에 들어서면 몇 가지 운동기구를 통해 운동을 한 다음 최종적으로는 50분 정도 러닝머신에 올라 걷는다. 헬스장에는 대형 텔레비전이 한 대 달려 있고, 러닝머신에도 소형 텔레비전들이 부착돼 있어 사람들은 대부분 눈으로는 텔레비전을 보면서 운동을 한다. 그런데 이것이 나에게는 좀 고통스러운 시간이었다. 가능하면 텔레비전에서 먼 가장 귀퉁이에 있는 러닝머신을 이용해도 볼륨을 크게 틀어놓아 그 소리가 귀에 끊임없이 박혀 들어 세상의 쓰레기들을 내 마음에다 마구 부려놓기 때문이다. 지난가을부터 우리 교회에서는 성경 암송하기 운동을 벌이고 있는데, 나는 생각다 못해 성경 구절을 인쇄한 A_4용지를 가져가 러닝머신 한쪽에 올려놓고 그것을 보고 암송하면서 걷기를 했다. 그 일의 효과는 놀라웠다. 그때부터 텔레비전의 소음이 귀에 들어오지 않았을 뿐만 아니라, 걷는 도중에도 성경말씀의 깊은 의미가 마음속에 속속들이 깨달아져 내 가슴을 벅차도록 뜨겁게 해주었기 때문이다.

시편 119편 11절에는『주의 말씀을 내 마음에 간직하였으니 이는 내가 주께 범죄치 아니하려 함이니이다.』라는 말씀이 나온다. 여기에서 "주의 말씀을 내 마음에 간직하였으니"라는 대목은 의미가 심장하다. 주의 말씀을 마음에 간직하자면 말씀을 암송하지 않고는 불가능하기 때문이다. 결국 사람이 주의 말씀을 마음에 간직하는 방법은 암송이 유일한 셈이다.

주일학교 시절, 집안의 누나뻘 되는 분이 당시 선산군(지금의 구미시) 전체 장로교 교인들을 대상으로 한 성경암송대회에서 오백 절 가까운 성경 구절을 암송하여 1등상을 받아온 일이 있었다. 지금 생각해도 그 누나의 성경 암송 기록은 대단했다는 생각이 든다. 바로 그 무렵 고향 마을 교회에서도 주일학교 학생들을 대상으로 하는 성경암송대회가 열렸다. 당시 초등학교 3,4학년 정도 되었던 나는 미리 공고된 기간 동안에 고모가 사용하는 개역성경에서 기능힌 힌 짤막짤막한 구절들만 골라 베껴 80절 가량을 외어서 참가했다. 지금도 기억 속에 생생히 떠오르는 일은 창세기 5장 4-27절까지와 역시 창세기 11장 10-26절까지를 암송 성구 속에 포함시켰던 일이다. 대회가 있던 날, 예배당에 가니 이웃마을에 사는 친구 정배라는 아이가 성경 구절을 많이 암송했다는 소문이 돌았다. 나는 그 아이가 나보다 많이 외우면 어쩌나 하고 우려했지만, 막상 대회가 열리자 대결은 싱겁게 끝났다. 그는 고작 서른 몇 절을 외우는 데 그쳤던 것이다. 지금 생각해 보면 60여 년 저편의 까마득한 일이지만 그래도 그 시기의 목회자들과 교인들은 그 믿음이 비교적 순수했다는 생각이 든다. 비록 변개된 개역성경일망정 하나님의 말씀을 자신의 마음속에 간직하고자 하는 열의들이 있었기 때문이다.

공산주의 치하의 불가리아에서 성경대로 믿는 자신의 믿음을 수호하기 위해 13년간의 옥고를 치른 하랄란 포포프 목사는, 그 기나긴 감옥 생활에서 자신이 숨겨놓고 보는 성경을 빼앗길 때를 대비해 공산주의자들의 눈을 피해 베드로전서 전체 5장, 에베소서 전체 6장, 요한일서 전체 5장, 요한복음 전체 21장, 로마서 1, 5, 8장, 고린도전서 13, 14장, 고린도후서 5장 등 도합 48장을 암송하여 걸어 다니는 신약성경이 되었다는 간증을 남기고 있다. 그뿐이 아니다. 그는 그가 암송한 말씀을 가지고 감옥에 있는 동안 가능한 모든 방법을 동원하여 성공적인 하나님의 사역을 감당했노라고 고백하고 있다. 이 정도의 믿음과 열정이라면 하나님께서 그를 불가리아 공산주의자들의 희생물이 되도록 버려두실 리는 결코 없다. 그는 그 자신의 기도와 공산치하의 그의 조국에서 그리스도를 섬기고 있는 신실한 성도들의 간절한 기도에 대한 하나님의 응답으로 마침내 스웨덴으로의 탈

출에 성공했다. 그는 그곳에서 가족들과 재회한 후 여생을 전 세계 박해받는 신실한 성도들을 위해 바른 성경을 보급하고 기도하며 살다가 편안히 주님 계시는 셋째 하늘 낙원으로 떠났다.

하랄란 포포프 목사의 생애를 돌이켜볼 때 자유민주주의 치하에서 살고 있는 사람들은 성경대로 믿는 성도들을 제외하고는 너무 믿음들이 안이하고 나약하며 썩었다는 생각을 금할 수 없다. 마음대로 성경을 읽을 수 있고, 마음대로 예배와 기도를 드릴 수 있는 여건에도 나태하기 이를 데 없는 생활들에 젖어 있다. 멀지 않은 날 우리가 셋째 하늘에 간다면 어쩌면 자유민주주의 나라에서 믿음을 지킨 성도들보다 공산 치하에서 믿음을 지킨 성도들이 더 많을지도 모른다는 생각까지 들기도 한다. 시베리아 동토가 그리 멀지 않은 먼 북쪽 추운 몽골의 산야에 짧은 봄과 여름에도 불구하고 피어나는 풀꽃들이 더없이 곱고 아름답듯이.

주님께서는 일찍이 『그러나 인자가 올 때 그가 세상에서 믿음을 찾아볼 수 있겠느냐?』(눅 18:8)라고 말씀하셨다. 마지막 때에는 방종과 물질의 풍요 뒤에 가려진 정신의 빈곤 속에 사람들이 오히려 믿음을 버리게 될 것을 예견하신 말씀이 아니겠는가. 『그의 입의 말씀들을 내게 필요한 음식보다 더 귀히 여겼도다.』(욥 23:12)라는 욥의 고백이 아니더라도, 말씀이 우리의 길에 빛이요 등불이라면(시 119:105), 우리는 하루속히 각성해야 한다. 자신의 길을 정결케 하기 위하여 시간이 날 때마다 말씀을 암송하고 묵상하기를 힘써야 한다. 성도들이여, 그대들은 하루에 몇 시간을 하나님의 말씀과 마주하기에 투자하고 있는가?

찬송시 42

뜨겁게 사랑하세

벧전 1:22

1
우리가 말씀 따라 주 예수를 영접한 날
천한 몸 성전 삼아 성령께서 오시었네
들나귀 같은 혼들 진리로 정결케 하사
순결한 형제 사랑에 이르도록 하셨네

,후렴>
영원을 함께 누릴 보석 같은 형제들아
가식 없는 마음으로 뜨겁게 사랑하세

2
우리의 거듭남은 육신적인 씨 아니라
영원히 썩지 않는 씨앗으로 심겨졌네
하늘 땅 사라져도 없어지지 않을 말씀
영원히 살아 숨 쉬는 말씀으로 되었네

3
육체는 풀과 같고 그 영광은 꽃과 같아
풀들은 말라가고 꽃은 모두 떨어져도
내 안에 불꽃 되어 타오르는 주의 말씀
영원히 꺼지지 않는 생명의 복음일세

가식 없는 형제 사랑의 길

찬송시 연재를 시작한 지 몇 달 후쯤 고향의 한 죽마고우로부터 편지 한 통을 받았다. 그는 공립학교 평교사에서 출발하여 교장까지 순탄하게 승진한 유능한 교사이자 교육행정가였으며, 자신이 속한 교회에서도 오래전에 장로의 반열에 오른 독실한 크리스천이기도 했다. 〈성경대로믿는사람들〉의 애독자인 그는 특히 그달의 찬송시를 감명 깊게 읽었다고 했다.

그는 그동안의 안부와 함께 여러 소식들을 전해왔다. 어언간 정년이 되어서 교직에서 물러난 지 적지 않은 시일이 흘렀다는 것, 일손을 놓고 여유롭게 지내다 보면 긴장도 풀리고 잘못하면 건강도 해칠 수 있다는 주위 사람들의 조언도 있어 자의 반 타의 반으로 K 대학 사회복지학과에 편입학하여 또 하나의 학사학위를 취득했다는 소식이었다. 구미 대구간을 오가며 오히려 대학 시절보다 더 열심히 수학하면서도 정작 완주할 자신이 없어, 그동안 소식을 전하지 못했다 했다. 그런데 노력이 헛되지 않아 올해 학위 수여식에서 늦깎이로 졸업장을 취득할 수 있었다는 것이었다. 그러면서 그는 비록 고령이지만 자신을 필요로 하는 곳이 있다면 달려가 힘닿는 데까지 봉사할 각오를 다지고 있다는 말로 편지를 끝맺고 있었다.

나는 문득 나 자신의 지난날이 주마등처럼 떠올랐다. 2006년 겨울 중증 당뇨병이 와 죽음이 나의 지척지간까지 접근했음을 알았을 때, 나는 즉시 당뇨 관리에 들어가는 한편, 날마다 "하나님 아버지, 저를 이대로 죽도록 하지 마옵시고 진리를 알 수 있도록 인도해 주십시오."라고 간절히 기도하기를 마지않았다. 하나님께서는 이듬해 봄에 내 기도에 응답을 해주셨다. 동아일보에 게재된 바른 성경 광고를 보게 하시고, 킹제임스성경 한 권을 구입한 덕분으로 이 나라에서는 유일하게 바른 성경을 가르치는 킹제임스성경신학교가 있음을 알게 하셨을 뿐만 아니라, 그곳이 바로 낮에 일하고 밤에 강의를 들을 수 있는 안성맞춤의 곳임을 확인하자마자 바로 입학을 결행하게 하셨다. 그런데 한 학기를 공부하고 보니 그 바르고 엄청난 성경 지식도 지식이지만, 그토록 갈망했던 구원에의 확신이 내 가슴 속에 오롯이 자리하게 된 사실에 놀라지 않을 수 없었다.

세상 사람들은 신학을 공부하려 할 때 교육부에서 인가되고 세상에서 이름난 교수들이 가르치는 대학을 선호하는 경향이 있다. 그러나 이러한 판단은 너무나 위험하다. 신학교라면 모름지기 하나님께 인정을 받는 대학이어야 하는데, 무엇보다 마귀가 지배하는 세상에서 제도권의 신학대학들은 이미 오래전에 변질되어 버렸다는 점에서다. 문제는 영적 분별력이 있는 사람에게는 이 일이 한눈에 보이지만, 그렇지 않은 교인이나 세상 사람들에게는 그것에 대한 판단이 용이하지 않다는 사실이다. 따라서 바른 영적 분별력을 가지기 위해서는 바른 성경을 사용하는 신학대학에서 공부하거나 그곳의 책들을 사서 스스로 공부하는 길밖에 다른 길은 없는 것이다. 인생의 마지막 때를 대학에서 공부까지 한 다음 요양원의 노인들을 위해 봉사하겠다는데 세상 사람들치고 누가 그 길을 틀렸다고 할 것인가? 성경대로 믿는 사람들의 분별력이 아니고는 그 누구도 그 방향설정의 오류를 지적하기는 어려울 것이다.

우리가 구원을 받은 것은 성령을 통하여 진리의 말씀에 순종함으로써 이루어졌는데 그것은 곧 우리 자신의 겨자씨만한 믿음으로 그렇게 된 것이었다. 그리고 그 순간 우리의 영이 거듭나면서 우리의 혼이 정결케 되었을 뿐만 아니라, 가식 없는 형제 사랑에 이르게 되었다. 성령 하나님께서 이 모든 과정이 일어나도록 역사하신 결과다. 그리하여 그 최종 단계로서 순결한 마음으로 서로 뜨겁게 사랑하라는 명령이 성도들에게 주어진다. 이 일련의 과정을 죽 연결하면 『너희가 성령을 통하여 진리에 순종함으로써 너희 혼들을 정결케 하여 가식 없는 형제 사랑에 이르렀으니 순결한 마음으로 서로 뜨겁게 사랑하라.』(벧전 1:22)라는 한 절의 말씀으로 요약된다. 주님의 보혈을 믿음으로 말미암아 정결케 된 혼들이 가식 없는 형제 사랑에 이르고, 나아가 서로 뜨겁게 사랑하게 된 것, 이것이 바로 거듭난 사람의 증거다. 하나님의 자녀로 새롭게 태어났다면, 다른 모든 그리스도인들과의 형제 사랑으로 자신의 새로운 출생, 곧 거듭났음을 입증하게 된다. 그러기에 성도들 간의 형제 사랑은 정결한 혼에서 우러나오는 가식 없는 사랑이요, 순결한 사랑이며, 뜨거운 사랑일 수밖에 없다.

어떤 이들은 이에 대해 반문할 것이다. "하나님께서는 세상을 사랑하시지 않았는가? 그래서 독생자까지 주시지 않았던가?" 물론 옳은 말이다. 그러나 그 독생자가 십자가에 처형되신 후 지금은 사정이 달라졌다. 하나님께서는 독생자의 십자가 처형과 피 흘리심으로 그분의 사랑을 조금도 모자람 없이 다 드러내셨다. 그런데도 세상 사람들이 하나님을 믿지 않고 예수 그리스도를 영접하지 않은 채 죄인으로 남아 있다면 하나님께서는 이들에게 더 이상 베풀어 줄 사랑이 없으시다. 세상에는 갈보리의 십자가와 관계가 없는 하나님의 사랑이란 단 한 줌도 존재하지 않는다. 『내가 그들을 위하여 기도하나이다. 나는 세상을 위하여는 기도하지 아니하고 다만 아버지께서 내게 주신 자들을 위하여 기도하나이다. 이는 그들이 아버지의 사람들이기 때문이니이다.』(요 17:9) 이 말씀을 보면 예수님 역시 세상 사람을 위해서는 더 이상 기도조차 하지 않으셨음이 명백하게 드러난다.

세상 사람들은 대개 바른 구원에 대한 확신도 없이 세상 사람들을 위하여 봉사만 하면 하나님께서 칭찬해 주실 줄로 알고 있는 사람이 많다. 그리하여 그들은 양로원 같은 곳에 가서 날마다 봉사하면서 노후에 보람을 찾았다고 생각한다. 그러나 주님께서는 가식 없는 형제 사랑을 강조하셨지, 요양원을 찾아 봉사하라고는 말씀하지 않으셨다. 여기에 이르러 나는 편지 한 통을 쓰지 않을 수 없었다. 배운 것이 아깝기는 하지만 봉사보다는 노후를 맞아 하나님의 말씀을 공부하는 것이 좋겠다고 운을 떼었다. 『네가 진리의 말씀을 올바로 나누어 자신이 하나님 앞에 부끄럽지 않은 일꾼으로 인정받도록 공부하라.』(딤후 2:15)라는 말씀을 인용했음은 물론이다.

사람들이여, 지금 당신들은 가식 없는 형제 사랑의 길에 서 있는가? 아니면 허울 좋은 봉사의 길에 서 있는가?

찬송시 43

사람의 마음 중에

막 4:20

1
사람의 마음 중에 길가와 같은 마음
말씀의 씨 뿌려도 뿌리가 채 나기 전
새들이 날아와서 쪼아 먹고 가 버리네
그 마음 보습을 대어 깊이 갈아 주소서

2
사람의 마음 중에 돌짝밭 같은 마음
말씀의 씨 심기면 싹이 나 자라지만
환난과 박해 오면 이내 말라 버리네
그 마음 생수를 부어 흠뻑 적셔 주소서

3
사람의 마음 중에 가시밭 같은 마음
이 세상 온갖 염려 부와 쾌락에 눌려
금보다 귀한 말씀 열매 맺지 못하네
그 마음 가시떨기들 모두 뽑아 주소서

4
사람의 마음 중에 좋은 땅 같은 마음
주의 법 귀히 여겨 때마다 말씀 읽고
주야로 묵상하며 인내 속에 기다리네
삼십 배 육십 배 백 배 열매 맺게 하소서

씨 뿌리는 자의 비유

씨 뿌리는 자의 비유는 흔히 공관복음으로 일컬어지는 마태복음, 마가복음, 누가복음에서 공히 다루어지고 있는 유일한 비유이다. 여기에서 말씀을 뿌리는 자는 예수 그리스도이시고, 씨는 하나님의 말씀이다. 예수님께서는 이 비유를 통해 말씀을 듣는 사람들의 마음 상태를 네 가지로 나누고 계신다. 길가 같은 마음, 흙이 많지 않은 돌밭 같은 마음, 가시떨기 사이 같은 마음, 좋은 땅 같은 마음이 곧 그것이다.

첫 번째로 나오는 '길가 같은 마음'은 교만과 아집에 사로잡혀 단단하고 강퍅해진 마음을 가리킨다. 이러한 마음의 소유자는 말씀을 뿌려도 그것이 뿌리를 내릴 수 없기 때문에 복음을 깨달을 수도 없고 어떤 영적 감화에 이를 수도 없다. 성경은 이를 두고 『씨를 뿌렸는데 어떤 씨는 길가에 떨어지니, 공중의 새들이 와서 먹어 버렸고』(막 4:4)라고 말씀하신다. 여기서 눈여겨볼 것은 "공중의 새들"이라는 존재인데, 『말씀이 길가에 뿌려졌다는 것은 이들을 두고 하는 말이니, 즉 말씀을 듣은 자, 곧 사탄이 와서 그들의 마음속에 뿌려진 말씀을 빼앗아 가는 자들이요』(막 4:15)라는 주님의 해석을 통해 그 정체가 마귀들임을 쉽게 알 수 있다. 더욱이 병행구절에서도 '악한 자'(마 13:19), '마귀'(눅 8:12)로 분명하게 명시되어 있어 이 구절에 관한 한 해석에 오류란 있을 수 없다.

얼마 전 부산에 사는 한 부부와 식사를 함께 한 후에 복음을 전한 적이 있다. 그들은 내세니 영원이니 하는 것에 전혀 관심이 없이 세상의 일에 만족하며 사는 사람들이었다. 복음을 들려주고 선택권을 넘겼더니 죽고 난 다음의 일이라면 자신들은 선택의 필요를 느끼지 않는다고 했다. 그들 부부야말로 씨앗이 떨어지자마자 새들이 먹어버리는 부류였던 것이다. 그들의 마음에 말씀의 씨앗이 떨어져 싹이 나고 뿌리가 내리자면 그들의 마음을 단단히 덮고 있는 껍질을 갈아엎지 않으면 불가능하다는 사실을 절감할 수밖에 없었다.

두 번째의 '돌밭 같은 마음'은 복음을 받아들이고자 하는 의지는 있으나 순간적인 충동이나 감정에 지배받는 마음을 가리킨다. 성경은 이에 대해 『또 어떤 씨는 흙이 많지 않은 돌밭에 떨어지니,

흙이 깊지 아니하므로 즉시 싹이 나오나……, 뿌리가 없으므로 말라 버렸고』(막 4:5,6)라고 말씀하신다. 길가 같은 마음은 처음부터 말씀을 거부하지만, 돌밭 같은 마음은 말씀을 듣는 순간에는 깨닫고 기쁨에 쉽게 사로잡힌다. 그러나 순간적인 충동이나 감정에 휘둘리기 때문에 말씀이 깊은 뿌리를 못 내려 결국 성장하기도 전에 고사(枯死)하고 만다. 흙살이 깊지 못하여 수분과 양분을 제대로 공급받지 못하기 때문이다. 이런 마음을 두고 주님께서는『또 이와 같이 말씀이 돌밭에 뿌려졌다는 것은 이들을 두고 하는 말이니, 그 말씀을 듣고 즉시 기쁨으로 받으나 그들 안에 뿌리가 없으므로 잠시 동안만 견디다가, …고난이나 박해가 오면 곧 실족하는 자들』(막 4:16,17)이라고 결론을 내리신다.

이런 부류에 속하는 사람들은 대개 그 마음이 냄비 근성을 가졌다. 복음을 전히면 금방 수긍하며 간이라도 빼줄 것 같은 태도를 보인다. 그러나 이런 사람들이 진득이 버티는 데는 늘 한계가 있다. 적게는 한두 달, 많게는 서너너덧 달이 고작이다. 늦은 가을, 바람에 불려가는 낙엽과도 같이 이내 어디론가 사라져 자취가 보이지 않는 것이다.

세 번째의 '가시떨기 사이 같은 마음'은 앞의 두 경우와는 또 다른 마음이다. 즉 앞의 두 경우가 씨앗(말씀)이 싹을 내시 못하고 없어지는 경우와 싹은 내나 곧 말라죽는 경우인데 반해, 이 세 번째 경우는 뿌리를 깊이 내리고 싹이 높이 자라나 가시떨기 때문에 충분한 햇볕을 받지 못하여 종당에는 결실치 못하는 경우이다. 이를 두고 성경은『또 어떤 씨는 가시떨기 사이에 떨어지니, 그 가시떨기가 자라서 기운을 막으므로 열매를 맺지 못하였느니라.』(막 4:7)고 말씀하신다. 이에 대해 주님께서는『이 세상 염려들과 재물의 속임수와 다른 일들에 대한 욕심이 들어와, 말씀을 억눌러 열매를 맺지 못하는 자들』(막 4:19)이라고 친절하게 일러주신다. 가시떨기가 햇빛을 가리듯이 세상의 염려와 재물의 미혹이 말씀을 억눌러 열매를 맺지 못하게 하는 것이다.

우리는 가끔 형제나 자매를 만나 교제를 나누고 그들이 가진 믿음을 통해 참 신실한 분들이라고 생각할 때가 있다. 그런데 10년 정도가 지나고 나서 보면 그들 가운데도 두 부류가 있음을 알게 된다. 곧 10년이 가도 한결같은 사람들이 있는가 하면, 짧게는 3,4년, 길게는 6,7년 사이에 전혀 행방이 묘연한 사람들이 있다.『이 세상 염려들과 재물의 속임수와 다른 일들에 대한 욕심』이 그들을 바른 궤도에서 곁길로 탈선시켜 어디론가 몰아갔기 때문이다.

네 번째로 나오는 '좋은 땅 같은 마음'은 마음이 겸손하고 온유하여 말씀을 민감하게 받아들이는 마음을 말한다. 겉마음뿐만 아니라 속마음까지도 변화되어서 믿음이 깊고 말씀의 뿌리가 튼실하게 내리는 마음이다. 또한 하나님의 말씀에 대한 확실한 믿음이 있어서 세상의 유혹이나 욕심에 이끌리지 않는 바로 그 마음이다. 이에 대해 주님께서는 『또 어떤 씨는 좋은 땅에 떨어지니 자라고 번성하여 열매를 맺되 어떤 것은 삼십 배로, 어떤 것은 육십 배로, 또 어떤 것은 일백 배로 맺었느니라.』(막 4:8)고 말씀하신다. 좋은 땅은 옥토로 말씀이 뿌려지면 삼십 배, 육십 배, 일백 배로 열매를 맺는다. 이것을 주님께서는 『또 좋은 땅에 뿌려졌다는 것은 이들을 두고 하는 말이니, 즉 말씀을 듣고 받아서 어떤 사람은 삼십 배로, 어떤 사람은 육십 배로, 어떤 사람은 일백 배로 열매를 맺는 자들』(막 4:20)이라고 한 번 더 세세하게 풀이해 주기를 마지않으신다. 열매를 맺는 주체는 말씀을 받은 사람들이다. 그런데 여기에도 엄연히 차이가 있다. 『어떤 사람은 삼십 배로, 어떤 사람은 육십 배로, 어떤 사람은 일백 배』로 열매를 맺는 것이다. 럭크만 목사님은 마태복음 주석서에서 열두 제자를 예로 들어 설명하고 있다. 즉 멸망의 아들인 유다 이스카리웃을 제외하고 여타의 제자들이 삼십 배의 열매를 맺었다고 한다면, 베드로와 야고보는 육십 배, 요한 같은 경우는 일백 배의 열매를 맺었다고 설명하고 있는 것이 그것이다.

성경대로 믿는 사람들의 한평생은 '좋은 땅 같은 마음'의 연속으로 삼십 배, 육십 배, 일백 배의 열매를 맺는 과정이다. 이 지상 삶 후에 모든 것을 결산할 그리스도의 심판석이 있다는 사실을 한시도 잊지 말고 세월을 아껴 인내로써 달려갈 일이다.

찬송시 44

잠시 머물다가는 이 세상 나그네 길

딤전 6:7,8

1
잠시 머물다가는 이 세상 나그네 길
먹을 것 입을 것이 모두 다 은혜일세
날마다 필요한 만큼 주님 채워 주시네
날마다 필요한 만큼 주님 채워 주시네

2
잠시 머물다가는 이 세상 나그네 길
누리는 시간들도 모두 다 은총일세
날마다 열에 하나를 주께 내어 드리네
날마다 열에 하나를 주께 내어 드리네

3
잠시 머물다가는 이 세상 나그네 길
거듭난 성도들은 그분의 작품일세
날마다 주 말씀 따라 선한 일에 힘쓰리
날마다 주 말씀 따라 선한 일에 힘쓰리

타국인이요 나그네라는 의식

역대기상 29장 10-19절은 다윗의 마지막 감사기도인데, 한 편의 장려(壯麗)한 시의 형태로 되어 있다. 여기에서 다윗은 전반부를 온전히 하나님을 높여 드리는 일에 할애하고 있으며, 후반부에서는 만유의 주인이신 하나님께 자신의 백성인 이스라엘과 후계자인 솔로몬의 미래를 전적으로 의뢰하고 있음을 볼 수 있다.

이 부분에서 특히 눈길이 가는 대목은 타국인이요 나그네라는 의식이다.『우리의 모든 조상이 그러하였듯이 우리는 주 앞에서 타국인들과 나그네들이오니 지상에서 우리의 날들은 그림자와 같으며 머무름이 없나이다.』(대상 29:15) 이 얼마나 자신의 뿌리와 스스로에 대한 철저한 통찰인가. 우리가 잘 아는 대로 다윗은 헤브론에서 7년, 예루살렘에서 33년을 치리한 이스라엘의 제2대 왕으로,『그가 충분히 장수하여 연수와 부와 영화를 다 채우고 죽으니』(대상 29:28)라고 기록하고 있는 것으로 보아, 한 민족의 절대권자로서 우쭐하며 으스댈 만도 한데, 하나님 앞에 인생을 총결산하면서 오로지 겸손으로 무게중심을 잡고 있음은 놀라운 일이다.

바빌론 왕국의 느부캇넷살왕은 어느 날 궁의 뜰을 거닐며『이것이 내가 내 권세의 힘으로 내 위엄의 영예를 위하여 왕국의 집을 건설한 위대한 바빌론이 아니냐?』(단 4:30)하고 교만한 마음을 먹었다가 하나님께서 내린 혹독한 시련을 겪어야 했다. 그는 낭광병(狼狂病)에 걸려 무려 7년간을 들에서 소처럼 풀을 먹고 지내야 했으며, 이때 그의 머리털은 독수리의 깃털같이 자랐고, 손톱은 새들의 발톱과 같이 되었다. 그에게 그런 벌이 주어진 이유는 성경에 분명히 명시되어 있다.『지극히 높으신 분께서 인간들의 왕국을 다스리시며 그분께서 원하시는 자에게 그것을 주신다는 것』(단 4:32)을 그로 하여금 알게 하기 위해서였다. 그리하여 그는 그 모든 일을 겪고 나서야 비로소『이제 나 느부캇넷살이 하늘의 왕을 찬양하고 칭송하고 존경하노니 그분의 모든 일은 진리이고 그의 길들은 공의로우시니 교만하게 행하는 자들을 그분께서 능히 낮추시느니라.』(단 4:37)는 솔직한 고백을 남길 수 있었다.

물론 다윗이라 하여 교만한 행함이 아주 없지는 않았다. 이스라엘과 유다의 백성을 요압으로 하여금 계수하게 한 것이 그것이었다. 이러한 다윗에게 하나님께서는 선지자 갓을 보내어 7년간의 기근, 원수 앞에서 3개월간 도망하는 것, 3일간의 전염병 중에 하나를 택일하게 하셨다. 그리하여 하나님께서 3일간의 전염병을 보내시니 단에서부터 브엘세바에 이르기까지 무려 7만 명의 백성들이 죽는 재앙이 임하였다. 이에 다윗은 『보소서, 내가 죄를 지었고 내가 악하게 행했나이다. 그러나 이 양들이 무엇을 하였나이까? 내가 청하오니, 주의 손으로 나와 내 아비의 집을 치소서.』(삼하 24:17)라고 자신의 죄를 시인하고 스스로 벌을 받기를 청하고 있음을 볼 수 있다. 이처럼 다윗은 자신이 지은 죄에 대하여 하나님 앞에 누구보다도 정직하였다. 선지자 나단이 밧세바와의 간음을 시석했을 때 왕의 권위를 내세워 숨기려 하지 않고 솔직하게 시인하는 태도에서도 다윗의 정직성은 잘 나타난다.

타국인이요 나그네라는 의식은 자신에 대한 정직하고 냉정한 평가에서 비롯된다. 『이는 그가 우리의 체질을 아시며 우리가 진토임을 기억하심이라. 사람으로 말하면 그의 날들은 풀과 같고 그의 번영은 들의 꽃과 같아서 바람이 그 위를 지나가면 사라지나니 그 자리가 그것을 더 이상 알지 못하리라.』(시편 103:14-16)에서 보는 것처럼 다윗은 지금부터 3천5십여 년 전의 사람이지만 자신이 한 줌 흙덩어리에 지나지 않음을 누구보다도 잘 알고 있었던 사람이었다. 그는 사람이 비록 자신의 젊음을 자랑하여도 그 생명을 보내신 분이 거두어가시면 그것으로 그만인 것을 가슴에 사무치게 새기고 살아간 사람이었던 것이다. 그러기에 다윗은 『주여, 나의 종말과 내 날들의 분량이 어떠한지 나로 알게 하시어 내가 얼마나 연약한지 알게 하소서.』(시 39:4)라고 기도하기를 마지않았다. 또한 그러기에 『보소서, 주께서 내 날들을 손 너비만큼 주셨으므로 내 연수가 주 앞에서는 없는 것 같사오니 진실로 가장 좋은 상태에 있는 모든 사람도 다 헛될 뿐』(시 39:5)이라고 자신이 누리는 생명의 덧없음을 고백할 수 있었던 것이다.

요즈음 세상에서 가장 교만한 사람들은 돈이 많은 사람들이다. 시쳇말로 돈이면 안 되는 일이 거의 없으니 사람들은 너나없이 돈을 한 푼이라도 더 가지려 혈안이 되어 있다. 그래서 많은 자살 사건과 살인사건이 돈 문제에서 비롯되고 있음은 두말할 나위가 없다. 성경은 진작부터 이 돈에 대하여 경고하고 있다. 『돈을 사랑하는 것이 모든 악의 뿌리니, 이것을 욕심내는 어떤 사람들이 믿음에서 떠나 방황하다가 많은 슬픔으로 자신들을 찔렀도다.』(딤전 6:10) 보는 것처럼 돈은 모든 악 가운데 하나의 뿌리(a root of all kinds of evil)가 아니라 모든 악의 뿌리(the root of all evil)라고 명시하고 있다. 수년 전 많은 국민들의 숭앙을 받는 한 사람이 벼랑 아래로 몸을 던진 사건이 있었다. 지난 연말 중국 여성이 제주도에서 살해당한 사건도 있었다. 얼마 전 남매가 자신들을 낳아준 아버지를 죽인 존속살인도 있었다. 그 모든 사건 뒤에 간접적이든 직접적이든 돈 문제가 얽혀 있었음은 물론이다. 그러나 자살이나 살인사건 같은 것이 아니라도 사람은 돈을 사랑함으로써 많은 것을 잃을 가능성이 있으며, 특히 우려해야 할 일은 돈에 눈이 멂으로 해서 하늘에 있는 상을 잃어버릴 염려가 있다는 점이다.

성경은『우리가 세상에 아무것도 가지고 온 것이 없으며 아무것도 가지고 갈 수 없는 것이 분명하니 우리에게 먹을 것과 입을 것이 있으면 이것들로 만족할 것이니라.』(딤전 6:7)고 말씀한다. 먹을 것과 입을 것은 살아가는 데 있어서 필수항목에 해당한다. 미국은 일찍이 신앙의 자유를 찾아 유럽을 떠난 청교도들이 세웠고, 땅이 넓을 뿐만 아니라, 사람도 우리나라보다 월등히 더 많이 살고 있음에도 불구하고 이 말씀을 곧이곧대로 지킨 사람은 열 명이 채 되지 않는다고 한다. 그렇다면 1994년에야 바른 말씀이 들어오고, 땅덩이가 작으며, 인구도 적은 우리나라는 이 명령을 제대로 지키고 사는 사람이 과연 몇 명이나 될까?

한 신실한 성도는 초라한 다락방에서 죽어가며, '우리 주님께서는 세상에 계실 때 이런 방 한 칸마저도 없었지 않았는가?'라고 말했다고 한다. 현재 이 나라는 불만족의 아우성이 도처에서 넘쳐나고 있지만, 엄밀히 말해 그것들은 먹고 입는 문제에 대한 것은 아니다. 그러나 그리스도인은 이 세상에 사는 날 동안 타국인이요 나그네라는 의식 속에서 먹을 것 입을 것이 있으면, 설사 여러 가지가 부족하더라도 그것으로 만족할 수 있어야 한다.

찬송시 45

오직 주님께 영생 길 있으니

요 6:68

1
하늘과 온 세상을 말씀으로 지으시고
자신의 형상 닮은 첫 사람을 창조하사
그 앞에 놓아두신 복과 저주 두 갈래 길
누구든 선택한 대로 차지하게 하시네

<후렴>
주님께 오직 주님께 영생 길 있으니
우리가 이 한 길 두고 그 어디로 가오리

2
스스로 하나님을 가상하는 이 세상 신
백이면 백 사람이 모두 속아 넘어가도
진리의 말씀으로 우리의 눈 뜨게 하사
단 한 분 참 하나님을 섬기도록 하시네

3
주께서 모든 사람 대신하여 죽으심은
더 이상 산 자들이 자신 위해 살지 않고
이제는 죽었다가 다시 사신 그분 위해
우리의 남은 날들을 살게 하려 함일세

복과 저주

3,4년 전 퇴직공무원 한 사람과 장시간 대화할 기회가 있어 구령을 시도한 적이 있었다. 그러나 평생을 조상제사나 모시며 살아온 데다 하늘을 우러러 한 점 부끄럼도 없다는, 이른바 자기 의(義)가 매우 강한 사람이라 꼭 필요한 이야기를 다 해 주었음에도 불구하고 구령에는 실패했다. 에덴동산에서 이브가 뱀에게 속아 선과 악의 지식의 나무의 열매를 따 먹고 남편 아담에게도 먹게 하는 바람에, 그 모든 후손은 죄성을 지닌 채 태어나게 되어 인류 전체가 죄인이 될 수밖에 없었다고 이야기해 주었더니, 뜻밖에 묵직한 부정의 대답이 돌아왔다. 하나님이 전지전능하신 분이라면 선과 악의 지식의 나무의 열매를 따먹을 것도 다 아셨을 텐데 왜 그런 위험천만한 과일나무를 창조하셔서 인류의 비극을 가져왔느냐는 반문이 그것이었다. 아마도 그는 그때까지 나름대로는 인생에 대해 많은 생각을 했던 듯하고, 결국 성경에 나오는 하나님은 의지할 것이 못 된다고 단정하고 있는 듯했다.

물론 하나님께서는 여러 정황상 아담이 범죄하게 될 것을 사전에 다 알고 계셨음에 틀림이 없다. 만약 몰랐다면 그분은 전지전능한 분이 될 수 없기 때문이다. 그렇다면 왜 그분은 그 일의 전후시말을 다 내다보시면서 사전에 막지 않으셨는가? 결과적으로 하나님은 사탄이 이브에게 접근하여 꾀고 있는 것을 빤히 지켜보면서도 그를 쫓아버리지 않은 채 끝까지 방치하신 셈이다. 대신 뱀과 이브와 아담의 범죄에 대해서는 삼엄하게 추궁하여 응분의 책임을 지게 하심을 볼 수 있다. 그리하여 뱀에게는 『내가 너와 여자 사이에, 또 네 씨와 그녀의 씨 사이에 적의를 두리니, 그녀의 씨는 너의 머리를 부술 것이요, 너는 그의 발꿈치를 부술 것이라.』(창 3:15)고 그의 운명을 확정하셨고, 여자에게는 아기 낳는 고통을, 그리고 아담에게는 평생 땀 흘려 일하며 살다가 흙으로 돌아가야 함(창 3:16-19)을 각각 선고하셨다. 여기까지만 보면 하나님께서는 전혀 자신의 책임은 지지 않고 결과에 대해 가혹한 처벌만 하시는 분처럼 보인다.

그런데 사실 하나님은 인간을 사랑의 짝으로 창조하셨다. 그분은 인간을 로봇처럼 창조하지 않았다. 로봇은 아무리 정교하게 만든다 해도 사랑을 할 수 없다. 그에게는 자유의지가 결여되어 있기 때문이다. 따라서 인간은 창조되었을 때 이미 자신이 대상을 선택할 수 있는 자유의지를 가지고 있었고, 선택의 필수사항이라 할 수 있는 제3의 존재도 오래 전에 창조되어 완벽한 구도를 형성하고 있었다. 바야흐로 인간은 자신의 자유의지를 발휘하여 거룩하고 조금의 어둠도 없는 하나님과 거짓말의 아비인 제3의 존재 중 하나를 선택해야 하는 순간을 맞이했다. 비록 모든 결과를 다 내다보시는 하나님이시지만 이 순간만은 그분께서도 조마조마 가슴을 졸이셨으리라. 그러나 인간은 하나님께서 미리 내다보신 대로 파멸을 택하고 말았다. 영원한 생명의 하나님을 사랑의 짝으로 삼는 대신 제3의 존재인 꼬부라진 뱀 루시퍼를 택하고 만 것이다. 하나님의 기대는 여기서 와르르 무너졌다. 완벽하게 지으신 동산을 스스로 닫아걸고 파괴해야 하는 순간이 왔나. 그러나 하나님은 그 창졸간에도 인간에게 가죽옷을 지어 입히기를 잊지 않으셨다. 절망뿐인 인간에게 희망의 그림 한 폭을 제시하신 것이었다.

하나님의 원대한 계획은 처음부터 인간을 공동상속자(롬 8:17, 엡 3:6)들로 삼아 함께 이 우주를 다스리는 일이었다. 그러나 시험을 통과하지 않은 수동적 존재로서의 인간은 우주의 중심인 새 예루살렘에 거하며 광활한 우주를 함께 다스리기에는 너무도 함량미달이었다. 미리 내다본 결과대로 에덴동산에서 인간이 첫 시험에서 실패하자마자 하나님께서는 세상의 기초를 놓으시기 이전에 세워둔 구원계획을 즉시 가동시키셨다. 그리하여 구약시대 4천년 동안 아브라함을 택하고 다윗을 택하여 그 계보를 통해 자신의 독생자 예수 그리스도를 이 땅에 보내시어 하나님의 피(행 20:28)를 흘려주심으로써 하나님의 구원계획은 마침내 그 정점에 이르렀다. 인간을 향한 이보다 더 큰 사랑이 또 어디 있는가. 사탄은 때마다 하나님의 계획을 방해해 왔지만 피조물인 사탄이 창조주 하나님의 계획을 호리라도 허물어뜨릴 수는 없다. 지난 2천 년 동안 하나님은 하나님대로 아들의 피를 통해 보석 같은 사랑의 짝들을 낳아 오셨고, 사탄은 사탄대로 『네 평생토록 흙을 먹을지니라.』(창 3:14)는 말씀대로 본질이 흙인 인간쓰레기들을 줄곧 지옥으로 쓸어 넣어 왔다. 처음부터 복과 저주를 앞에 놓아두고 자신의 자유의지에 따라 선택하게 하신 하나님의 경륜으로 볼 때, 하나님이 아들의 피로 사신 사랑의 짝들은 두 길 가운데 스스로 복을 택한 사람들이며, 사탄이 지옥으로 쓸어 담는 쓰레기들은 또한 스스로 저주를 택한 사람들임은 두말할 나위가 없다.

성경에 무지한 사람들은 흔히들 예수 그리스도의 갈보리 십자가 승리로 말미암아 사탄이 멸망당

했다고 주장하곤 한다. 그렇다면 『정신을 차리고 깨어 있으라. 이는 너희의 대적 마귀가 울부짖는 사자처럼 삼킬 자를 찾아 두루 다니기 때문이니라.』(벧전 5:8)는 말씀은 어찌된 말씀인가? 단도직입적으로 말해 사탄은 아직도 그 용도가 폐기되지 않았다. 아니, 오히려 이 마지막 때를 당하여 사탄은 더욱 맹렬히 광기(狂氣)를 발산하고 있다. 전 세계적으로 폭탄테러와 총격 사건이 끊이지 않고 있는 것이나, 우리 주위에서도 제 정신이 아닌 사람들이 상식적으로 이해가 불가능한 사건들을 날마다 일으키고 있는 것이 모두 그 증거다.

하나님의 구원계획이 끝나지 않는 이상 사탄의 방해공작도 계속된다. 만일 제3의 존재가 없어지면 인간에게는 선택의 길이 없어지고, 하나님께서 애초에 부여하신 자유의지도 무용지물이 되어버린다. 더 많은 공동상속자들을 얻기 원하시는 하나님의 계획도 거기서 더 이상 진척이 불가능하게 된다. 바로 여기에 아직도 사탄이 세상에 존재해야 하는 이유가 있는 것이다.

사실 세상 사람들이 잘 몰라서 그렇지 사탄의 최후는 성경에 분명히 명시되어 있다. 천년왕국 동안 감옥(끝없이 깊은 구렁)에 갇혀 있던 사탄이 잠시 풀려나 반역을 꾀하나 곧 잡혀서 우주의 쓰레기장인 불못에 던져진다. 『그들을 미혹하던 마귀가 불과 유황 못에 던져지니 그곳에는 그 짐승과 거짓 선지자도 있어 영원무궁토록 밤낮 고통을 받으리라.』(계 20:10) 보는 것처럼 너무도 선명한 사탄의 마지막 모습이다.

분명 지금은 마지막 때다. 사람들은 현재 절대다수가 복과 저주라는 갈림길에 서 있다. 더 이상 운명을 바꿀 수 없는 때 역시 시시각각 다가오고 있다. 한시바삐 점검하지 않으면 영영 때를 놓칠 가능성이 큰 것이다. 당신은 지금 복과 저주 어느 편에 발을 딛고 서 있는가?

찬송시 46

성도가 원하는 것 모두 위에 있으니

골 3:2,3

1
땅 위에 있는 것에 마음 홀린 사람들
죽음 뒤에 가는 곳 아는 이가 없어도
질그릇에 보배 담은 하나님의 자녀들
죽어서 자신이 갈 곳 모르는 이가 없네

<후렴>
성도가 원하는 것 모두 위에 있으니
땅에서 눈을 돌려 주님 한 분 보며 가세

2
썩어질 부귀영화 쫓아가는 사람들
열이면 열 사람이 패망에 이르러도
위에 있는 것을 바라 달려가는 사람들
끝내는 높디높은 곳 하늘나라 이르네

3
마귀의 종이 되어 평생을 산 사람들
영원한 불의 형벌 면할 길이 없어도
성령의 인도 받아 좁은 길 간 사람들
거룩한 새 예루살렘 영생복락 누리네

위에 있는 것을 구하라

『또한 너희가 그의 안에서 손으로 하지 아니한 할례를 받았으니 곧 그리스도의 할례로 육신의 죄들의 몸을 벗어 버린 것이라.』(골 2:11) 여기에서 『손으로 하지 아니한 할례』는 영적인 수술을 의미한다. 환언하면 한 사람이 주님을 구주로 믿고 영접하는 순간 성령이 그의 안으로 들어가며 영이 살아나고 혼과 몸이 분리되는 수술이 일어나는데, 이 일련의 과정을 지칭한 말씀이다. 그러나 이 대목을 1960년까지 제대로 해석한 성경주석가는 없었다. 그들은 『육신의 죄들의 몸』을 영적으로 풀어서 『그리스도의 할례』를 십자가의 때로 되가져 감으로 해서 오늘날 성도에게는 어떤 적용도 하지 않았다. 그들은 아담이 범죄 했을 때 그의 영이 죽었고, 동시에 그의 혼이 몸에 붙어 있게 되었으며, 그날 이후 모든 아담의 후손은 혼이 몸에 붙어 있는 채로 태어난다는 사실을 알지 못했다. 따라서 그리스도께서 이 땅에 성령을 보내시기까지는 아무도 『손으로 하지 아니한 할례』를 받을 수가 없었다. 이 사실은 아브라함이 왜 창세기 17장에서 실제 칼을 가지고 스스로 할례를 행했는지를 설명해 준다. 즉 그의 구원은 신약시대 성도들이 구원받는 모형이긴 하나 그에게서는 어떤 영적 수술도 일어나지 않았던 것이다.

헬라 철학자들은 사람의 혼에 대해서는 무지했다. 그들은 혼이 사람의 몸 안 어디엔가 붙어 있는 땅콩이나 야구공 크기만한 것이라고 가르쳤고, 현재도 세상 사람들 중에는 그렇게 알고 있는 사람이 적지 않다. 1960년 무렵 피터 럭크만 박사는 누가복음 16장에 대한 향상된 계시를 통해 혼을 명쾌하게 규명해냈다. 그러니까 혼은 실제적인 몸과 겹쳐서 몸과 똑같은 형태를 가지고 존재한다는 것이다. 사람이 죽으면 혼과 몸은 분리되어 몸은 땅속에서 썩고 불멸의 존재인 혼은 낙원 아니면 지옥으로 가게 되는데, 거지 나사로가 간 곳은 낙원이었고, 부자가 간 곳은 지옥이었다. 지옥에서 부자는 건너편 낙원의 아브라함의 품속에 있는 나사로를 보고 아버지 아브라함에게 간청을 한다. 나사로의 손가락 끝에 물을 적셔 오도록 해서 자신의 혀를 식혀 달라는 것이었다. 이 상황에서 피터 럭크만 박사는, 아브라함이나 나사로나 부자가 모두 혼들임에도 불구하고 이 혼들에게 눈이 있고 손가락이 있으며 혀가 있음을 발견한다. 바로 이 사실에서 그는 혼이란 육신의 눈에는 보이지 않는 비 물질로 되어 있으나, 그 모습은 몸과 동일하다는 사실을 알아냈다. 그리하여 그는 성령님의 지혜를 받아 축구공을 통해 몸, 혼, 영을 설명하기에 이른다. 곧 축구공의 가죽 표피는 몸에 해당하고, 튜브는 혼에 해당하며, 안에 든 공기는 영에 해당한다는 것이다(말씀보존학회 간 〈몸, 혼, 영〉 참조).

성도가 구원받던 날 살아난 영은 그의 몸 안에 혼과 함께 존재할 뿐만 아니라 천상에 있는 예수 그리스도의 몸속에도 앉혀진다. 『죄들 가운데서 죽었던 우리를 그리스도와 함께 살리셨으니 (너희가 은혜로 구원을 받은 것이니라.) 또 함께 일으키사 그리스도 예수 안에서 천상에 함께 앉히셨으니』(엡 2:5,6)라는 말씀이 그 사실을 잘 보여준다. 누구든지 구원받았다면 그의 영직인 부활은 과거이며 육체적인 부활은 미래이다. 따라서 모든 그리스도인은 언젠가 있을 몸의 부활을 간절히 고대하며 살고 있다. 특히 사도 바울은 셋째 하늘에 다녀와서 지구상에 살았던 유일한 사람이었으므로 그는 세상에서 사역을 감당하면서도 하루속히 주님 계시는 곳으로 건너가 살기를 더 원했다. 그래서 그는 이렇게 고백했다. 『내가 그 둘 사이에 끼여 있으니 내가 떠나서 그리스도와 함께 있을 욕망을 갖는 그것이 훨씬 좋으나 육신에 남아 있는 것이 너희를 위하여 더욱 필요하리라.』(빌 1:23,24) 여기서 '둘 사이'는 '죽는 것과 이 세상에 사는 것 사이'를 말한다. 만일 바울에게 양자택일의 권리가 주어졌다면 그는 주저 없이 본향으로 건너가 주와 함께 사는 쪽을 택했을 것이다. 그가 지상에 남아 있는 유일한 이유는 이방인들을 위한 사역에 그의 할 일이 남아 있다는 사실 한 가지뿐이었기 때문이다.

그리스도인에게 모든 좋은 것들은 저 위쪽 셋째 하늘에 있다. 그래서 바울은 『그러므로 너희가 그리스도와 함께 살아났으면 위에 있는 것들을 구하라. 거기에는 그리스도께서 하나님의 오른편에 앉아 계시느니라. 위에 있는 것들에 너희 마음을 두고 땅에 있는 것들에 마음을 두지 말라.』(골 3:2,3)고 충고한다. 위쪽은 알파 드레코니스를 지난 정북 방향이며(시 48:2), 그곳에는 우리 구주 예수 그리스도께서 계신 곳이다(살 4:16). 그곳에는 하늘 처소인 새 예루살렘이 있고(갈 4:26), 먼저 간 성도들이 있으며(살전 4:14), 그리스도의 심판석에서 받을 우리의 상급도 있다(고후 5:10). 그러고 보면 그리스도인에게 요긴한 것들이 모두 위에 존재한다. 바로 그래서 바울은 『위에 있는 것들을 구하라.』(골 3:1)고 권면한다. 아니, 그는 여기서 한 걸음 더 나아가 『땅에 있는 것들에 마음을 두지 말라.』(골 3:2,3)고 강권하기를 마지않는다.

흔히 열린 문 시대라고 불리는 필라델피아 교회시대 미국의 그리스도인들은 바울의 권면대로 위에 있는 것들을 구하는 사람들이었다. 셋째 하늘은 우주 저편 깊음 너머에 있는 아득한 곳이지만, 그들에게 그곳은 늘 가깝고 실제적인 장소였다. 이 사실은 1800년대에 작사된 찬송가 가사들에 분명하게 나타나 있다. 19세기 미국이 낳은 가장 위대한 찬송시 작가 화니 크로스비(Fanny J Crosby 1820-1915) 여사가 1891년에 작사한 「세상 고생 꿈에 본 듯 잊으리」(영광을 주께 545장)부터 보자. "영화로운 시온성에 들어가서 다닐 때 기운차게 황금길을 걸으며/ 황금비파 곡조 맞춰 기쁜 찬송 부를 때 세상 고생 꿈에 본 듯 잊으리/ 나의 주를 나의 주를 내가 그의 곁에 서서 뵈오며/ 못 자국 난 그 손 볼 때 주께 영원 감사 찬송하겠네"(3절) 보는 것처럼 그녀는 시온성(세 예루살렘)에 대한 생생한 묘사와 함께 구속주이신 주님을 만나 뵙는 광경을 감격적으로 그려내고 있다. 다음은 피브 케리(Phoebe Cary 1824-1871) 자매가 1852년에 작사한 「저 뵈는 천성에」(영광을 주께 527장)도 보도록 하자. "저 뵈는 천성에 날마다 가까와/ 내 남은 길이 멀잖다 전보다 가깝다/ 더 가깝고 더 가깝다/ 한 걸음 되는 내 본향 가까운 곳일세"(1절) 그녀는 한평생 결혼하지 않고 네 살 위인 언니 엘리스(Alice)와 함께 살았는데 두 자매가 다 글재주가 뛰어났다고 한다. 가난에 찌들려 고생하다가 1871년 2월 언니 피브 엘리스가 먼저 세상을 떠나자 상심한 그녀도 5개월 후에 셋째 하늘 본향으로 떠났다고 전해온다. 세상에서 너무나 가난하게 살았기에 그녀에게 본향은 더욱 간절했는지도 모른다. 이 외에도 케리 브렉(Carrie E, Breck), 샌포드 베네트(Sanford F, Bennett), 윌리암 헌트(william Hunter) 등 1800년대 위에 있는 본향을 그리며 찬송시를 작사한 사람들은 많았다.

그러나 라오디케아 교회시대 끝으로 접어들면서 어느새 셋째 하늘은 일상에서 아득하게 먼 곳이 되어 버렸다. 배교로 만연한 이 황량한 시대에 위에 있는 것들을 구하는 사람이 고작 성경대로 믿는 사람들뿐이라는 사실은 실로 비극이 아닐 수 없다.

찬송시 47

하늘 성전 새 예루살렘

벧전 1:4

1
주 함께 천 년 동안 다스린 왕국 뒤에
처음도 끝도 없는 나라가 열려오네
죽음과 울부짖음 고통 모두 끝나고
영원한 의와 화평과 기쁨이 있는 나라

<후렴>
오래 그리던 곳 하늘 성전 새 예루살렘
나 그곳에 살겠네 주와 함께 살겠네

2
처음 땅 처음 하늘 바다가 사라진 후
새 땅과 새 하늘이 홀연히 열려오면
하늘에서 내려오는 찬란한 하늘 처소
다시는 쇠하지 않을 성도의 유업일세

3
기초는 열두 보석 대문은 열두 진주
투명한 유리처럼 순금을 펼친 거리
해달보다 더 밝은 하나님 큰 영광과
어린 양 눈부신 빛에 밤이 없는 그 나라

유업의 세 가지 의미들

성경에서 "유업"이라는 말이 처음으로 등장하는 곳은 창세기 15장이다. 하나님께서 아브람에게 『나는 이 땅을 네게 주어 유업을 삼게 하려고 칼데아 우르에서 너를 불러온 주라.』(창 15:7)고 하신 것이 그것이다. 이것은 "아브라함의 언약"이라고도 부르는 것으로 실제적인 땅이 유업의 내용이었다. 즉 『하늘과 땅의 소유주』((창 14:19)이신 분께서 카나안 땅을 아브라함에게 유업으로 주신다는 언약이었다. 『내가 아브라함과 이삭과 야곱에게 주기로 맹세한 그 땅으로 너희를 데려가고 또 그것을 너희에게 유업으로 주리니 나는 주라.』 (출 6:8)에서 보듯 이스라엘 자손들은 "모세의 언약"이 아닌 "아브라함의 언약" 하에서 이집트를 탈출했다. 이후 민수기, 신명기, 여호수아 등에 "유업"이라는 말이 집중적으로 등장하는 것을 볼 수 있는데, 이것들은 "유업=땅"이라는 등식이 성립한다 할 정도로 주로 땅의 의미로 사용되었다.

『자기들의 하나님이 주이신 민족은 복이 있으며 주께서 자기 유업으로 택하신 백성은 복이 있도다.』(시 33:12) 여기서 "자기들의 하나님이 주이신 민족"은 이스라엘이며, "주께서 자기 유업으로 택하신 백성" 역시 이스라엘이다. 주로 땅을 의미하던 유업이 한 민족이 하나님의 유업이 된다는 의미의 점진적 확장은 놀랍다. 특히 시편 37편은 무려 여섯 번에 걸쳐 유업이라는 단어가 등장한다. 『행악자는 끊어질 것이나 주를 기다리는 자들은 땅을 유업으로 받으리라.』(9절)에서 보듯 그 주제는 왕국을 상속받는 것과 관련이 있다. 이 외에도 온유한 자들(11절), 정직한 자들(18절), 그분으로부터 복을 받는 자들(22절), 의로운 자들(29절), 그분의 길을 지키는 자들(34절) 등이 이 왕국의 상속자들이다. 특히 온유한 자들이 땅을 유업으로 받는다는 대목은 마태복음의 산상설교 구절을 연상시킨다는 점에서 흥미롭다. 우리가 익히 아는 바대로 마태복음 5,6,7장은 천년왕국의 헌법이기 때문이다.

신약성경에서 유업이라는 말은 모두 16번에 걸쳐 나오는데, 이 중에서 골로새서의 말씀을 보기로 하자. 『이는 너희가 유업의 상을 주께로부터 받을 줄 앎이니 너희가 주 그리스도를 섬기고 있음이라.』(골 3:24) 여기에서 성도가 받는 "유업의 상"은 천년왕국 통치를 가리키는 것으로, 이 왕국을 다스릴 자격은 여러 곳에 제시되어 있다. 『이제 육신의 일들은 분명히 나타나나니 곧 간음과 음행과 더러운 것과 음욕과 우상 숭배와 마술과 원수 맺음과 다툼과 질투와 분노와 투쟁과 분열과 이단들과 시기와 살인과 술 취함과 흥청거림과 또 그와 같은 것들이라. 내가 전에 말한 바와 같이 미리 말하노니 그런 짓들을 하는 자들은 하나님의 나라를 상속받지 못할 것이라.』(갈 5:19-21) 여기에 나오는 "하나님의 나라"는 로마서 14:17에 나오는 영적인 나라가 아니라, 상속받는 유업으로서의 나라이므로 어디까지나 천년왕국의 유업을 말한다. 구원은 하나님께서 주신 믿음과 은혜로 받지만 이 유업은 그리스도와 함께 고난받음, 곧 섬김을 통해서 상속받는다. 따라서 우리가 그리스도 인에 들어왔으면 구원은 여하한 경우에도 거부당하지 않으나 유입을 받는 데서는 제외될 수 있는 것이다. 『너희가 이것을 알거니와 음행하는 자나 더러운 자나 욕심 많은 자, 곧 우상 숭배자는 누구든지 하나님과 그리스도의 왕국에서 상속받을 것이 없느니라.』(엡 5:5)는 말씀이나, 『불의한 자는 하나님의 나라를 상속받지 못한다는 것을 너희가 알지 못하느냐? 속지 말라. 음행하는 자들이나 우상을 숭배하는 자들이나 간음하는 자들이나 여자처럼 행세하는 자들이나 남자 동성연애자들이나 도둑질하는 자들이나 탐욕을 부리는 자들이나 주정뱅이들이나 욕설하는 자들이나 착취하는 자들은 하나님의 나라를 상속받지 못하리라.』(고전 6:9,10)라는 말씀도 같은 맥락에서 의미의 가닥이 잡힌다.

그런데 신약성경에는 지금까지 살펴본 것과는 사뭇 다른 유업이 있다. 『너희를 위하여 하늘에 썩지 않고 더럽지 않고 쇠잔하지 않는 유업을 간직해 두셨으니』(벧전 1:4) 여기에 나오는 『썩지 않고 더럽지 않고 쇠잔하지 않는 유업』은 우리가 보아온 여느 유업이 아니다. 흔히 유업이라고 하면 천년왕국 시대에 주님과 함께 왕 노릇 하는 것을 가리키지만, 이 구절이 언급하는 유업은 천년왕국의 유업이 아니라 하나님께서 모든 구원받은 사람들을 위해 하늘에 간직해 두신 것, 즉 영원 속에서 누리게 될 영원세계라는 의미의 유업을 가리킨다. 보다 구체적으로 말하면 이 유업은 『새 하늘과 새 땅』(계 21:1)과 『새 예루살렘』(계 21:2)이다. 이것이야말로 썩지 않고 더럽혀지지 않고 쇠잔하지 않는 유업이며, 이 땅이나 천년왕국 정도가 아니라, 하나님의 자녀가 된 우리들을 위해 하나님께서 하늘에 간직해 두신 유업이다. 천년왕국은 말 그대로 천 년 동안이나 계속되는 유업이므로 70년이나 80년쯤 살다가는 유한한 인생에게는 긴 세월임이 분명하다. 그러나 천년도 영원 속에서 보면 하나의 작디작은 점에 지나지 않는다. 그런 의미에서 이 유업은 무한하여 다함이 없는 유업이다. 궁극적으로 이것은 현재 하나님의 능력으로 보호받고 있는(벧전 5:5) 그리스도인들을 위해 그 보호하심이 영원무궁토록 지속되게 하기 위해서 하나님 자신이 하늘에 간직하고 계시는 유업인 것이다.

주 예수 그리스도께서는 지상에 계실 때『내 아버지 집에는 많은 저택들이 있느니라. 그렇지 아니하면 내가 너희에게 말하였으리라. 나는 너희를 위하여 처소를 마련하러 가노라.』(요 14:2)라고 하셨다. 이 약속대로 주님께서는 십자가에서 우리를 위해 보혈을 흘려주시고, 부활 승천하셔서 우리를 위해 날마다 하나님 아버지 앞에서 중보하시는 한편, 무려 2천 년 동안이나 새 예루살렘을 건축해 오고 계신다. 이 도성의 규모는 가로세로 높이가 공히 1만2천 스타디온이다(계 21:16). 1스타디온이 201.17미터이므로 무려 한 변이 2,414킬로미터나 된다. 현재 세계에서 제일 높은 빌딩은 아랍에미리트 두바이 신도심 지역에 있는 부르즈 할리파로 높이가 828미터라고 한다. 인간들은 이 바벨탑을 지어놓고 스스로 어깨를 으쓱하고 있지만, 창조주이신 주 예수 그리스도께서 건설하고 계신 새 예루살렘에 비하면 어린애 장난이라고 할 것이다. 더구나 열두 보석으로 된 기초석(계 21:19,20), 열두 진주로 된 열두 대문과 투명한 유리처럼 순금으로 포장된 길들(계21:21)에 이르면 그 부와 화려함에서 비교의 대상이 되지 않는다. 일곱으로 일하시는 하나님의 경륜으로 볼 때, 구약시대 4천 년과 신약시대 2천 년을 지나 마지막 일곱 번째 천년에 들어선 지도 19년째이니, 어쩌면 새 예루살렘은 이미 완성되어 하나님, 그룹들, 스랍들, 천사들, 먼저 간 성도들, 아직도 세상에 살면서 휴거를 기다리는 우리까지도 모두 참석하는 전대미문의 준공식만 남기고 있는지도 모른다.

그대 아직 이 유업의 수혜자가 되지 못했는가? 그러나 지금도 늦지 않았다. 예수 그리스도를 구주로 영접하기만 하면 즉시 영원세계의 멤버가 될 수 있고, 좀 더 욕심을 내어 이제부터라도 주님의 일에 힘쓴다면 결코 부끄럽지 않은 상속자의 반열에도 오를 수가 있다. 마지막 기회의 문이 닫히기 전에 부디 서두를 일이다.

찬송시 48

주님이 주신 선물

요 10:28

1
주의 음성을 듣고 주의 뒤를 따라갈 때
그분은 선한 목자 우리는 그분의 양떼
이 세상 사는 동안 좋은 꼴로 먹이시고
눈부신 새 하늘 새 땅 상속자로 삼으시네

<후렴>
영생 영생 주님이 주신 선물
영원 영원 영원토록 우리 누리겠네

2
주님을 구세주로 영접하고 얻은 영생
이 세상 명예 권세 부귀보다 더 귀하네
연약한 우리 몸이 흙이 되어 돌아가도
주께서 이름 부를 때 영광스런 몸 입으리

3
눈이 먼 세상 사람 저 영원 보지 못하고
좁은 길 가는 우리 어리석다 비웃어도
사망과 지옥보다 위대하신 주 하나님
우리를 그 사랑에서 떼놓을 자 아주 없네

영원을 보는 눈

그리스도인의 신앙의 근간은 믿음이다. 그리고 그 믿음은 바른 말씀을 만고불변의 진리로 믿는 데서 출발한다. 우리가 구령할 때도 성경 말씀을 이곳저곳 펼쳐서 보여주거나, 당장 성경을 소지하지 못했을 때는 구령자 자신이 외우고 있는 말씀들을 들려준 다음, 그 말씀에 따라 상대방의 결단을 촉구한다. 『너희가 거듭난 것은 썩어질 씨로 된 것이 아니요 썩지 아니할 씨로 된 것이니 살아 있고 영원히 거하는 하나님의 말씀으로 되었느니라.』(벧전 1:23)라는 말씀이 그 사실을 잘 보여준다.

성경은 하나님에 대한 믿음이 없이는 누구도 그 내용을 알 수 없다. 우리가 성경을 참으로 하나님의 말씀으로 믿고 펼칠 때 비로소 성경은 그 품을 우리에게 열어 보인다. 『내 눈을 열어주소서. 그리하시면 내가 주의 법의 경이로운 것들을 보리이다.』(시 119:18) 이 말씀은 성경을 하나님의 말씀으로 믿는 사람이 성령님의 조명을 구하는 기도이다. 바꾸어 말하면 말씀은 누구도 성령님의 조명 없이는 주의 법의 경이로움을 볼 수 없다는 의미이기도 한 것이다.

필자는 장로교회에 35년 정도를 몸담아 있으면서 여러 번 성경 읽기를 시도했지만 한 번도 완독하지는 못했다. 어떤 계기를 맞아 성경을 읽어야겠다고 결심하고 실천에 옮겼지만, 레위기나 역대기 등에서 번번이 걸려 그만두곤 했다. 그러다 보니 창세기는 꽤 여러 번 완독한 경험이 있다. 그러나 『땅은 형체가 없고 공허하며 어두움이 깊음의 표면에 있으며 하나님의 영은 물들의 표면에서 거니시더라.』(창 1:2)라는 말씀에서 "깊음"이 무엇인지, 여기에 나타난 상황이 어떤 상황인지 전혀 알지 못했다. 누가 세세히 가르쳐주는 사람도 없었거니와, 그냥 혼자서 막연히 이것은 창조의 시초에 있었던 혼돈 상태를 말하는 것이거니 했을 뿐이었다.

그러나 킹제임스신학교에 입학하고 성경대로 믿는 사람의 대열에 선 후 럭크만 박사의 창세기 주석서를 공부하면서 모든 의문이 풀렸다. 이것은 마치 날 때부터 소경이었던 사람이 예수님을 만나 눈을 뜬 감격과 흡사했다. 수십 년 동안 눈을 가렸던 미망의 안개가 한순간에 걷히자 후련하고 통쾌하기 이를 데 없었다. 그러니까 창세기 1장 1절은 최초의 창조였고, 2절은 최초의 세상이 심판을 받은 후의 모습이며, 3절 이하는 재창조의 과정이었던 것이다.

많은 사람들이 창세기 1장 1,2절의 진리를 간격이론(the Gap Theory)이라는 말로 호도하며 말도 안 된다고 입에 거품을 물지만, 최초의 창조가 없었다면 다섯 번째 그룹 루시퍼(사탄)가 언제 창조되었으며, 언제 타락했는가를 무엇으로 설명할 것인가? 더구나 바른 성경인 킹제임스성경 창세기 1장 28절에 나타난 재창조의 뚜렷한 증거인 "땅을 다시 채우고(and replenish the earth)"라는 구절은 또 어찌할 것인가? 변개된 성경들은 킹제임스성경의 "replenish"를 "fill" 혹은 "full"로 바꾸어 놓았는데, 이는 히브리어 맛소라 원문에도 "말레"(מלא)로 보존되어 있는 "다시 채우고"라는 의미에서 "다시"라는 재창조의 증거를 없애버린 것이었다. 그러나 아무리 그래 보았자 하늘에 세워진 주의 말씀(시 119:89)이 인간들이 변개한다고 바뀔 리는 만무하지 않겠는가.

지구는 창조 후에 두 번의 홍수를 겪었다. 첫 번째 홍수는 창세기 1장 2절, 두 번째 홍수는 창세기 6장에 나와 있는 노아의 홍수이다. 이 두 홍수의 차이는 첫 번째 홍수가 전 우주적인 홍수인데 반해 두 번째 홍수는 지구에 국한된 홍수라는 점이다. "깊음(the deep)"은 하나님께서 홍수에 사용하신 거대한 물 무더기였다. 하나님께서는 전 우주적 홍수인 첫 번째 홍수 후 지구가 침몰해 있는 깊음 속에 지구를 중심으로 창공을 만드셨는데(창 1:6), 이것이 바로 우주였다. 그 결과 깊음은 우주의 가장자리로 물러나 우주를 송두리째 담은 거대한 용기(容器)가 되었다.

성경은 세 개의 하늘이 있음을 시사한다. 지구의 대기권이 첫째 하늘, 해 달 별이 떠 있는 우주가 둘째 하늘, 지구의 정북 방향 둘째 하늘 끝에 태평양의 30억 배가 넘는 깊음이 있고, 그 너머가 셋째 하늘이다. 그곳의 깊음은 바깥 표면이 절대 영도로 얼어 있는데(욥 38;30), 그 유리 같은 얼음 위에 하나님의 보좌가 놓여 있다(계 4;6). 그런데 더욱 놀라운 점은, 절대 영도가 되면 모든 분자 활동이 정지되고 부피는 제로가 되며 시간은 멈춰 서는데, 이것이 다름 아닌 영원이라는 사실이다. 새 하늘과 새 땅이 열리면 이 영원은 전 우주로 확산이 될 것이고, 지상의 삶 동안 영생을 선물로 받은 사람들은 창조주이자 구속주이신 주님과 함께 그 영원의 공동상속자가 될 것이다.

금세기 최고의 물리학자로 불리는 스티븐 호킹이 한마디 했다 하면 전 세계의 매스컴들이 경기가 들린 듯 호들갑을 떨지만, 그리스도인이 볼 때 그는 구원받지 못한 한 사람의 루게릭병 환자에 지나지 않는다. 예수 그리스도를 구주로 영접하고 거듭난 무리들은 절대 진리인 성경을 공부함으로써 우주는 물론, 스티븐 호킹이 입도 뻥긋할 수 없는 그 바깥까지 훤히 꿰고 있기 때문이다. 전 세계 물리학도들이 탄복해 마지않는 소위 그의 빅뱅이론은, 우주를 거뜬히 벗어나 셋째 하늘을 직접 영으로 견학하고 온 사도 바울의 간증(고후 12:2-4)에 비하면, 우물 안 개구리식의 황당무계한 공상이라 할 것이다.

『모든 성도들과 함께 그 너비와 길이와 깊이와 높이가 얼마인가를 깨달을 수 있게 해주시며』(엡 3:18)라는 말씀을 두고 많은 주석가들이 "너비와 길이와 깊이와 높이"를 그리스도의 사랑을 형용한 것이라고 그럴듯하게 얼버무리지만, 이것이 가리키는 것은 정확히 로마서 8;39에 언급된 그 깊음과 높음으로 4차원적 우주를 지칭한 것이다. 사도 바울은 교회시대 그리스도인들 가운데서 가장 정확한 우주 지도를 가슴속에 간직한 채 지상 삶을 살았던 사람이었다. 스티븐 호킹은 유치한 상상인 빅뱅이론으로 전 세계의 숭앙을 한 몸에 받고 있지만, 바울은 그 아득한 옛날에 그토록 광범위하고 정확한 우주 지식을 가지고도 조롱과 핍박과 멸시와 배고픔과 박해를 당했다. 『실로 그리스도 예수 안에서 경건하게 살고자 하는 모든 사람은 박해를 받을 것이라.』(딤후 3:12)는 말씀 그대로였다.

이제 두 눈을 감고 마음의 눈을 떠보라. 첫째 하늘, 둘째 하늘, 그리고 그 바깥 아득한 물 무더기 너머 셋째 하늘이 보이는가? 수정과 같은 유리 바다 위에 놓인 거룩한 보좌와 네 짐승이 보이는가? 거기 절대 영도로 얼어 분자활동이 정지되어 있는 영원이 보이는가? 만약에 보인다면 교회시대 가장 훌륭한 그리스도인 바울이 가졌던 지도 한 장을 그대 역시 가졌다는 증거다.

찬송시 49

큰 지진 땅을 흔들어

잠 2:7,8

1
큰 지진 땅을 흔들어 집들이 무너져도
주님은 눈동자처럼 성도들을 지키시리

<후렴>
하나님은 우리들의 피난처요 방패시니
주 안에 거하는 자 염려할 것 아주 없네

2
불타는 용광로 속에 속절없이 떨어져도
주님은 우리 머리털 한 올까지 지키시리

3
바람이 산을 가르고 바위를 깨뜨려도
주님은 날개로 감싸 우리들을 지키시리

지진은 하나님의 권한에 속한다

지난 9월 12일, 필자가 살고 있는 경주의 남남서쪽에서 1978년 우리나라가 지진관측을 시작한 이래 최대 규모의 지진이 발생하여 경주, 대구 지역을 비롯하여 부산, 경남, 울산 등지에 사는 사람들을 온통 패닉 상태에 빠뜨렸다. 이날의 지진은 오후 7시 44분에 규모 5.1의 전진(前震)이 발생했고, 정확히 48분 후인 오후 8시 32분에 규모 5.8의 본진이 뒤따랐다. 10월 6일까지 발생한 여진(餘震)만도 461회를 기록했는데, 1.5에서 2.9 여진이 443회, 3.0에서 3.9 여진이 16회, 4.0에서 4.9 여진은 2회였다. 여진이 장기간 지속되자 더 큰 지진이 온다는 괴담들이 인터넷상에 급속히 퍼지고, 귀가 얇은 사람들 중에는 큰 지진이 온다는 기간을 피하기 위해 동남아행 비행기 표를 구입해서 여행을 떠나는 사람까지 있다는 소문이 파다했다.

지진이라는 단어는 성경에서 16개 구절에서 20번에 걸쳐 쓰이고 있다. 그러나 굳이 지진이라는 말이 나오지 않더라도 성경에서 지진의 상황을 포함하고 있는 부분은 적지 않다. 『그가 이 모든 말을 마쳤을 때, 그들의 밑에 있는 땅이 갈라지고 땅이 그 입을 벌려, 그들과 그들의 집들과 코라에게 속한 모든 사람들과 그들의 모든 물건들을 삼키니라. 그들과 그들에게 속한 모든 것이 산 채로 구렁으로 내려가고 땅이 그 위에서 닫아 버리니, 그들이 회중 가운데서 멸망하니라.』(민 16:31-33) 민수기의 이 부분은 코라의 무리들이 모세에게 반역하여 대치했다가 모세의 설교가 끝남과 동시에 땅이 입을 벌려 그들을 일시에 삼켜버리는 미증유의 사건을 기록하고 있다. 보는 것처럼 여기에는 지진이라는 말이 전혀 나오지 않는다. 그러나 이 부분은 지진이라는 상황을 도외시하고는 설명이 불가능한 대목이다.

세상의 과학은 지구의 표면이 여러 개의 판들로 이루어져 있다고 한다. 이 판들은 서로 잇닿아 지구의 표면을 형성하고 있으며, 각 판들은 피차 강력하게 밀고 있다고 한다. 따라서 판들의 경계 부분에는 엄청난 에너지가 축적되는데, 이 에너지가 지구의 표면으로 분출되는 현상이 바로 지진이라는 것이다. 이웃 나라 일본에서 지진이 잦은 이유로 일본열도 밑으로는 유라시아판, 필리핀판, 태평양판, 북아메리카판 등이 경계를 이루고 있는데, 이 거대한 판들이 서로 밀고 밀리는 과정에서 엄청난 에너지가 자주 분출하기 때문이라는 것이다. 더욱이 근래는 우리나라에서도 활성단층에 대한 연구가 보다 활발하게 이루어져 이번에 지진이 일어난 양산단층을 비롯하여 밀양단층, 동래단층, 울산단층 등 한반도 동남 지역에 무려 일곱 개의 활성단층이 있다고 밝히고 있으며, 이 단층들의 활동에 따라 보다 규모가 큰 지진이 올 수 있다는 경고를 하고 있다. 그러니까 지진이란 어디까지나 자연 현상 가운데 하나일 뿐이라는 것이 무신론자이자 진화론자인 학자들의 생각이며, 연구 여하에 따라서는 지진은 충분히 예측이 가능할 뿐만 아니라, 머지않아 인간이 그것에 능히 대비할 수 있다고까지 믿고 있는 듯하다.

그러나 성경 말씀은 이와는 전혀 다른 시각으로 지진을 기록하고 있다. 민수기 16장을 두고 볼 때 하나님께서 우주의 중심으로 창조하신 지구가 우리 인간의 눈으로는 관찰이 불가능하지만 인간이 만든 그 어떤 슈퍼컴퓨터보다도 정교하게 창조하신 피조물로, 그분께서 원하시면 언제 어느 장소에서도 지진을 일으키실 수 있으며, 지각변동이나 지각이동 또한 가능한 일임을 확인하게 된다. 모세와 회중, 코라의 무리는 서로 말을 주고받을 수 있는 가까운 거리에 대치해 있었으나, 모세의 말이 끝나자마자 땅이 입을 벌려 반역한 코라 무리만을 정확하게 삼켜 버렸음을 기술하고 있다. 세상 학자들의 이론대로라면 모세와 회중, 코라 무리가 선 곳이 각기 다른 단층이어야 하고, 특히 코라 무리가 서 있는 곳은 그들만을 지하 구렁으로 내려 보내기 위해 정확하게 입을 벌릴 수 있는 활성단층이어야 했다. 그러나 성경 어디를 보아도 이런 활성단층 같은 것을 거론한 곳은 없다. 다만 창조주께서 땅을 향해 입을 벌려 무리를 삼키라 했을 때 땅은 피조물로서 그분의 명령에 복종했을 뿐인 것이다.

인류가 지진을 계측한 이래 가장 강력한 지진은 1960년 칠레의 발디비아 대지진으로 규모 9.5였고, 두 번째로 강력한 지진은 1964년 알래스카 프린스 사운드 대지진으로 규모 9.2였으며, 세 번째로 강력한 지진은 2004년 인도네시아 수마트라 대지진으로 규모 9.1이었다고 한다. 그러나 성경에는 이런 정도의 지진과는 비교가 되지 않는 지진들이 예언으로 기록되어 있다. 『또 내가 보니, 어린 양이 여섯째 봉인을 여실 때, 보라, 큰 지진이 나며 해가 머리털로 짠 천같이 검어지고 달은 피처럼 되었으며, 하늘의 별들이 마치 무화과나무가 강한 바람에 흔들려 설익은 무화과가 떨어지듯이 땅에 떨어지며 하늘은 두루마리같이 말려서 쓸려 가고 모든 산과 섬도 각기 제자리에서 옮겨졌으니』

(계 6:12-14) 여기에 기록된 것은 대환란이 끝나기 전에 일어나는 일련의 일들인데, 그 가운데 역시 전무후무한 대지진이 포함되어 있다. 모든 산과 섬이 제자리에서 옮겨지자면 대체 규모 얼마의 지진이 일어나야 할까? 아마도 그것은 규모가 50.0 정도는 되어야 할는지도 모른다.

성경은 예수 그리스도께서 재림하실 때에도 대지진이 있을 것을 예언하고 있다. 『그의 발이 그 날에 예루살렘 앞 동편에 있는 올리브 산 위에 서시리니, 올리브 산은 그 중간이 동쪽과 서쪽으로 갈라져 매우 큰 골짜기가 생길 것이며, 산의 절반은 북쪽으로, 산의 절반은 남쪽으로 옮겨지리라.』(슥 14:4) 여기에 나오는 올리브 산은 해발 800미터로 예수 그리스도께서 승천하신 장소인데, 『바로 이 예수는 너희가 하늘로 가심을 본 그대로 오시리라.』(행 1:11)고 한 말씀대로 그분은 왕의 대로를 거쳐 이 산으로 재림하실 것이다. 그때 올리브 산은 중간이 갈라져 남과 북으로 각각 옮겨지는 큰 변동이 있을 것을 미리 예고하고 있는 것이다.

주의 날이 가까울수록 지진이 더욱 빈번해질 것은 분명하다. 『민족이 민족을 대적하고, 나라가 나라를 대적하여 일어나겠으며, 기근과 역병과 지진이 여러 곳에서 있을 것이니』(마 24:7)라고 절대무오한 성경이 말씀하고 있기 때문이다.

생각건대 이번 경주지진은 규모 7.5 이상이 되어 큰 비극이 일어날 수도 있었다. 그러나 규모 5.8 정도의 경고에 그친 것은 순전히 진앙(震央)인 경주를 비롯하여 부산, 울산, 함안 등지에 성경대로 믿는 사람들 수십 명이 거주하고 있는 덕분이다. 『공의를 행하고 진리를 구하는 누군가가 있다면 내가 그 성읍을 용서하리라.』(렘 5:1)는 하나님의 신실하신 약속으로 말미암아 선인과 악인, 의로운 자와 불의한 자를 막론하고 위기의 상황에서 긍휼을 입게 된 것이다.

찬송시 50

높고 높은 보좌에

롬 8:15

1
높고 높은 보좌에 거하시는 하나님
낮고 낮은 이 땅에 어린 양 보내셨네
진홍보다 더 붉은 세상 죄 제거하려
갈보리 십자가에서 보혈 흘려주셨네

<후렴>
만유보다 위대하신 아바 아버지
주 하나님 모든 것이 우리 것일세

2
높고 높은 보좌에 거하시는 하나님
낮고 낮은 이 땅에 독생자 보내셨네
겨자씨만한 믿음 그 한 가지 보시고
멸망 받을 이 죄인들 자녀 삼아주셨네

3
높고 높은 보좌에 거하시는 하나님
낮고 낮은 이 땅에 주 예수 보내셨네
영생과 온갖 보화 주인이신 아버지
우리를 아들과 함께 상속자로 삼으셨네

하나님의 상속자들

모든 자연인(自然人)은 태어난 그대로의 상태로는 한 사람도 예외 없이 마귀의 자식들이다. 『너희는 너희 아비 마귀에게서 나와서 너희 아비의 정욕을 행하고자 하는도다.』(요 8:44)라는 말씀이 그 사실을 잘 말해준다. 아담이 에덴동산에서 범죄한 이래 모든 자연인은 마귀의 자식으로 태어났다. 그래서 사람은 자연인으로만 살다가 생을 마치면 그는 반드시 지옥 자식이 되고 만다. 일찍이 예수 그리스도께서는 밤에 찾아온 유대인의 관원 니코데모에게 『진실로 진실로 내가 너에게 말하노니, 사람이 거듭나지 아니하면 하나님의 나라를 볼 수 없느니라.』(요 3:3)고 말씀하셨다. 니코데모가 제대로 알아듣지 못하자 『사람이 물과 성령으로 태어나지 아니하면 하나님의 나라에 들어갈 수 없느니라.』고 보다 자상하게 일러주셨다. 여기에서 '물'은 어머니 뱃속의 양수에서 태어나는 육체적 출생을 가리킨 것이고, 성령으로 태어나는 거듭남은 하나님의 말씀으로 말미암아 영이 살아남을 가리킨 것이다.

자연인이 예수 그리스도를 구주로 영접하면 그 순간 그의 죽어 있던 영이 살아나는데, 이때 그는 비로소 혼이 몸에 달라붙어 있는 불완전한 상태에서 영이 살아남과 동시에 혼과 몸이 분리되는 영적 수술이 이루어지면서 영과 혼과 몸이라는 3요소가 갖추어진 존재로 변화한다. 이것을 성경은 『또한 너희가 그의 안에서 손으로 하지 아니한 할례를 받았으니 곧 그리스도의 할례로 육신의 죄들의 몸을 벗어 버린 것이라.』(골 2:11)고 말씀하신다.

우리의 영이 말씀을 통해 거듭나면, 곧 죽은 상태로 태어난 우리의 영이 살아나면, 우리는 하나님의 영으로 인도함을 받음과 동시에 하나님의 양자로 입양이 된다. 성경은 이 사실을 『무릇 하나님의 영으로 인도함을 받는 이들은 곧 하나님의 아들들이니라. 너희는 다시 두려워하는 종의 영을 받지 아니하였고 양자 되는 영을 받았으므로 그에 따라 우리가 "아바, 아버지."라 부르짖느니라.』(롬 8:14,15)고 친절히 가르쳐주신다.

양자(養子)를 들이는 것을 입양(入養)이라 하고, 양자 관계의 인연을 끊는 것을 파양(罷養)이라 한다. 우리나라에도 아주 오랜 옛날부터 입양제도가 있어 왔다. 일반적으로 입양은 가계의 계승을 목적으로 이루어졌다. 부부 사이에 아들이 없는 경우 대개 가까운 혈족의 자식을 양자로 들이는 것이 관례였다. 가까운 혈족이 없을 때는 가난한 집의 자식을 어린 시절에 데려다 키워 양자로 삼는 경우도 있었다. 입양은 어느 경우에나 부모자녀간이라는 대의(大義)가 고정된다는 안정성의 법의식이 강하기 때문에 일시의 경솔한 판단으로 쉽게 파양하는 것은 옳지 못한 것으로 보는 것이 우리나라를 비롯한 동서고금의 원칙이었다. 그러나 입양이 여러 면에서 불합리할 때는 드물게 파양도 이루어졌다. 파양의 법·관습은 조선시대 이후 기록으로 명확히 전해진다. 첫째는 양자(養子)의 생가가 자손이 끊어지게 되면 파양하였다. 이것을 특히 파계귀종(罷繼歸宗)이라 이르는데, 생가의 종통(宗統)을 중히 여기는 사상에서 나온 것이다. 둘째는 양자의 성품이 사나워 길들일 수 없을 때, 양자가 반역죄를 비롯한 범죄로 처벌되었을 때, 양자가 양부모에게 불효하거나 가산을 탕진할 때 등의 경우에 파양이 이루어졌다.

그러나 미국의 경우는 파양제도가 아예 인정되지 않기 때문에 한번 양자로 입양하면 어떠한 경우에도 파양을 할 수가 없다. 즉 양자에 관한 법률은 결혼에 관한 법률보다도 훨씬 강력하여, 결혼은 파기할 수 있어도 양자는 한번 입양서약서에 서명하고 나면 다시는 그것을 파기할 수가 없게 돼 있는 것이다. 따라서 한번 입양하면 그 자식에게 여하한 일이 있더라도 상속권이 보장되고 친자(親子)와의 차별이 절대로 허용되지 않음은 물론이다. 따라서 입양한 양자는 친자 이상의 자식이다. 유산도 친자에게는 남겨주지 않을 수도 있지만, 양자에게는 도무지 그럴 수가 없다. 양자의 유산상속은 법으로 강력히 보장되어 있는 것이다.

생각건대 파양제도가 없는 미국의 입양제도야말로 보다 성경적이라고 말할 수 있다. 겨자씨만한 믿음 하나로 주 예수 그리스도를 구주로 영접하는 순간, 우리는 하나님 아버지께로 영원한 입양이 이루어져 파양이 불가능한 그분의 자녀가 되기 때문이다. 바로 이런 사실을 성경은 곳곳에서 하나님의 말씀으로 보장하고 있다. 『내가 그들에게 영생을 주노니 그들은 영원히 멸망하지 않을 것이며, 또 아무도 나의 손에서 그들을 빼앗지 못할 것이니라.』(요 10:28) 하신 말씀이나, 『내가 확신하노니 사망이나 생명이나, 천사들이나 정사들이나 권세들이나 현재의 일들이나 다가올 일들이나, 높음이나 깊음이나, 어떤 다른 피조물이라도 우리를 그리스도 예수 우리 주 안에 있는 하나님의 사랑에서 떼어 놓을 수 없으리라.』(롬 8:38,39) 하신 말씀을 보라. 이 얼마나 든든한 약속이며 보장인가!

세상에서는 양부모가 입양한 자식을 훗날 친부모가 다시 찾아와 자식을 도로 돌려달라고 요구하는 바람에 시비가 벌어지는 경우가 종종 있다. 그런 때 양부모는 친부모에게 말한다. “이 아이는 당신에게보다 나에게 갑절이나 귀한 아들입니다. 왜냐하면 당신은 이 아이를 그냥 얻었지만, 나는 이 아이를 값을 주고 샀기 때문이지요.”라고. 이 말은 한 오리도 거짓이 없는 사실이다. 입양한 자식은 양부모가 희생할 각오를 하고 맞아들인 자식이기 때문이다. 그래서 아예 파양제도가 없는 미국에서는 분쟁이 일어날 때마다 양부모 쪽을 보호해 주는 것이 통례다.

냉정히 돌이켜보건대 무엇 하나 변변한 것이 없는 우리를 양자 삼으신 주 하나님 아버지야말로 엄청난 값을 치르고 우리를 사셨다. 그분께서 우리를 사기 위해 치르신 값은 금이나 은이 아닌 그분 자신의 피였다(행 20:28). 이 세상에 그 누가 자신의 피를 몽땅 흘려 우리를 사들일 수 있겠는가? 그런데 하나님 아버지께서는 우리를 구원하셔서 본향으로 데려 가시기 위해 그 모든 희생을 감수하셨다. 그러고 보면 우리가 구원받음과 동시에 양자되는 영을 받은 것은 어마어마한 축복이 아닐 수 없다. 우리는 바로 그로 말미암아 창조주 하나님을 “아바, 아버지”라 부를 수 있게 되었을 뿐만 아니라, 우주만물과 영원을 소유하신 분의 상속자가 되었으니 말이다. 『자녀이면 또한 상속자들이니 하나님의 상속자들이요, 그리스도와 함께한 공동 상속자들이니 우리가 그와 함께 고난을 받은 것은 함께 영광도 받게 하려 함이니라.』(롬 8:17) 이 세상에 성도보다 더 큰 유산의 상속자는 없다. 우리는 우리를 위해 자신을 주신 주 예수 그리스도와 함께 우주만물은 물론 영원을 함께 누릴 공동상속자들이기 때문이다.

이제 우리에겐 구주와 함께할 영광된 상속의 날이 그리 멀지 않았다. 그날을 위해 현재의 작은 고난들을 기꺼이 견딜 일만 우리에게 남아 있을 뿐이다.

찬송시 51

어두운 세상에서 갈 곳 몰라 헤맬 때

시편 43:3

1
어두운 세상에서 갈 곳 몰라 헤맬 때
내 깊은 마음속에 한 기도가 있었네
진리의 바른 길로 날 인도해 달라고
깊은 밤 홀로 잠깨어 기도한 적 있었네

2
사방을 둘러봐도 불빛 한 점 없는 밤
남몰래 마음속에 한 간구가 있었네
내 삶의 참 의미를 깨닫게 해 달라고
숱한 밤 홀로 잠깨어 간구한 적 있었네

3
주님은 내 기도와 간구를 들으시고
어느 날 선한 길로 나를 인도하셨네
내 가슴 많은 의문 일일이 답하시며
참 빛과 진리의 길로 나를 인도하셨네

4
벌레보다 못한 날 그 피로 구속하사
주님은 천년왕국 상속자 삼으셨네
열두 보석 황금길 그 복락 끝이 없는
영원한 새 예루살렘 시민권도 주셨네

그리스도인으로 발돋움하라

교인에서 그리스도인으로 발돋움하는 일은 결코 만만한 일이 아니다. 이 일에는 무엇보다 바른 성경이 있어야 하고, 바른 말씀에 바탕을 둔 영적 분별력이 아울러 수반되어야 하기 때문이다. 성경은 진작부터 『주의 말씀들이 들어가면 빛을 주며 그것이 우매한 자에게 명철을 주나이다.』(시 119:130)라고 말씀하셨다. 여기에서 "주의 말씀들"은 하나님께서 보존하신 바른 말씀을 지칭하고 있음은 물론이다. 삭제되고 변개된 개역성경은 혼미하여 인간의 마음에 빛을 줄 수 없다는 것은 명백하다. 따라서 개신교회에서 형식적인 교인에 머물러 있는 한 틀린 교리를 눈치채기도 어렵거니와, 더더구나 영적 분별력을 가진다는 것은 요원하기 짝이 없는 일이다. 인간적 열성을 영적 분별력으로 혼동하는 경우가 적지 않기 때문이다. 이렇게 전심전력으로 신앙생활을 하는데 설마 하나님께서 자신을 어여삐 보시지 않겠느냐는 심리가 그것이다.

열여덟 살 무렵, 교회 목사가 새벽기도에 출석하는 성도가 신앙이 좋은 성도라는 설교를 한 적이 있었다. 나는 그 설교를 들은 후 좀 더 잘 믿어보겠다는 생각에 의지 하나로 한동안 새벽기도에 나갔다. 그러나 워낙 잠이 많은 체질이라 두어 달 후에는 그 일을 그만두고 말았다. 훗날 진리를 알고 나서 들은 바로, 기독교의 종주국인 미국에서는 새벽기도가 없다는 사실에 적지 않은 충격을 받았다. 우리나라의 새벽기도는 길선주 목사에 의해 시작되었는데, 불교에서 새벽예불을 하는 것에 착안하여 창안한 것으로, 이른바 지성이면 감천이라는 인간적 열성에서 비롯된 것이었다. 『우리가 진리를 거슬러서는 아무것도 할 수 없고 오직 진리를 위해서만 할 수 있느니라.』(고후 13:8)는 말씀에 비추어 볼 때 그리스도인이 새벽기도를 해서는 안 된다는 사실은 명백하다. 일찍이 주님께서도 『나는 길이요 진리요 생명이라. 나로 말미암지 않고는 아버지께로 올 사람이 아무도 없느니라.』(요 14:6)고 말씀하시지 않았던가.

결혼 후 경상남도 진영에 교사로 잠시 정착했을 때다. 그곳 어느 교회에 출석했는데 마침 세례를 주는 일정이 잡혀 있고 아이에게 유아세례를 받게 할 사람은 신청하라는 광고가 있었다. 우리 부부는 그때 막 첫아들을 얻어 애지중지하던 참이었는데, 귀하디귀한 아들을 주님께 바친다는 순박한 생각 하나로 유아세례를 받게 했다. 목사가 그릇에서 손가락에 물을 찍어 아이 머리에 바르며, "하나님의 아들 ○○○, 성부 성자 성신의 이름으로 세례를 주노라."하고 엄숙한 선언을 할 때 우리 부부는 정말로 아들을 주님께 드리기라도 한 듯 흐뭇하고 기쁜 마음이었다. 그러나 수십 년 후 킹제임스성경신학교에 입학한 후 교회사를 공부하며 알게 된 것은 개역성경의 세례는 침례가 맞는 말이라는 사실을 알게 되었고, 인간적 의식인 유아세례는 사탄적 가르침이라는 사실을 아울러 알게 되었다. 세례 받지 못한 유아들은 지옥에 간다는 교리를 만들어낸 자는 아우렐리우스 어거스틴(A.D.354-430)이었다. 그는 그의 생애 동안 유아세례에 반대하는 수백 명의 그리스도인들을 살해하는 데 원인을 제공했으며, 그의 사후에도 수십만 명이 살해된 일에 대하여 간접적 책임이 있는 사람이다. 그는 당시 하나님의 나라의 문을 닫아버린 자로서 거듭남은 로마카톨릭교회에서 물뿌림을 받아야 얻을 수 있다고 가르침으로써 수많은 사람들로 하여금 그리스도를 발견하지 못하도록 막은 장본인 역할을 했던 것이다. 사실이 이러함에도 불구하고 진실을 알지도 못한 채 로마카톨릭의 인긴적 전통을 따라 오늘날도 세례의 미망에 홀려 세례와 유아세례를 주고 있는 개신교회들도 그렇거니와, 아들로 하여금 유아세례를 받도록 한 우리 부부의 무지에 지금도 새삼 얼굴이 화끈거려진다.

12월이 오고 크리스마스가 가까워지기 시작하면 교회마다 부산히 크리스마스트리를 장식하고, 상업주의도 이에 편승하여 상점들 역시 하나같이 크리스마스트리를 장식하고 크리스마스 캐럴을 틀어놓음으로써 온 거리를 들뜨게 한다. 사람들은 그 흥청거리는 분위기에 휩쓸려 카드를 부치고 선물을 보내며 한해를 마감한다. 필자도 고향 마을의 장로교회에 다니며 어린 시절을 보냈는데, 12월이 되면 크리스마스 때에 공연하기 위해 연극을 연습하느라 여념이 없었다. 뿐만 아니라, 12월 25일 이른 새벽에 "새벽 송"이라 해서 목사와 성도들이 교우들의 집을 돌며 간단한 찬송과 기도를 해주곤 했다. 나 자신도 크리스마스이브에 교회 집사의 집에서 밤샘을 하고 목사를 따라 새벽 송을 돌던 기억이 아련히 남아 있다. 물론 그때는 크리스마스가 아기 예수의 탄생을 축하하고 기뻐하는 날이라는 생각에만 젖어 당연한 일로만 여겼을 뿐, 거기에 거대한 마귀 집단인 카톨릭의 거짓이 개입되어 있을 줄은 생각조차 못했다.

단도직입적으로 말해 우리 주님께서 탄생한 날은 12월이 결코 아니었다. 이는 막연한 추측이 아니라 성경이 증명해 주는 사실이다. 『그때 그 고을에 목자들이 있었는데 들에서 묵으면서 밤에 양떼를 지키더라. …그 천사가 그들에게 말하기를 "두려워 말라. 보라, 이는 내가 너희에게 큰 기쁨의 좋은 소식을 알림이니 이것은 모든 백성을 위한 것이라. 이는 오늘 다윗의 성읍에서 너희에게 구주가 나셨음이니, 그분은 주이신 그리스도시니라.』(눅 2:8,10,11) 유대 땅은 우리나라와 마찬가지로 사계절이 뚜렷한 곳으로 목자들이 아직 들에서 묵는다는 것은 겨울이 오지 않았음을 의미한다.

크리스마스는 교회의식도 경배도 아니다. 이날은 태양신인 바일을 기념하는 날로 로마카톨릭의 명절에 불과하다. 사도행전이 기록된 A.D.65년 무렵까지 누구도 예수 그리스도의 탄생을 기념한 적이 없었다. 그러던 것이 A.D.354년경 로마카톨릭 주교 리베리우스가 태양신의 탄생일인 12월 25일을 예수 그리스도의 탄생일로 정해 지키기 시작했고, 급기야는 A.D.394년부터는 로마카톨릭 전체가 이날을 연례행사로 정해 지켜온 것이 바로 오늘날의 크리스마스이다.

예수 그리스도의 탄생 시기는 9월 23-25일 정도로 추측한다. 그렇다면 혹자는 '그 가운데 어떤 날이라도 특정하여 주님의 탄생일을 기념해야 하지 않겠는가.'라고 할 사람이 있을지 모르겠다. 그러나 이는 성경대로 믿는 사람들에겐 간단한 문제다. 성경이 무엇이라고 했는가 하는 점만 살펴보면 답은 저절로 나온다. 『너희가 이 빵을 먹고 이 잔을 마실 때마다 주의 죽으심을 그분이 오실 때까지 선포하는 것이라.』(고전 11:26) 보는 것처럼 성경은 주님의 죽으심을 기념하라 했지, 그 어디에서도 탄생을 기념하라고 한 곳은 없기 때문이다.

그대 혹시 현재 개신교회에 몸담고 있다면, 그리고 위에 열거한 세 가지에 다 연루되어 있다면 그대는 그리스도인이 아니라 로마카톨릭 편에 선 교인임이 명백하다. 『두 사람이 동의하지 않고 함께 걸을 수 있겠느냐?』(암 3:3)라는 말씀이 그 사실을 증명해 준다. 이 세상에서의 마지막 순간이 오기 전에 지금까지 가던 길에서 과감히 돌이킬 수 있는 큰 용기가 필요한 때다.

찬송시 52

주 하나님 찬양하세

창 1:1

1
하늘들과 땅들을 지어서 펴신 이는
모든 일에 능하신 오직 한 분이시니
하늘들아 땅들아 주 하나님 찬양하세
하늘들아 땅들아 주 하나님 찬양하세

2
해와 달과 별들을 우주에 켜신 이는
빛으로 거하시는 오직 한 분이시니
해와 달과 별들아 주 하나님 찬양하세
해와 달과 별들아 주 하나님 찬양하세

3
푸른 산과 바다에 뭇 생명 두신 이는
영원에 거하시는 오직 한 분이시니
숨 쉬는 생명들아 주 하나님 찬양하세
숨 쉬는 생명들아 주 하나님 찬양하세

4
독생자 보내시어 영생을 주신 이는
죄인과 화해하신 오직 한 분이시니
복 받은 성도들아 주 하나님 찬양하세
복 받은 성도들아 주 하나님 찬양하세

성경대로 믿는 믿음

성경대로 믿는 믿음은 아무나 가질 수 있는 믿음이 아니다. 학자나 권력자, 또는 유명인사보다는 이렇다 내세울 것이 없는 보통사람들 가운데 오히려 큰 믿음을 가진 사람들이 많다. 그러나 그렇다고 그것이 무슨 법칙처럼 일률적이지는 않다. 이름 있는 사람 가운데도 드물게 성경대로 믿는 믿음이 있는가 하면, 보통사람들이나 일자무식 가운데도 완고하여 전혀 믿음이 먹혀들지 않는 사람도 있다. 그러고 보면 성경 말씀은 합당한 사람을 가려내기 위해 하나님께서 아무도 눈치채지 못하게 세상 가운데 장치해 두신 일종의 체(거름망)인지도 모른다.

십수 년 전 한문에 정통한 한 노인의 이야기를 들은 적이 있다. 그는 사서삼경에다 제자백가서를 두루 섭렵하고 불경도 웬만한 것은 다 읽어보았을 정도로 한문에는 두루 박식한 사람이었다. 기독교 신앙을 가진 아들이 몇 번이나 복음을 전해보았지만, 그때마다 퇴짜를 놓았다. 우리의 전통적인 종교나 사상을 두고 천박한 서양의 것을 받아들일 수 없다는 것이 이유였다. 한 번은 아들이 대만 여행을 하고 돌아오면서 한문 성경 한 권을 사와 선물로 드렸는데, 한문을 좋아하는 노인은 받자마자 도수 높은 돋보기를 끼고 책을 펼쳐 읽기 시작했다. 그런데 모세의 첫 번째 책인 창세기 1장 1절을 읽고는 자기도 몰래 무릎을 치지 않을 수 없었다. 노인은 한평생을 살아오면서 하늘과 땅이 저절로 된 것은 아닐 테고, 반드시 지으신 분이 있을 터인데, 그분이 누구인가를 규명할 수가 없어 그 사실이 늘 궁금했다는 것이다. 그래서 평생 한문 서적들을 샅샅이 훑었지만, 사서삼경에도 제자백가서에도 불경에도 거기에 대해서만은 어떤 기록도 찾아낼 수가 없었다. 그런데 놀랍게도 성경에는 『태초에 하나님께서 하늘과 땅을 창조하셨느니라.』(창 1:1)라는 첫 구절에 평생토록 그리도 궁금했던 창조주의 이름이 뚜렷이 나와 있었던 것이다. 노인은 감격했다. 그날로 예수 그리스도를 구주로 영접했음은 물론이다. 성경은 『너는 이제 너의 젊은 날에 곧 재앙의 날이 이르지 않고 "나에게는 즐거움이 없다."라고 말할 해가 가까이 오기 전에 너의 창조주를 기억하라.』(전 12:1)라고 말씀한다. 이로 미루어 보건대 80세라는 노인의 연치는 창조주를 기억하기에는 썩 불리한 조건이었다. 그러나 그는 그 악조건을 넘어 통쾌하리만치 극적으로 창조주를 대면했으니 실로 망외의 축복을 받았다 하지 않을 수 없다.

성경이란 한 종교의 경전에 불과하다는 소위 민주주의교육을 받은 현대인들은 창세기 1:1을 진리로 받아들이기를 어려워한다. 그들은 태양이 먼저 있었고, 그 태양의 회전에 의해 떨어져 나온 불덩어리들이 식어서 수성, 금성, 지구, 화성, 목성, 토성 등의 행성들이 되었다고 배웠는데, 성경은 하늘과 땅(지구)이 먼저 창조되었고, 하늘 다음으로 존재했어야 할 태양은 재창조의 넷째 날이 되어서야 창조되었다고 기록하고 있기 때문이다. 또 현재의 다양한 생물상은 스프 속에서 우연히 발생한 원시생명체가 오랜 세월에 걸쳐 분화해온 진화의 결과라고 귀에 못이 박이도록 들어왔고, 여러 번에 걸쳐 학교에서 그것에 대한 시험도 쳤는데, 성경은 처음부터 물고기, 새, 짐승 등 각종 생명체들이 각각 종류대로 창조되었음을 말하고 있으니 엉터리도 이만저만한 엉터리가 아닌 것이다. 따라서 그들에겐 성경은 좀 모자라는 사람들이나 믿는, 옛사람들이 지어낸 황당한 설화쯤으로 취급되어 온 지도 어제오늘의 일이 아니다.

그러나 성경대로 믿는 사람들은 이들 무신론자들의 경멸하는 눈길을 결코 아랑곳하지 않는다. 오히려 담담히 지구가 해달별보다 먼저 창조되었음을 의심 없이 받아들인다. 피터 럭크만 박사의 창세기 주석서에서, 하나님께서 일곱 저녁과 아침 동안 땅을 재창조하시기 전 지구의 나이는 400만 년이나 되었을지도 모른다는 가정을 읽더라도 당황하지 않는다. 지구는 하늘 공간에 큰 광명과 작은 광명, 그리고 무수한 별들보다도 더 먼저 창조되었다고 무오한 말씀이 분명히 전해주고 있기 때문이다.

하나님의 말씀을 믿지 않는 자들은 어느 시대를 막론하고 있었다. 그들은 하나님의 말씀에 대해 어떻게 꼬투리를 잡을 것인가를 우선적으로 생각하는 사람들이다. 창세기 14장에는 놀라운 실화가 기록되어 있다. 엘람 왕 크돌라오멜과, 민족들의 왕 티달과, 시날 왕 아므라펠과, 엘라살 왕 아리옥이 싯딤 골짜기에서 사해 남쪽 다섯 왕들과 싸워 이기고 아브라함의 조카 롯을 사로잡아간다. 이에 아브라함은 318명의 종들을 데리고 단까지 추격하여 약 4만 명으로 추산되는 메소포타미아의 대군을 무찌르고 롯과 그의 재물과, 여자들과 백성들을 모두 되찾아오는 전과를 거둔다. 그런데 학자들은 아므라펠이 하무라비법전으로 유명한 왕이 분명한데도 불구하고, 아브라함의 적은 수의 군대에게 그렇게 막강한 하무라비 왕이 패할 리가 없다는 논리를 내세워 하나님의 말씀을 난

도질하기를 서슴지 않는다. 그들은 전능하신 하나님이 아브라함 편으로 무적의 전사이심을 송두리째 간과해 버린 것이다. 이런 사고방식이라면 기드온 300명의 군대가 어떻게 13만5천 명(판 8:10)의 미디안 군대를 무찌를 수 있다는 말인가! 300명은 각자 오른손에 나팔을 들었고, 왼손에는 등불을 넣은 항아리를 들고 있었다. 때가 이르러 항아리를 깨뜨리며 등불을 손에 들고 일제히 나팔을 불자, 13만5천 명은 저희끼리 자중지란 끝에 12만 명이 죽고, 도망친 1만5천 명도 기드온의 추격군에 전멸했는데, 이는 순전히 전능한 하나님께서 기드온의 편이 되어 싸우신 결과가 아니라면 대체 무엇으로 설명할 것인가.

고래가 요나를 삼킨 사건을 두고도 철학, 과학 등 학문으로 무장된 학자들은 온갖 억측을 쏟아내기를 주저하지 않는다. 요나서 2장을 찬찬히 읽어보면 요나는 고래에게 삼켜진 후 죽었으며, 그 혼이 지하세계에 있는 지옥까지 갔었음이 분명한데도, 2장 1-6절을 두고 New Bible을 쓴 로빈슨은 요나가 죽지 않고 삼 일 동안 의식불명 상태에 있었을 뿐이라고 주석했으며, 제이미슨, 포셋, 브라운 등은 물고기의 배가 단지 스올을 닮았을 뿐이라고 주석했다. 그리고 리빙 바이블은 6절의 『주께서 내 생명을 부패함에서 건져내셨나이다.』라는 부분을 "당신은 나를 죽음의 턱으로부터 낚아채셨나이다."라는 아주 희귀한 억측으로 주석을 썼다.

성경의 모든 기적과 이적은 믿음 없는 학자들에게는 좋은 먹잇감이다. 따라서 그들은 기적과 이적이 기록된 부분에 이를 때마다 갑자기 사막에서 오아시스라도 만난 듯 활기를 띤다. 예컨대 『밤 제사경에 예수께서 바다 위를 걸어서 그들에게 다가오시니,』(마 14:25)라는 대목을 만나는 순간, '사람이 물 위를 어떻게 걸어. 이건 말이 안 돼.'라고 단정한 다음 놀라운 상상력을 발휘한다. 곧 예수님은 물 위를 걸으신 것이 아니라 갈릴리 호수 위에 떠 있는 얼음조각들을 징검다리 건너듯 밟고 오신 것이라고 주석한 다음, 참으로 멋진 주석이 아니냐고 으스댄다. 그분이 육신을 입고 오신 하나님이심을 몰라보는 불경을 범한 줄 미처 깨닫지도 못한 채.

그리스도인은 성경 말씀을 기록된 대로 믿어야 한다. 고래가 요나를 삼킨 것이 아니라 요나가 고래를 삼켰다고 기록되었더라도 단 한 오리의 의심도 없이 믿고 아멘 할 수 있어야 한다.

■ 부록 ■

여기에 수록하는 4개의 악보는 성경침례교회의 한 형제가 월간《성경대로믿는사람들》에 연재되었던 나의 찬송시 가운데서 4편을 선정, 미국 곡들 중에서 가장 영적인 곡들을 골라 편곡하고 본래의 가사를 다소 수정하여 만든 곡들이다. 내가 쓴 찬송시에 필라델피아교회 시대 작곡의 거장들인 다니엘 E. 켈리, 프란시스코 토스티, 조지 M. 코한 등의 명곡들과 미국 야전포병 행진곡을 짝지어 준 일도 망외의 영광이지만, 2015년 성경침례교회 찬송가집《영광을 주께》개정증보판을 내면서 이 4곡을 모두 수록해 준 일은 실로 감당키 어려운 영광이었음을 밝혀둔다.

99 흑암 깊이 잠긴

골 1:13

Jo, Dong Hwa, 2014

Tune from <Home on the Range>
Daniel E. Kelly, 1873

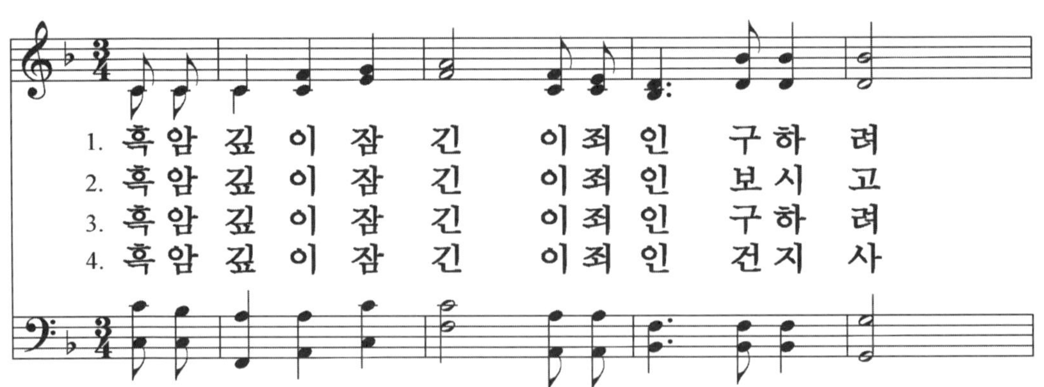

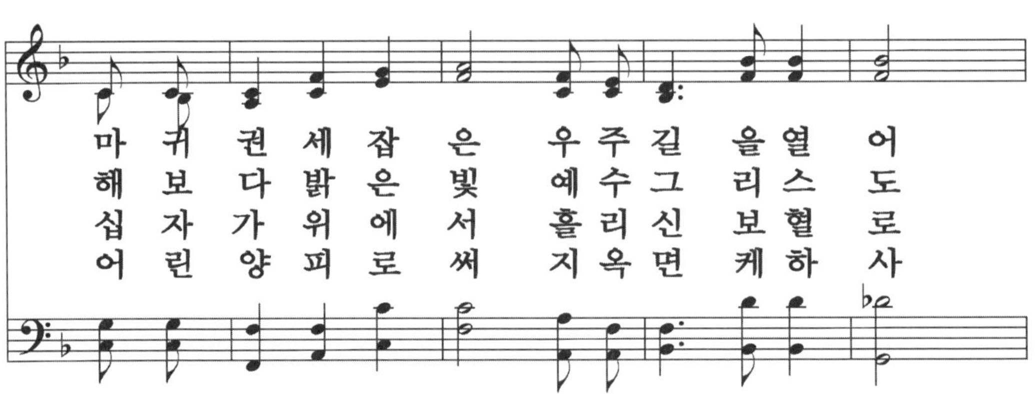

그 귀 한 아들 보 내 셨 네
캄 캄 한 내혼 밝 히 셨 네
영 죽 을 생명 구 하 셨 네
영 원 한 나라 옮 기 셨 네
(후렴)
귀 하 고 놀 라워 라
사 랑 의 아버 지 하 나 님
나 의 혼 과 마 음 온 힘 을 다하 여
내 주 하 나님 사 랑 하 리

159 태초부터 계신 말씀

요 1:1,3

Tune from "Preghiera"

Jo, Dong Hwa, 2014

Francesco Tosti (1846-1916)

(후렴)
육 신을입 고 오 신 창 조 주 하 나 님
태 초 부터계 신 말 씀 바로 그 분 이 셨네

467 구원의 투구를 머리에 쓰고

엡 6:11

Jo, Dong Hwa, 2014

Tune From <Over There>
George M. Cohan, 1917

(후렴)
싸 우 세 구 하 세 마 귀 에 게 결 박 당 한 혼 들
(싸 우 세) (구 하 세)
씩 씩 한 믿 음 의 용 사 아 니 면 그 누 가 그 들 을 구 하 랴
싸 우 세 구 하 세 지 옥 으 로 끌 려 가 는 혼 들
(싸 우 세) (구 하 세)
이 겨 오 는 그 혼 들 우 리 들 이 받 을 면 류 관 일 세

영적 전쟁

478 성도여 우리도

고후 2:15; 3:2; 5:20

Jo, Dong Hwa, 2014 U.S. Field Artillery March

복음 전파

우주의 모습

표지 그림은 『창세기』, 『욥기』, 『요한계시록』 등 성경과 피터 럭크만의 주석서들과 클라렌스 라킨이 쓴 『세대적 진리』 등을 토대로 해서 그린 우주의 모습이다. 우주의 모습은 클라렌스 라킨의 연구에 의하면 대피라미드의 모습을 하고 있다고 한다. 태초의 우주에 어떤 반역사건이 있었고, 바로 그 때문에 태초의 하늘과 땅은 창세기 1:2에서 보는 것처럼 전 우주적 홍수로 심판을 받았다. 그 후 지구는 지금은 알 수 없는 기간 동안 깊음(deep) 속에 침몰해 있었다. 그랬던 것이 창세기 1장 3절부터 재창조가 시작된다. 첫째 날에 빛이 창조되고, 둘째 날에 지구를 중심으로 거대한 공간이 생겨나면서 깊음(물늘)은 사방 가장자리로 몰려가 벽이 되고 현재의 우주가 창조된다. 그러니까 깊음(물들)은 현재의 우주를 담고 있는 거대한 용기(容器, 그릇)인 셈이다. 지구에서 정북 방향으로 3조 광년을 가면 깊음이 거기 있다. 그 깊음은 안쪽은 얼지 않은 물로 존재하나 바깥 면은 절대영도(-273.16도)로 얼어 있다. 이것을 요한계시록은 유리 바다(4:6, 15:2)라고 칭한다. 이 유리 바다 위가 하나님의 보좌가 있는 곳인데, 사도 바울이 고린도후서 12장에서 다녀온 셋째 하늘이 바로 그곳이다. 셋째 하늘이라는 말에서 우리는 첫째 하늘과 둘째 하늘이 있음을 알 수 있다. 아울러 이를 바탕으로 첫째 하늘이 대기권, 둘째 하늘이 해달별이 빛나는 광대한 우주임을 이해하게 된다. 성경이 시사하는 우주의 모습에 대해서는 어떤 물리학자나 천문학자도 입도 뻥긋할 수 없다. 전지전능한 창조주이신 하나님께서는 자신이 쓰시고 지켜오신 말씀을 믿고 공부하는 사람들만 알 수 있도록 특유의 퍼즐로 우주의 모습을 계시해 놓으셨기 때문이다.

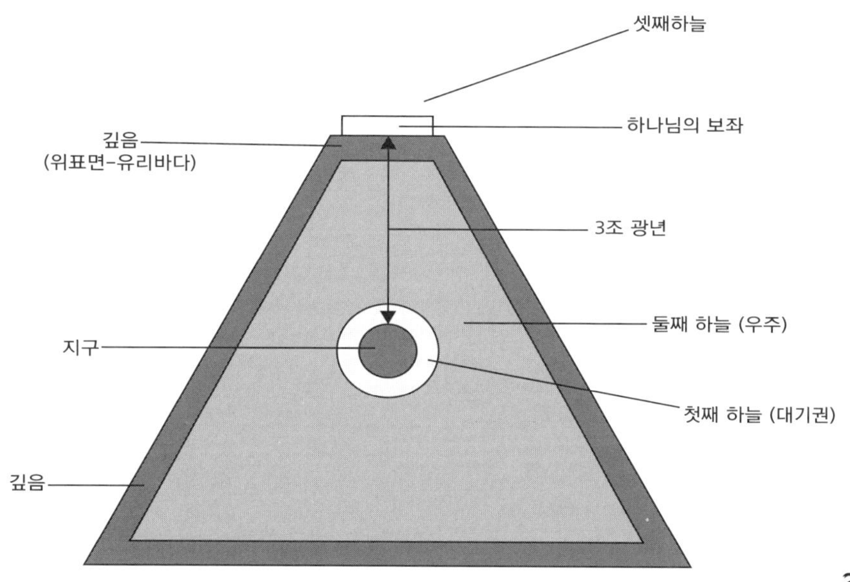